Fast unbeschwert sind die ersten drei Lebensjahre der kleinen Edith im Haus der Großeltern, gäbe es da nicht dieses unbestimmte Ahnen und Wahrnehmen gewisser Selbstzweifel der Mutter und der Großmutter. Und dann ist da plötzlich ein fremder Mann, der sie von den geliebten Großeltern trennt, und der Umzug in sein Haus und das der neuen, noch fremden Großmutter. Die Dimensionen der Wahrnehmung verändern sich für Edith: Das Neue, Fremde wirkt groß und beängstigend, und dann greift der Krieg unmittelbar in das Leben der Familie ein. Gerade als Edith ihren Stiefvater liebgewonnen hat, wird er an die russische Front einberufen. Die Vaterrolle zu übernehmen bleibt ihm versagt – er wird vermißt gemeldet, und es besteht wenig Hoffnung auf eine Rückkehr.

Fünfzig Jahre danach veranlaßt die Nachricht vom Tod ihres leiblichen Vaters Edith, über ihre Vergangenheit nachzudenken. Anhand der wenigen erhalten gebliebenen Briefe und Fotografien begibt sie sich auf die Suche nach Spuren aus der Zeit des Krieges. Der Versuch, die eigene Kindheit noch einmal nachzuerleben, die Empfindungen des Kindes, seine Wünsche und Träume zu erkunden, gerät zum Abenteuer.

Margret Drees schildert einfühlsam und authentisch den Krieg aus der Kinderperspektive, begleitet von interpretierenden Anmerkungen der nun erwachsenen Erzählerin.

Margret Drees, geboren 1937 in Heistenbach bei Diez an der Lahn, absolvierte eine Banklehre und arbeitete mehrere Jahre als Sekretärin und Sachbearbeiterin in Frankfurt am Main. Veröffentlichungen: ›Sagenwelt am Mittelrhein‹; ›Der Hunsrück, wie er lebt, liebt und lacht‹; ›Es weihnachtet‹; außerdem zahlreiche Kurzgeschichten und Gedichte in Anthologien und Zeitschriften.

Margret Drees

Im Krieg gibt's keinen Sonntag

Eine Kindheit

Fischer
Taschenbuch
Verlag

Die Frau in der Gesellschaft
Herausgegeben von Ingeborg Mues

Originalausgabe
Veröffentlicht im Fischer Taschenbuch Verlag GmbH,
Frankfurt am Main, Januar 1998

Gesamtherstellung: Clausen & Bosse, Leck
Printed in Germany
ISBN 3-596-13521-4

»Gefühlsreichtum des Kindes bedeutet nicht nur Fülle der Gefühle, sondern auch ausgeliefert sein an sie, bedeutet Offenheit auch gegen den rückhaltlos einfließenden Schmerz, gegen den sich die seelischen Hornhäute erst allmählich im Laufe der Kindheit bilden.«

Christa Meves

Liebe Edith,
vermutlich weißt Du es noch nicht: Dein Vater ist gestorben. Ich schicke Dir die Todesanzeige. Nun hat er Deine liebe Mutter um sechs Jahre überlebt, obwohl er zwanzig Jahre älter war als sie. Das Schicksal fragt nicht. Wenn ich noch etwas über ihn erfahren kann – es wäre natürlich ein Zufall –, dann schreibe ich Dir.

Du kannst mich aber auch anrufen. Ich würde mich freuen, mal wieder etwas von Dir zu hören.

Dir und Deiner Familie wünsche ich Gesundheit und alles Gute.

Herzlichst
Deine Tante Lena

In der rechten Hand halte ich den Brief und in der linken Hand die Todesanzeige. Ich lese den Brief meiner Tante, die eigentlich nicht meine Tante ist, sondern die ehemalige Schulfreundin meiner Mutter, ein zweites Mal, lese auch die Todesanzeige ein zweites und sogar ein drittes Mal und warte auf ein Gefühl, ein Gefühl, das sich einstellen müßte, das über mich fallen, mich ganz einnehmen müßte. Er war mein Vater! Aber ich empfinde nichts, nichts als Leere. Mir ist, als säße ich in einem großen weißgetünchten Raum, der nur mit einem einzigen weißen Stuhl möbliert ist. Auf diesem Stuhl sitze ich, irgendwo mitten in diesem großen, leeren Raum. Alle Winkel und alle Ecken sind ausgeleuchtet, grell ausgeleuchtet, nirgends ein dunkles Plätzchen für ein wenig Trauer oder Schmerz. Ich sitze und warte und warte vergebens.

Ich betrachte die Todesanzeige. In großen schwarzen Buchstaben steht sein Name da. Darunter in kleineren Schriftzeichen sein Geburts- und Sterbedatum. Etwas nach rechts eingerückt: In stiller Trauer im Namen aller Angehörigen, darunter der Name seiner Frau. In der unteren linken Ecke Wohnort und Straße und als Schlußsatz: Auf Wunsch des Verstorbenen findet die Beisetzung in aller Stille statt.

Ich starre auf die wenigen Wörter, Buchstaben und Zahlen, die wie verloren, wie hingestreut auf der großen Zeitungsfläche wirken. Ein Vergleich drängt sich auf: Mir ist, als stünden die wenigen Wörter und Zahlen für die wenigen Berührungspunkte und Begegnungen zwischen meinem Vater und mir und die leere weiße Fläche für sein Leben, von dem ich kaum mehr weiß als die genannten Daten. Sie wirken wie ein paar einzelne Glas- oder Porzellanscherben, die gerade noch verraten, daß sie Teile eines Tellers oder einer Vase waren.

Und umgekehrt: Was hätte er von mir gewußt? Wann ich geboren bin, meinen Namen. Auch nur ein paar Scherben.

Fünfzehn Jahre war ich alt und seit einem Jahr in einem Internat, in dem ich mich nicht wohl fühlte, als ich immer heftiger den Wunsch verspürte, ihn kennenzulernen.

Die Väter meiner Klassenkameradinnen waren Architekten, Ärzte, Zahnärzte, Musiker, Schauspieler oder höhere Beamte, und die Mädchen kokettierten ständig mit den Berufen ihrer Väter. Wenn sie mich nach dem Beruf meines Vaters fragten, brachten sie mich in Verlegenheit. Ich hätte zunächst immer eine Gegenfrage stellen müssen: Welcher Vater? Ich hatte ja zwei. Einen leiblichen, der durch seinen Beruf mit ihren Vätern hätte konkurrieren können, was mir in dieser Zeit sehr wichtig erschien, und den anderen Vater, der mich adoptiert hatte und dessen Namen ich trug. Ich entschied mich für den zweiten, befürchtete dennoch, er würde in ihren Augen nicht bestehen, und ich schämte mich gleichzeitig vor mir selbst, weil ich mich wegen seines Berufes genierte. Hatte er nicht zu mir gestanden, während mein leiblicher Vater mich verleugnete, ja, überhaupt nicht wollte, daß ich lebe? Damals erschien es mir aber viel wichtiger, angepaßt zu sein. Zu sein wie meine Klassenkameradinnen und einen Vater zu haben, den ich neben ihre Väter hätte stellen können.

Vielleicht war er gar nicht so, wie meine Mutter ihn beschrieb. Vielleicht war er ja so, wie ich ihn gern gehabt hätte. Es konnte doch recht gut sein, daß meine Mutter im nachhinein alles so darstellte, wie es für sie am günstigsten erschien. Wenn ich jetzt zu ihm käme, als fünfzehnjähriges Mädchen, er würde mich bestimmt in den Arm nehmen und mich seine Tochter nennen. Ich wollte Tochter sein. Er sollte Vater sein. Ich mußte ihn kennenlernen, um mich in ihm zu erkennen und zu begreifen.

Bei meiner Großmutter, die ganz in seiner Nähe wohnte, meldete ich mich für die nächsten Ferien zu einem Besuch an.

Großmutter freute sich, und Großvater holte gleich am ersten Abend sein Mühlespiel. Einen Pappkarton, auf den er mit Bleistiftstrichen das Spielfeld gezeichnet hatte. Aus Großmutters Knopfdose suchten wir uns die passenden schwarzen und weißen Knöpfe. Vielleicht hätte ich in meinen Ferien bei den Großeltern damals zum ersten Mal wirklich eine Chance gehabt, gegen Großvater zu gewinnen, weil ich nun älter und fast erwachsen war. Aber ich vermochte es nicht, mich zu konzentrieren. Großvater sah sich zu der Bemerkung veranlaßt, daß ich in der höheren Schule wohl noch nicht viel gelernt hätte. Ihn weihte ich nicht in mein Vorhaben ein. Großmutter hörte still zu, als ich es ihr erzählte. Dann meinte sie nachdenklich: »Kind, du wirst enttäuscht sein.«

Ich gab nichts auf ihre Worte. Ich war voller Hoffnung.

Für den nächsten Tag hatte ich mir den alles entscheidenden Besuch vorgenommen. Ich zog mein rotes Kleid an. Mein Lieblingskleid, das mir mein Onkel geschenkt hatte. Sein Bruder! Ich liebte Rot. Rot bedeutete für mich Freude. Rot war in meinen Augen eine Farbe, die alle anderen Farben beherrschte. Und ich fand mich unsagbar schön in dem roten

Kleid, weil ich vorher immer Blau, Grün, Braun oder Weiß tragen mußte.

Von dem Haus meiner Großeltern bis zu dem Haus meines Vaters hatte ich nur etwa zwei Kilometer zu gehen, wenn ich den kürzeren Weg über den Kirchberg nahm. Der Fahrweg führte um den Berg herum und wäre weiter gewesen. Ich wählte den kürzeren, den einsamen Weg. Ich wollte allein sein. Allein mit meiner hoffnungsvollen Vorfreude. Ich sprang, ich hüpfte, ich tanzte den Weg entlang. Da waren die Wiesen, die bunten Wiesen, wo ich früher mit meiner Großmutter spazierengegangen war, bis ich drei Jahre alt war und wir wegzogen, meine Mutter und ich. Bis hierhin gingen wir damals immer, um meine Mutter von der Arbeit abzuholen. Hier warteten wir, wenn sie sich verspätet hatte. Hier pflückte ich ihr jeden Tag einen Blumenstrauß. Sonderbar, in meiner Erinnerung gibt es nur Sommertage, Sonne und bunte Wiesen.

Hecken säumen meinen Weg. Blühende wilde Rosen, Ebereschen, Schwarzdorn, Weißdorn, wilder Schneeball, Brombeerranken dazwischen. Vögel singen. Zu meiner Linken die schöne alte Kirche, in der ich getauft worden bin. Ich will noch etwas Zeit gewinnen, will meine Vorfreude, meine Hoffnung länger genießen. Ich verlasse meinen Weg und gehe durch die Kastanienallee am Küsterhaus vorbei zur Kirche. Beide, Küsterhaus und Kirche, sind ockerfarben gestrichen und erinnern an italienische Gebäude, wäre da nicht das viele Grün um die Kirche herum und auf dem Felssporn, von dem aus die Kirche wie eine Ritterburg ins Tal hinunterschaut, alles überblickend. Ich gehe um das Gotteshaus herum, sehe unten im Tal zum Greifen nah den grünsilbernen Fluß zwischen Wiesen, bunten Häusern und unter Brücken hindurchfließen. In wenigen Minuten werde ich diesen Fluß auf einer der Brücken überqueren und vor dem Haus stehen. Vor dem Haus meines Vaters. Ich werde ihn sehen. Zum ersten Mal. Ich hole einen kleinen Handspiegel aus meinem Täschchen, betrachte mich und gefalle mir.

Ich klingele dort, wo »Privat« steht. Es dauert ungewöhnlich lange, bis mir jemand öffnet. Eine Sprechstundenhilfe oder seine Frau. Es ist mir gleichgültig in diesem Augenblick. Sie wolle sehen, ob es möglich sei, ihn zu sprechen. Sie mustert mich. Ich fühle mich kleiner werden. Dann kommt er. Ich glaube, ihn zu kennen. Er ist genau so, wie meine Mutter ihn mir so oft beschrieben hat. Für Sekunden bin ich nur erstaunt über ihre Fähigkeit, jemanden zu beschreiben und erkennbar zu machen. Er trägt einen weißen Kittel, ist etwa genauso groß wie ich. Zu klein für einen Mann. In der rechten Hand hält er Instrumente. Ich verstehe. Er fühlt sich gestört, schiebt die Behandlung des Patienten vor. Mein Herz klopft wie wahnsinnig, nun nicht mehr zu überhören. Es klopft wie ein großer eingesperrter Vogel, der mit den Flügeln schlägt.

Ich reiche meinem Vater die Hand, wie ich es mir vorgenommen habe, wie ich mir auch zurechtgelegt habe, was ich ihm sagen will. Er zögert, schaut auf seine rechte Hand mit den Instrumenten und reicht mir wie von oben herab, obwohl er – wie gesagt – nicht größer ist als ich, die linke.

Ich weiß nicht, warum ich damals meine Hand nicht rechtzeitig zurückgezogen habe. Ob ich es nicht tat, weil ich in der Aufregung erstarrt war, oder ob ein geheimer, unbewußter Wunsch mich drängte, ihn einmal zu berühren, meinen Vater einmal zu berühren. Ich konnte nachher nicht einmal mehr sagen, ob seine Hand warm oder kalt, feucht oder trocken, fest oder weich war. Ich mußte später meine Mutter fragen. Sie konnte es mir sagen.

Ich nenne ihm meinen Namen. Er muß mich doch kennen!

»Ich soll Sie grüßen von Ihrem Bruder!«

Hätte ich ›du‹ sagen sollen?

»Danke! Sind Sie auf der Durchreise?«

»Ja.«

»Grüßen Sie ihn wieder, wenn Sie ihn sehen.«

Er senkt seine Stimme, signalisiert das Ende unseres Gesprächs.

Ich muß verstehen, und ich verstehe. Ich wage nicht mehr

zu sagen, was ich mir vorgenommen habe: Ich bin doch Ihre Tochter!

»Auf Wiedersehen!«

»Auf Wiedersehen!«

Der große wildflatternde Vogel in meiner Brust trägt mich auf seinen Flügeln davon und setzt mich erst wieder an dem alten Steinbruch ab, der auf halber Höhe an dem steilen Weg unterhalb der Kirche liegt. Ich hatte ganz vergessen, daß es ihn dort gab, und ihn auf meinem Hinweg nicht gesehen. Nur drei Schritte brauche ich zu gehen, dann stehe ich vor dem Abgrund, der sich wie eine Hand unter mir öffnet. Unter meinen Füßen krümmt sich Mauerpfeffer, gelbblühend, niedrig, sich gleichsam am Rand des Steinbruchs festklammernd, als ob er um den Abgrund wüßte. Ich schaue noch einmal hinunter. Sehe nun die dunkelgrauen, scharfkantigen Steine und Felsbrocken und kann nicht verstehen, daß ich sie nicht gleich bemerkt habe. Ich trete einen Schritt zurück. Wind zerrt an kleinen, hauchzarten blauen Glockenblümchen und spielt mit Mohnblüten, die trotzig unter seinen wilden Zugriffen zittern. Ihr Rot weckt die Erinnerung an mein eigenes rotes Kleid. Ich möchte es zerreißen. In dieser Welt ist kein Platz für rote Kleider. Kein Platz für Freude. Meine Hand, meine rechte Hand, die seine berührt hat, möchte ich in die Dornen der Heckenrosenbüsche schlagen, bis sie blutet und schmerzt. Ich tue es dennoch nicht. Ich gehe weiter.

Langsam und allmählich kommt mein Körper zu mir zurück. In meinem Mund spüre ich einen säuerlichen, bitteren Geschmack. Er gräbt aus meinem Unterbewußtsein ein Gefühl und eine Stimmung hervor, die ich längst vergessen hatte, die mir bis zu diesem Zeitpunkt nie wieder bewußt geworden waren:

Nacht, endlose Dunkelheit. Ich weine, schreie, schreie mich in Schweiß, friere, schreie weiter, bis ein Licht das Dunkel wegrückt in die Ecken des Zimmers. Dann ist meine Mutter da. Vielleicht spricht sie mit mir. Vielleicht schimpft sie mit mir. Sie sucht in meinem Kinderbett nach einem Gummilutscher, taucht ihn in ein Glas Wasser, anschließend in ein Schälchen mit Zucker und steckt ihn mir in den Mund. Die scharfkantigen Zuckerkristalle schmerzen in meinem heißen, trockenen Mund, bis sie schmelzen zu einer öligsüßen Masse, die sich schlucken läßt. Zurück bleibt ein bitterer, saurer Geschmack. Das Dunkel ist wieder da, und ich schreie, weil ich es ändern will. Ich schwitze und friere und schreie das Licht herbei. Abermals wird der Gummilutscher in Zucker getaucht, und in der wiederkehrenden Dunkelheit schmelzen die Kristalle, ölig, süß, bis alles wieder sauer schmeckt. Wieder schreie ich die Dunkelheit fort. Wieder das gleiche Spiel. Bis meine Mutter mich über die Gitterstäbe meines Bettchens hebt, mich zu sich nimmt in ihr Bett. Ich friere nicht mehr, und ich brauche nicht mehr zu weinen. Das Dunkel wird licht, warm und trocken, und ich schlafe ein.

Was mag meine Mutter damals empfunden haben? Vielleicht hat sie nur Ratschläge von irgendwelchen schlauen Leuten, die sich lebenserfahren gaben, gehorsam befolgt, indem sie mich nachts schreien ließ und mit Zucker zu beruhigen versuchte. Vielleicht war sie müde, weil sie tagsüber arbeiten mußte, und brauchte nachts ihre Ruhe. Vielleicht war ich ihr noch fremd. Ein schreiendes Bündel, das von einer großen Liebe übriggeblieben war. Vielleicht dachte sie an diese große Liebe, die zerbrochen war, als sie sich verewigen wollte in einem Kind. »Laß es wegmachen! Ich gebe dir eine gute Adresse. Andere Frauen verlieren kein Wort darüber«, hatte er gesagt. Er, der Vater, mein Vater. Es gab Spekulationen darüber, warum er nicht meine Mutter, obwohl er es ihr versprochen hatte, geheiratet hat, sondern eine andere Frau, die ihm gleichzeitig Geliebte war, von der meine Mutter aber nichts wußte. Er soll dieser anderen Frau verpflichtet gewesen sein. Von Abtreibung und Erpressung wurde gesprochen. Aber sind das Gründe, eine Ehe einzugehen?

Ich habe meiner Mutter zeit ihres Lebens vorgeworfen, falsch kalkuliert zu haben. An ihren Glauben an die Liebe wollte ich nicht glauben. Wie weh wird es ihr getan haben? Vielleicht wurde ihr da erst bewußt, daß es für sie eine Entscheidung hätte geben können, damals, als mein Vater zu ihr gesagt hatte: »Laß es wegmachen!« Doch damals gab es für sie keine Entscheidungsmöglichkeit. Das Kind hatte entschieden zu leben, und sie nahm diese Entscheidung an. Entgegen seinem Rat. Sie nahm es hin, geächtet zu sein. Vielleicht ein Leben lang für das Kind aufkommen zu müssen. Vielleicht nie mehr einen passenden Ehemann zu finden, weil sie sich schon »weggeworfen« hatte.

Bei meiner Geburt am Abend des Pfingstsamstags 1937 soll eine Nachtigall gesungen haben. Es müssen bittersüße Lieder gewesen sein.

Die Brüder meines Vaters hielten zu meiner Mutter und achteten sie. Sie kannten ihren Bruder. Sie schickten Pakete mit Geschenken für mich. Einmal war ein weißer Plüschhund dabei. Von Onkel Paul. Einem geheimnisvollen Onkel Paul, den ich nicht kannte. Inzwischen konnte ich fragen: »Wer ist Onkel Paul?« Ich muß eine ausweichende Antwort bekommen haben. Ich zerre an dem weißen Plüschhund, bis sein Kopf an der Stelle, an der er angenäht ist, halb abreißt. Holzwolle kommt mir entgegen. Der Hund ist mit Holzwolle ausgestopft. Meine Mutter näht den Kopf wieder an. Nach kurzer Zeit ist er an derselben Stelle eingerissen. Danach näht sie ihn nicht wieder an, stellt ihn so auf meinen Nachttisch. Von Zeit zu Zeit nehme ich ihn in die Hand, klappe seinen Kopf hoch und betrachte die Holzwolle.

In dieser Zeit besuchen wir Onkel Paul und Tante Elisabeth. Ich werde herausgeputzt, übe einen Knicks und bekomme Anweisungen, wie ich mich zu benehmen habe. Vorsichtshalber, um ganz sicherzugehen, denn ich hatte damals schon begriffen, daß ich artig zu sein hatte, wenn ich gefallen wollte. Und ich muß gefallen, angenehm sein. Irgendwie spüre ich schon sehr früh, daß ich ungewollt bin, überflüssig, wie ein altes Kleidungsstück, das man aber nicht wegwerfen kann, weil es noch zu gut erhalten ist und angenehme Trageeigenschaften hat.

Auf einem größeren Bahnhof müssen wir umsteigen. Der große fremde Bahnhof mit den vielen Menschen und der Lautsprecherstimme ängstigt mich ebenso wie ein Onkel und eine Tante, die ein Geheimnis bergen, das man mir erst irgendwann später erklären will. Ich will unbedingt den Regenschirm meiner Mutter tragen, den sie vorsorglich mitgenommen hat, und weil er viel zu groß für mich ist und mich beim Gehen behindert, versäumen wir den Anschlußzug. Ich empfinde eine gewisse Genugtuung, als meine Mtuter mit mir schimpft.

Vielleicht gibt es in ihrem Leben zu diesem Zeitpunkt schon den anderen Mann, der mein Vater werden soll. Für mich steht er eines Tages plötzlich in unserer Küche. Er hat einen großen zweihenkeligen Korb voller reifer Zwetschen mitgebracht und ihn auf die Holzkiste neben unseren Küchenherd gestellt. Er erzählt von seiner Fahrt mit dem Motorrad, und daß er den Korb auf dem Gepäckträger festgebunden hatte. Meine Großmutter und meine Mutter lösen das grobgewebte Leinentuch, mit dem die Früchte bedeckt sind und das mit großen Stichen am Rand des Korbes festgenäht ist. Sie verstecken in dieser Arbeit ihre anfängliche Verlegenheit. Ich esse von den gelbfleischigen, süßen Zwetschen und betrachte den fremden Mann. Er ist freundlich zu mir, und er stellt mir keine Fragen.

Ein Besuch meiner Mutter in seinem Haus und bei seiner Mutter, bei dem ich vermutlich dabei war, muß vorausgegangen sein. An diesen Besuch kann ich mich zwar nicht mehr erinnern, aber es gibt ein Foto, das uns beide als Gäste bei der Cousine meiner Mutter zeigt, die ebenfalls in dieses Dorf geheiratet hatte.

Wieder sind wir feingemacht. Meine Mutter trägt einen eleganten großkarierten Mantel und ich ein graues Krimmermäntelchen mit passendem Mützchen. Mein Mäntelchen hat rote Knöpfe, und das Mützchen wird mit einer gedrehten Kordel, an deren Enden rote Bommeln sind, unterm Kinn gebunden. Meine Mutter hat beide Kleidungsstücke für mich genäht. Auf dem alten Schwarzweißfoto erscheint zwar alles grau, aber ich kann mich genau an die Farben erinnern.

Es ist Sonntag, als das Foto gemacht wird, denn die Cousine meiner Mutter, die ich Tante Bienchen nenne, trägt einen schwarzen Mantel mit Pelzkragen. Vermutlich haben Tante Bienchen und meine Mutter mit mir einen Spaziergang gemacht und anschließend meinen neuen Vater und seine Mutter besucht, an diesem kühlen, sonnigen Sonntag Ende November oder Anfang Dezember 1939.

Die Sonne steht schon tief, und die Häuser und wir selbst werfen lange Schatten. Ich erinnere mich, daß ich irgendwann, es mag an jenem Tag gewesen sein, angehalten werde, meinen Schatten zu fangen. Doch sobald ich versuche, ihm nachzulaufen, gleitet er unter meinen Füßen hindurch. Erreichbar sind nur die Schatten der anderen Personen, die mich begleiten und an deren Hand ich vorher ging. Ich trampele auf deren Schatten herum, obwohl ich weiß, daß ich damit niemandem weh tue. Meine Art, Rache zu nehmen.

Wir treffen einen jungen Mann aus der Nachbarschaft, der sich einen neuen Fotoapparat gekauft hat. Dieser Hobbyfotograf begleitet uns bis vor Tante Bienchens Haus, und als er sich zum Abschied entschließt, ein Bild von uns zu machen, wird Tante Bienchens Schwiegermutter noch dazugeholt, denn sie steht ohne Mantel da, nur in ihrem schwarzen Sonntagskleid. Breit hat sie sich vor meine Mutter gestellt und verdeckt sie halb. Ihre großen, flachrunden Brüste streckt sie weit heraus, daß sie wie Schilde in Abwehrhaltung wirken. In ihren hellen Augen flackert etwas, vor dem ich mich von Anfang an fürchte. Aber vielleicht mag ich sie nicht, weil sie streng mit mir ist. Sie ist so ganz anders als meine liebe und sanfte Großmutter. Mit »Galljeers Wees« und »Ihr« müssen wir sie anreden. Aber wir fahren wieder zurück ins Haus meiner Großeltern, in die gewohnte Umgebung.

In der Zeit vor Weihnachten bekomme ich eine fieberhafte Erkältung. Weil ich tagsüber absolut nicht allein in einem anderen Zimmer im Bett bleiben will, stellt mir Großmutter einen Sessel in die Küche neben den Herd und packt mich in dicke Kissen und Decken. Doch auch das halte ich nicht lange aus, quengele weiter, bis man mich mit einem neuen Spielzeug, das eigentlich für Weihnachten vorgesehen war, abzulenken versucht. Es ist ein Kästchen mit recht kleinen, zylinderförmigen himmelblauen Perlen, die auf eine Schnur zu fädeln sind. Ich mühe mich ab, bis mir das Kästchen samt der angefangenen Kette vom Schoß rutscht und die Perlen in alle Himmelsrichtungen rollen. Ich weine aus Enttäuschung und Wut. Wut, weil ich versagt habe, weil meine Großmutter auf dem Fußboden knien und die kleinen Perlen einsammeln muß.

Ich will doch gefallen, lieb sein, damit ich geliebt werde.

Eine weitere Begebenheit, an die ich mich genau erinnere, fällt in jene Zeit. Es ist vermutlich ein Freitagabend. Großmutter ist damit beschäftigt, reife Bohnen für den Samstagseintopf zu entkernen. Ich bin bei ihr, schaue zu. Knisternd öffnen sich in ihren Händen die goldgelben, trockenen Schalen, und die Bohnen fallen prasselnd in die Emailschüssel. Ich versuche es ebenfalls, werde es schnell leid, rühre in der Schüssel herum, nehme mir ein paar von den weißen, glänzenden Böhnchen heraus und verziehe mich in eine Ecke. Ich stecke sie mir in die Ohren und in die Nase, nehme sie wieder heraus, bis eine in einem Nasenloch steckenbleibt. Alle meine Versuche, sie wieder herauszubefördern, schieben sie nur immer höher hinauf. Plötzlich ist auch meine Mutter da. Sie bricht in Panik aus, was mich erschreckt. Ich muß schneuzen, durch die Nase pusten, aber nichts hilft. Großvater wird zum Arzt geschickt, und Großmutter räumt in Windeseile ihren Bohnenkram aus der Küche, damit aufgeräumt ist, wenn der Arzt kommt.

Wieder habe ich versagt. Wieder bin ich negativer Mittelpunkt. Ich weine, weil ich diese Hektik nicht mag, weil ich nicht will, daß sich alle so schrecklich aufregen. Die Bohne selbst ist gar nicht so schlimm. Sie drückt nur ein bißchen.

»Hör endlich auf mit der Heulerei«, sagt meine Mutter, weil durch das Weinen die Nase anfängt zu laufen. Wieder muß ich schneuzen, um »sauber« zu sein für den Arzt. Doch diesmal glitscht die Bohne mit heraus. Jubelschrei meiner Mutter und Peinlichkeit dem Arzt gegenüber.

Zwei Tage vor Weihnachten schließt meine Mutter ihre Nähmaschine, an der sie sonst jeden Abend nach ihrem Dienst bis tief in die Nacht noch näht. Sie legt eine weiße Tischdecke darauf, und am Heiligen Abend wird mir zuliebe ein kleines Weihnachtsbäumchen mit Lichtern und bunten Kugeln aufgestellt. Das Christkind hat mir einen kleinen Schneemann gebracht, der glitzert wie frisch gefallener Schnee in der Morgensonne. Die Lichter des Weihnachtsbaumes spiegeln sich tausendfach in seinen winzigen Glitzerkristallen. Ich sehe nur noch den Schneemann. Er ist mir wichtiger als der Weihnachtsbaum. Auf seinem Kopf, der aus einer Kugel besteht, sitzt ein leuchtendroter Zylinderhut. Augen und Mund sind gemalt, und eine rote Perle bildet die Nase. Der Rumpf besteht aus einer Kugel, die wesentlich dicker ist als der Kopf. Um den Hals trägt der Schneemann ein grünes Band, das vorn zu einer Schleife gebunden ist. Daß er keine Arme hat, stört mich nicht. Statt derer steckt ein Tannenbäumchen mit Glitzerschnee in seinem dicken Bauch. Eine dritte Kugel ist in der Mitte zerteilt, und jede Hälfte stellt einen Fuß dar. Auf dem einen steht er fest und sicher, und auf den anderen stützt er sich nur, was ihm ein lässiges Aussehen verleiht. Ich liebe ihn vom ersten Augenblick an.

»Klapp ihn einmal auseinander«, sagt meine Mutter. Da merke ich erst, daß man seinen Rumpf auseinandernehmen kann. Fünf in feines Papier eingewickelte Pralinen sind darin. Sie erscheinen mir so kostbar, daß ich nicht wage, sie anzufassen, geschweige denn zu essen. Als ich versuche, die obere Hälfte des Schneemanns wieder daraufzusetzen, gelingt es mir nicht. Meine Mutter wickelt eine Praline aus und steckt sie mir in den Mund, aber ich kann mich nicht darüber freuen, da ich gerade das nicht wollte. Tröstlich ist nur, daß der Schneemann sich jetzt wieder zusammensetzen läßt. Die vier restlichen Pralinen hebe ich lange auf. Immer wieder öffne ich meinen geliebten Schneemann und betrachte die Köstlichkeiten in seinem Innern. Irgendwann werde ich angehalten, sie aufzuessen, weil man befürchtet, daß sie verderben könnten.

Langsam rückt der Schneemann aus meinem Bewußtsein. Andere Dinge werden wichtiger. Obwohl er immer da ist, sogar später mit umzieht in das Haus meines neuen Vaters, erinnere ich mich an keine weiteren Erlebnisse mit ihm. Man erkennt rückblickend, sich rückerinnernd nur die Geschehnisse wieder, die sich wie mit einem Paukenschlag in das Gedächtnis eingegraben und dort tiefe Kerben hinterlassen haben.

Fünfunddreißig Jahre später, als meine Mutter und mein Bruder unser Haus umbauen wollen und den Speicher leerräumen, werfen sie meinen Schneemann achtlos mit vielen anderen Dingen in einen auf dem Hof stehenden Müllcontainer. Dort finde ich ihn wieder, als ich zufälligerweise an dem Tag nach Hause komme. Er ist staubig, und seine Schneekristalle glitzern längst nicht mehr. Ich säubere ihn, verpasse ihm ein neues rotes Hütchen und stelle ihn auf meinen Schreibtisch. Ein Stück Kindheit ist zurückgekommen, bunt schillernd, als wär's ein Stück von einem Regenbogen.

Auch der alte weiße Plüschhund mit seiner Holzwolle im Bauch und seinem halb abgerissenen Kopf lag im Container zwischen Bauschutt und Müll. Ihn nahm ich leider nicht mit, was ich heute bedauere.

Am 17. Januar 1940 werden drei junge Männer aus Berlin in unserem Haus einquartiert. Tagsüber sind sie in D. in der Kaserne zur Ausbildung. Abends kommen sie zum Schlafen. An manchen Tagen, wenn sie nicht so früh zum Dienst müssen, frühstücken sie bei uns, spielen und scherzen mit mir und reden mit meiner Großmutter. Doch plötzlich kann es vorkommen, daß sie ernst werden. Vielleicht erzählen sie Großmutter von zu Hause, von ihrer Arbeit. Und irgendwann müssen solche Gespräche den Krieg und den bevorstehenden Einsatz berühren, denn Gefühle liegen in solchen Situationen blank, an der Oberfläche. Mag sein, daß Großmutter die jungen Männer tröstet, so gut sie kann, und sagt, man müsse ja nicht immer gleich das Schlimmste befürchten und vielleicht sei der Krieg ja auch bald wieder zu Ende. Es wäre ein schwacher Trost, aber sie würden spüren, daß Großmutter sie versteht.

Ich mag diese ernsten Gespräche nicht, fühle mich ausgeklammert. Ich möchte der Mittelpunkt des Interesses sein. Um aufzufallen, erbettele ich mir die Stiefel der Soldaten und nehme, vielleicht zum ersten Mal, bewußt einen Geruch wahr: den feuchtwarmen Dunst, der aus den Stiefeln zu mir aufsteigt und stark nach gegerbtem Leder riecht. Es ist etwas Neues, Unbekanntes, Aufregendes, das ich da wahrnehme, aufnehme wie ein Tier, das eine Fährte wittert und verfolgt. Es ist etwas, das in meinem Leben bisher fehlte.

(Ich soll, so versuchte meine Mutter mir jahrelang glaubhaft zu versichern, meinen Vater – einen Vater – sehr vermißt haben. Heute stelle ich mir die Frage: Kann man etwas vermissen, das man nicht kennt? Und meine Antwort lautet: Nein. Zwei, zweieinhalb Jahre etwa soll ich alt gewesen sein, als mein leiblicher Vater mit anderen Jagdkollegen zu Fuß durch unser Dorf und unsere Straße ging. Ich soll auf ihn zugelaufen sein und ihn mit Papa angeredet haben. Ich glaubte es ihr nie und werde es niemals glauben. Nein, sie habe mich nicht dazu angehalten und auch sonst niemand. Kinder lassen sich aber sehr leicht in ihrer Hilflosigkeit und Abhängigkeit gebrauchen, sogar mißbrauchen. Irgend etwas muß man mir eingeredet haben. Großvater jedenfalls, mit dem ich täglich zusammen bin, kann diese Spannung nicht erzeugen. Er ist zu diesem Zeitpunkt eine Randfigur in meinem Leben.)

Ich ziehe meine Schuhe aus, steige umständlich und ungeschickt in die hohen Stiefel, in denen meine Beine ganz versinken werden, lasse mir helfen, drohe hinzufallen, werde aufgefangen, bis ich einen einigermaßen festen Stand erreicht habe. Ich versuche, durch die Küche zu gehen, aber die schweren Stiefel drehen sich an meinen Beinen. Ich schlurfe über die Holzdielen, bleibe hängen, falle, und wieder fängt mich jemand auf. Einer der Soldaten setzt mir sein Schiffchen auf den Kopf. Alle schauen mich an und bewundern mich. Ich empfinde ein gewisses Glücksgefühl, ein Befriedigtsein. Jeden Abend verlange ich nun nach dieser Maskerade.

Einer der drei Soldaten hat einen Fotoapparat. An einem sonnigen Wintertag gehen wir alle hinaus auf die Straße und stellen uns vor unserem Haus in der Sonne zu einem Gruppenfoto auf. Es muß wieder ein Sonntag sein, denn meine Mutter ist zu Hause und trägt ihr dunkles Sonntagskleid mit dem hellen Kragen und eine weiße gestickte Schürze. Ganz blaß ist sie, schmal und sehr ernst. Hinter ihr steht einer der Soldaten. Der andere steht hinter Großvater. Großvater und ich, wir sind die einzigen, die auf dem Bild lachen.

»Und jetzt die Kleine noch in den Stiefeln!« wird einer der Soldaten gesagt haben. Sie holen ein Schiffchen und ein Paar Stiefel und heben mich hinein. Meine Schuhe kann ich anbehalten, denn meine Füße passen samt den Schuhen in die großen Stiefel. Doch kaum spüre ich sie an meinen Beinen, schlurfe ich auch schon die Straße hinunter, denn der Schnee knirscht so schön unter meinen Füßen. Einer der Männer schenkt mir einen Bonbon, damit ich mich für das Foto in Positur stelle. Während ich den Bonbon auswickele, knipsen sie mich ganz schnell. Dann geschwind noch ein zweites Foto, wie ich dastehe, mit verklärten Augen genüßlich an meinem Bonbon lutsche und beide Hände gespreizt vor den Bauch halte. Die Stiefel sind für eine Weile vergessen. Das Schiffchen mit dem Hoheitszeichen sitzt keck auf meinen langen braunen Locken. (Ganz deutlich sind auf dem alten Foto Kokarde und

Adler, der in seinen Fängen einen Eichenlaubkranz mit Hakenkreuz hält, zu erkennen.)

Innerhalb von vier Wochen sind meine drei Freunde zu Kraftfahrern ausgebildet und werden weiter nach Westen verlegt. Einige Zeit später, als längst schon wieder andere Soldaten bei uns wohnen, kommt ein Brief mit den Fotos. »Zur Erinnerung an die Einquartierung vom 17. 1. bis 13. 2. 1940. Herbert Gericke, Bruno Rother, Fritz Reim« steht in kleiner, akkurater Schrift auf der Rückseite eines Gruppenfotos. Auf den Bildern sind jeweils nur zwei Soldaten, also muß der dritte fotografiert haben.

Viele Jahre später (genau dreiundvierzig Jahre später) werde ich im Nachlaß meiner Mutter ein kleines Foto finden, auf dem ein einzelner fremder Soldat zu sehen ist. Das Format des Bildchens und der breite, elfenbeinfarbene gezackte Rand erinnern mich sofort an die Fotos von jener ersten Einquartierung. Gewohnheitsgemäß schaue ich auf die Rückseite. »Zur freundlichen Erinnerung. 27. 2. 1940. Ihr Fritz Reim« steht dort in der gleichen akkuraten Schrift. Aha! Ich schaue mir den Mann genauer an. Es ist ungerecht, denke ich aber, ihn nach dem einen Bild beurteilen zu wollen. Dennoch: Als ruhig und ernst würde ich ihn einstufen. In einem verhältnismäßig großflächigen Gesicht eine feine Nase und ein fast mädchenhafter, feingeschnittener Mund. Ein sanfter, geradliniger Blick, obwohl ihn die niedrigstehende Wintersonne blendet. Die dunklen Haare an den Schläfen straff zurückgekämmt und vom Schiffchen fast verdeckt. Das Foto ist von seiner Qualität her (durch falsch gewählte Entfernung unscharf, und von jenem Fritz Reim sind nur Brust, Schultern und Kopf zu sehen, während die obere Hälfte des Fotos ungenutzt bleibt und die kahle Hauswand zeigt) nicht so gut wie die anderen, die gestochen scharf sind und die er aufgenommen haben muß, denn er selbst ist ja auf keinem der anderen Bilder zu sehen. Dieses kleine, nicht besonders gute Bildchen sagt, wie ich meine, sehr viel über ihn aus. Er, der zweifellos vom Fotografieren mehr versteht als seine Kameraden, bittet einen der beiden anderen, ihn zu fotografieren. Es soll ein Brustbild werden. Man soll sein Gesicht genau sehen können. Er offenbart sein Innerstes. Vielleicht für die junge Frau Vera, meine Mutter, die er insgeheim liebt, die er auf der Stelle heiraten würde samt ihrem unehelichen Kind. »Ihr Fritz Reim.« Meine Mutter jedoch wird später immer nur von Herbert Gericke erzählen, der wohl lustiger war und ihr besser gefallen hat und der mit mir den meisten Unfug angestellt hat. Die Namen Fritz Reim und Bruno Rother hat sie nie erwähnt. Trotzdem verwahrte sie das Bildchen über Jahrzehnte bei ihren persönlichen Unterlagen.

In dieser Zeit versorgt mich tagsüber, während meine Mutter arbeitet, meine Großmutter. Sie ist lieb mit mir, sehr sanft und immer für mich da. Es gibt keine Reibung zwischen uns, und ich vermisse nichts, empfinde wohl alles als selbstverständlich. Deshalb prägt sich zunächst in meinem Gedächtnis nur das spätnachmittägliche Spazierengehen mit der Großmutter ein, wenn wir die Mama von der Arbeit abholen. Großvater nehme ich erst richtig wahr, als er nicht mehr ständig in meiner Nähe ist, als ich entbehren muß, was so selbstverständlich war.

Wie werden jene Tage verlaufen sein? Vermutlich habe ich Großmutter bei allen Arbeiten im Haus zugeschaut, gespielt und zwischendurch tausend Fragen gestellt. Vielleicht auch hat sie mich manchmal zu Großvater auf den Dachboden geschickt, wo er gewerkelt hat. Das allerdings wird mir erst auffallen, wenn ich längst im Haus meines neuen Vaters bin.

Vielleicht werde ich zum Mittagsschlaf hingelegt mit der Aufforderung »Nun schlaf schön!« und dem Versprechen »Wenn du ausgeschlafen hast, holen wir auch die Mama ab«. Das Kaum-abwarten-Können, bis wir endlich losgehen. Die hohe Außentreppe hinunter in den Hof, während sich die kleine Kinderhand am schmiedeeisernen Treppengeländer festhält und bei jeder Stufe nachgreifen muß. Der säuerliche Ziegenstallgeruch, der noch im Gemäuer sitzt, als die Ziegen schon längst abgeschafft sind, und uns entgegenschlägt, sobald wir in die Nähe der Stalltür kommen. Unser ehemaliger Ziegenstall befindet sich in einem der ebenerdigen Kellerräume. Dies ist eine Eigenart unseres Hauses und der Nachbarhäuser. Sie sind alle zu hoch für ihren verhältnismäßig kleinen Grundriß, als wollten sie etwas vortäuschen, das sie gar nicht sein können, denn über den ebenerdigen Kellergeschossen mit ihren Ziegenställen befinden sich zwei volle Stockwerke und darüber hohe spitzwinklige Dächer.

Weiter hinten am Ende der Straße stehen niedrigere Häuser, von buntblühenden Gärten umgeben. Es mag sein, daß Großmutter dort ein Schwätzchen hält mit einer der Haus- und Gartenbesitzerinnen, die breit dasteht, eine Schürze umgebunden und eine Hacke in der Hand, und daß ich, inzwischen ans Blumenpflücken gewöhnt, die wunderschönen Gartenblumen entdecke, die viel größer und schöner sind als die auf den Wiesen, und vielleicht frage, ob ich welche pflükken dürfe. Es ist möglich, daß die Frau nicht darauf reagiert (Kinderfragen solcher Art werden oft überhört) oder daß ich, weil ich eine ausweichende Antwort bekomme, keine Ruhe gebe und unbedingt wissen will, warum ich keine Blumen pflücken durfte, als wir, die Häuser hinter uns lassend, schon längst den steinigen Feldweg in Richtung Wiesen gehen. Es wäre auch denkbar, daß meiner Großmutter keine Antworten auf meine vielen Warum-Fragen mehr einfallen und daß sie irgendwann sagt, das seien feine Leute, denen man den schönen Blumengarten nicht ruinieren dürfe. (Entweder wurde es gesagt, oder ich habe es aus der Bemerkung geschlossen: feinere Leute als wir, die uns gegenüber Grenzen setzen, Grenzen setzen dürfen.) Eine Äußerung diesen oder ähnlichen Inhalts muß gefallen sein, denn ich gehe von Stund an mit einer gewissen Wehmut an den Gärten vorbei, und ich erinnere mich, darüber traurig gewesen zu sein, daß meine gute Großmutter und auch meine Mama (das Wir oder Uns schloß sie ja mit ein), die mir unendlich lieber und wertvoller sind als diese fremden Frauen, nicht so fein sind und sich unter diesen stehend fühlen müssen.

Jahre später, wenn ich während der Sommerferien, die ich oft bei den Großeltern verbringe, zu Fuß nach D. gehe und an den Gärten vorbeikomme, wird mich jedesmal eine gewisse Beklommenheit befallen.

Mit Sicherheit tröstet mich Großmütterchen: Die Wiesenblumen sind viel schöner, und die Mama, die freut sich darüber viel mehr. Ganz bestimmt. Und ich werde pflücken, soviel ich kann, und neue Blüten und neue Farben entdecken, und Großmutter nennt mir die Namen der Blumen, und wenn die Mama kommt, kann ich sie ihr weitersagen: Gänseblümchen, Wiesenschaumkraut, Butterblumen, Margeriten. Ich spreche sogar alle richtig aus. Auch pflücke ich die Blumen längst mit langen Stengeln ab, denn ich weiß, daß die Mama sie dann besser in die Vasen stellen kann.

Ein einziges Foto existiert aus der gemeinsamen Zeit mit Großmutter. Es ist an einem sonnigen Frühlingstag aufgenommen. Der Baum im Hintergrund trägt noch kein Laub. Großmutter sitzt auf einer unter einem dicken Baum aufgestellten Holzbank. Sie trägt ein dunkles, bis zum Kinn geknöpftes Kleid, schwarze Strümpfe und Schuhe. Die Hände (schon damals sind die Knöchel außergewöhnlich dick) legt sie im Schoß übereinander und hält mit Daumen und Zeigefinger einen kleinen Zweig oder ein paar Blümchen, während ich in der Hocke vor ihren Füßen im Gras sitze. Wir schauen uns lachend an.

Großmütterchen ist damals genau neunundfünfzig Jahre alt. Legte man die heutigen Maßstäbe an ihr Aussehen, könnte man sie zehn bis zwölf Jahre älter schätzen. Die grauen Haare sind straff zurückgekämmt und enden in einem geflochtenen kleinen Knötchen, das sie ziemlich hoch am Hinterkopf aufsteckt, an der Stelle, wo Mädchen ihre Pferdeschwanzfrisur zusammenbinden. Ihr Mund wirkt eingefallen und läßt die Nase hervortreten. Vermutlich fehlen ihr Zähne, die nicht durch künstliche ersetzt wurden. Nach der alten Volksweisheit »Jedes Kind kostet einen Zahn« fehlen ihr also mindestens fünf. Ihre fünf Kinder hat sie lange gestillt. Niemand hat sich je darum gekümmert, was ihrem Körper entzogen wurde und daß der Bedarf durch die tägliche Nahrung nicht ausgeglichen werden konnte. Der Vater bekam das größte Stück Fleisch; er mußte schließlich schwer arbeiten. Als wenn Hausarbeit und Stillen nichts gewesen wären! Die wenige Ziegenmilch tranken die Kinder. Meist stillte Großmutter noch, wenn schon wieder ein Kind unterwegs war. Verhütung? Was ist das? Nach dem fünften Kind wurden die Ehebetten auseinandergeschoben. Großvaters Bett an die Wand, Großmutters ans Fenster. So standen sie, seit ich mich erinnern kann.

Die welke Haut an ihren Händen und die vielen Falten im Gesicht gehörten zu ihr, als wären sie ein Teil ihrer Liebe. Als Kind habe ich mir immer so viele Falten gewünscht, was ein Beweis dafür ist, daß Schönheitsideale künstlich geschaffen werden.

Wenn sie mich beim Namen nannte, hängte sie ein »chen« an. Meist sagte sie in ihrem Dialekt »Lejbche« (Liebchen) zu mir und gab mir durch ihre sanfte Stimme das Gefühl, ihr Liebstes auf der Welt zu sein. Daß alle ihre anderen Enkel und Enkelinnen genauso empfanden, erfuhr ich viel später, und es tat ihrer Ehrlichkeit und unserer Liebe keinen Abbruch. Es war, als ob ihre Liebe sich vermehre, je mehr sie davon verschwendete. Man könnte ihre Liebe vielleicht mit einem übervollen Krug vergleichen, der sich, je öfter man ihn leert, immer schneller wieder von selbst füllt.

Und die Mama? Sie ist die Allerliebste! Wenn sie an ihren freien Tagen morgens etwas länger im Bett bleibt, klettere ich aus meinem Kinderbett zu ihr in ihr großes weißes Bett. Es ist warm und kuschelig bei ihr, und ich umarme und küsse sie, küsse sie, bis sie sagt: »Ich ersticke unter deinen Locken.« Da merke ich, daß ich ihr Gesicht mit meinen langen Haaren völlig zudecke. »Ersticken« wird zum Stichwort für mich. Wenn sie es sagt, reizt es mich, sie noch fester zu umarmen und zu küssen. Ich liebe meine Mama über alles, und ich muß es ihr zeigen, denn ich will sie ganz für mich haben. Ich spüre aber wohl manchmal auch, daß ich um ihre Liebe kämpfen muß, denn sie lacht nicht immer über meine Späße und gibt nicht immer vor zu ersticken. Es kommt vor, daß sie ganz still liegt und für mich fern und unerreichbar ist, als wäre sie nicht bei mir, sondern weit weg in einem anderen Land. Ich erkenne es, wie man einen ganz feinen Sprung in der Glasur eines Porzellangegenstandes wahrnimmt. Das Porzellan selbst ist noch unversehrt; der Sprung ist nur in der Oberflächenglasur erkennbar. Er geht nicht in die Tiefe.

Eine neue Tante, Tante Annachen, tritt in mein Leben. Sie ist die Schwägerin meiner Mutter und noch sehr jung, fast kindlich. Vielleicht fühle ich mich deshalb zu ihr hingezogen. Sobald sie mit ihrem Mann, dem jüngsten Bruder meiner Mutter, zu uns kommt, gehe ich nicht von ihrer Seite. Sie ist immer von einem zarten, faszinierenden Duft umgeben und trägt wunderschöne Kleider, die sie als gelernte Schneiderin selbst genäht hat. Es sind lustige Kleider, die über und über mit bunten Blümchen bedruckt sind, karierte Taftkleider, raffiniert verarbeitet, unifarbene mit Spitzenkragen und ausgefallenen Knopfverzierungen. Alle Frauen in der Familie, angefangen bei Großmutter, bestaunen sie.

Eines Tages, es ist vielleicht der Geburtstag meiner Großmutter oder meines Großvaters, vielleicht auch mein eigener, jedenfalls irgendein kleines Fest, sind mehrere Familienmitglieder anwesend. Auch Tante Annachen und Onkel Jakob, ihr Mann. Jemand hat mir eine Spielzeugtrompete geschenkt. Ich trompete munter in die Unterhaltung der Erwachsenen, gehe reihum und lasse jeden einmal spielen. (Ich nenne es nicht spielen, sondern blasen.) Alle putzen das Mundstück ab, ehe sie es benutzen, nur ich nicht, denn ich wüßte nicht, warum ich es tun sollte.

Tante Annachen ist die einzige, die nicht für mich spielt, und als die Reihe wieder an sie kommt, bettele ich: »Tante Annachen, blas doch mal! Bitte, Tante Annachen, blas doch mal!« Aber es lassen sich nur die Herzen der anderen Gäste erweichen: »Dann blas doch mal für das Kind!« – »Stell dich doch nicht so an, Annachen, und blas mal!« wird sie von allen Seiten aufgefordert. Unüberhörbar der Spott. Erwachsene neigen dazu, in solchen Situationen die Ausdrucksweise eines Kindes nicht zu korrigieren, sondern mit einem gewissen Spott in der Stimme zu wiederholen. Wütend schaut sie ihren Mann an, der auch in den Chor mit eingestimmt hat. »Blast euch euer Blas!« sagt sie mit einem entschlossenen Gesichtsausdruck, den ich nicht an ihr kenne. Alle lachen, lachen über den Satz, aber sie versteht es als ein Auslachen. Tränen kullern über ihre Wangen, und dann spricht sie es aus, daß sie sich über ihren Jakob geärgert hat. Er hat sie verletzt und beleidigt. Mag seine wohlanständige Familie ruhig wissen, was er für einer ist. Er, der jüngste der Geschwister, von der Mutter verwöhnt, ein Frauentyp mit blauschwarzem Haar und glutvollen Augen. Vielleicht hat er nach einer anderen Frau geschaut. Aber Tante Annachen ist leicht zu verletzen. Als einziges Kind eines Reichsbahnbeamten ist sie in einer wohlgeordneten Familie aufgewachsen, in der es kaum Reibungsmöglichkeiten gab. Meine Mutter redet ihrem Bruder ins Gewissen. Da nehme ich ihn zum ersten Mal bewußt wahr.

Unser Umzug ins Haus meines neuen Vaters geht für mich fast unbemerkt vor sich. Ich erinnere mich lediglich an eine gewisse Hektik, und dann formt sich wie aus einem Nebel heraus eine Zimmertür. Eine in weißem Schleiflack gestrichene Zimmertür mit verzierten, blankgeputzten Messinggriffen. Mir kommt sie viel größer vor als die anderen Türen im Haus. Später, wenn ich erwachsen sein werde, wird mir auffallen, daß es eine ganz normal große Tür ist, nicht größer als jede andere.

Als nächstes sind da viele fremde Personen, an die ich mich erinnere. Alle ein wenig aufgeregt, und alle tragen festliche schwarze Kleider und Anzüge. Meine Mama tritt aus der weißen Tür; sie trägt ebenfalls ein schwarzes Kleid. Sie ist schön und wieder so fern. Es muß der Tag ihrer Hochzeit sein. Irgendwann an diesem Tag verschwindet sie abermals hinter der weißen Tür und bleibt unerreichbar für mich. Vermutlich lenkt man mich ab mit irgendwelchen Erwachsenentricks, denn hier bricht meine Erinnerung ab.

Den neuen Vater nehme ich zunächst nicht wahr. Er wird tagsüber arbeiten und nicht im Haus sein, und abends, wenn er da ist, werde ich schon im Bett sein. Vermutlich werde ich Schwierigkeiten haben, mich in der neuen Umgebung einzugewöhnen. Heimweh kommt hinzu. Die liebe Großmutter fehlt mir, an die ich gewöhnt bin, und die neue Großmutter wird sich um meine Zuneigung bemühen, denn sie holt mir hin und wieder Spielsachen vom Dachboden. Diese Dinge gefallen mir aber nicht, denn ich dränge sie, mir andere zu holen. Ich vermute dort wohl ein unerschöpfliches Lager. Als sie eines Tages die Dachbodenleiter herunterklappt und hinaufsteigt, um mir meinen Wunsch zu erfüllen, schicke ich mich an, hinter ihr her zu klettern. Ich will mir selbst etwas aussuchen, weil die Großmutter meinen Geschmack nicht trifft. Jemand hindert mich. »Vorsicht, du fällst! Du kannst noch keine Leiter hochsteigen.« Verärgert soll ich geantwortet haben: »Warum haben wir auch hierher geheiratet!«

Ich werde verlacht ohne einen für mich ersichtlichen Grund, und mein Ausspruch wird später bei jeder Gelegenheit zum besten gegeben. Das Ausgelachtwerden und die wacklige Leiter verfestigen sich in meiner Erinnerung. Den Satz, der alle zum Lachen reizte, hätte ich vergessen, wäre er nicht ständig wiederholt worden.

Erst nach diesem Ereignis merke ich, daß mir Großvater fehlt. Zu ihm durfte ich auf den Dachboden, wo er seine Werkstatt hatte. In seinem Haus gab es statt der wackligen Leiter eine breite Treppe mit flachen Stufen, die zudem noch von zwei quadratischen Podesten unterbrochen wurden, auf denen man immer wieder festen Halt fand. Da gibt es zum ersten Mal bewußte Erinnerung. Das dreieinhalbjährige Kind, das ich damals bin, erinnert sich an etwas aus seinem vorherigen Leben, das jetzt schon Vergangenheit ist: die Treppe zu Großvaters Speicher, immer ein wenig staubig, im Gegensatz zu der unteren Treppe im Wohnbereich, die Erdgeschoß mit erstem Stock verband und immer blank gebohnert war. Großvater in seinem Dachkämmerchen, Regale und Werkzeuge um ihn herum. Er sitzt in dem Lichtstrahl, der durch das Dachfenster hereinfällt, begrüßt mich lachend und zaubert aus Holz- und Lederstückchen Spielsachen. Tausend Fragen stelle ich ihm, und er antwortet geduldig.

»Was ist das?«

»Leim.«

»Was machst du mit dem Leim? ... Und was ist das?«

»Was?«

»Das da!« Ich deute in die Luft.

»Ich sehe nichts«, sagt Großvater.

»Das da!« Ich folge einem fliegenden Staubpartikelchen mit dem Zeigefinger.

»Das sind ganz feine Stäubchen«, antwortet Großvater. »Die sieht man nur in der Sonne tanzen.«

Welch schöne Stunden! Selbstvergessen lebten wir die Gegenwart, den Augenblick.

Meine neue Umgebung ist anders. Es gibt eine schmale, lange Küche, die in der Ecke, wo ich spiele, immer kühl und feucht ist. An den beiden mit grüner Ölfarbe gestrichenen Sockeln der Außenwände bildet sich Kondenswasser und läuft langsam in dünnen Rinnsalen zu Boden. Die Küche muß täglich bis in die hintersten Ecken gründlich geputzt werden, denn die kleinen Pfützen dürfen nicht stehenbleiben, weil sonst der Holzfußboden aus den Ecken heraus faulen würde.

Putzen, Wäsche waschen, kochen, backen, nähen, stricken; meine Mutter hat keine Zeit für mich, denn sie muß ihrer Schwiegermutter beweisen, wie tüchtig sie ist.

Zwei Fotos gibt es von mir aus dieser Zeit. Auf dem einen stehe ich in dunklen Trainingshosen, roter Strickmütze und rotem Strickjäckchen mit dunkelblauen Streifen (auf dem alten Foto erscheint das Rot natürlich grau und das Dunkelblau schwarz) vor unserm Haus im Schnee. Die Haustreppe ist freigeschaufelt. Überm Gartentürchen hängt der Jutesack, der entweder als Fußmatte gedient hat oder als Putzlappen für die Treppe und jetzt trocknen soll. Der Schnee liegt etwa einen halben Meter hoch. Vom Haus bis zur Straße ist ebenfalls ein Weg geschaufelt. Es ist Januar oder Februar 1941. Mein erster Winter in W.

Auf dem zweiten Foto stehe ich im Garten unter einem blühenden Kirschbaum. Vielleicht ist es Ostern, zumindest aber ein Sonntag, weil ich nicht die rote, sondern eine weiße Strickjacke trage. Mit einem chemischen Mittel, dessen ätzender Geruch selbst nach mehrmaligem Waschen nicht verschwand, hatte Mama die Schafwolle gebleicht und ein wunderschönes Trachtenjäckchen daraus gestrickt mit aufgestickten bunten Blumen. (Die weißen Porzellanknöpfe mit den roten und blauen Blümchen existieren zum Teil heute noch.) Meine langen braunen Locken sind in Zöpfen gebändigt, und ich trage eine weiße gehäkelte Baskenmütze. Das Kind wird herausgeputzt; es soll doch gefallen.

An einem Osterfeiertag, es könnte also der Tag gewesen sein, an dem das Bild aufgenommen wurde, machen wir drei, meine Mama, mein neuer Papa und ich, einen Spaziergang. Die Sonne scheint (wie könnte es anders sein?), und die Luft ist mild und lau. Ich werde in die Mitte genommen, und ich fühle mich als die Mitte. An der einen Hand führt mich Papa und an der anderen meine Mama. Sie ist stolz, nicht mehr so unsicher, vielleicht sogar glücklich. Ihr Befinden überträgt sich auf mich. Wir gehen durchs Dorf und ein Stück die Burger Chaussee hinunter. Rechts läuft ein mit Büschen und Dornenhecken bewachsener Hang an der Straße entlang, und auf der linken Seite dehnt sich ein weitläufiges Wiesental aus, das von einem Bach durchflossen wird. Entlang der Straße stehen in regelmäßigen Abständen knorrige Apfelbäume, die ich erst wahrnehme, als mein Papa mich auffordert, hinter den Bäumen nachzuschauen, ob dort der Osterhase vielleicht etwas für mich versteckt habe. Ich muß das Ostereiersuchen schon kennen, denn ich laufe sofort zu dem nächsten Baum und finde tatsächlich zwei bunte Eier. Unaufgefordert suche ich weiter und finde fast hinter jedem Baum welche. Daß es immer wieder dieselben sind, fällt mir nicht auf. Da ich kein Körbchen habe, liefere ich die gefundenen Eier ab, und in meinem Eifer, ständig neue finden zu wollen, merke ich nicht, daß sich meine Eltern in stillem Einverständnis im Entgegennehmen und Verstecken abwechseln. Auch fällt mir nicht auf, daß es nicht mehr Eier werden. Ich bin glückliche Besitzerin von vielen Ostereiern, weil ich nicht nachzähle. Ich befinde mich dadurch, daß ich noch nicht zählen kann, in der gleichen Situation wie manche Tiermütter, die erst dann merken, daß ihnen ihre Jungen genommen werden, wenn das letzte fort ist.

Vom vielen Eiersuchen bin ich müde geworden. Der Rückweg steht uns noch bevor. Ich will getragen werden. Papa setzt mich auf seine Schultern, ohne daß ich ihn lange bitten muß. Er ist stark, und er ist für mich da. Ganz.

Vielleicht ist meine Mutter zu dieser Zeit auch noch aus einem anderen Grund glücklich: Sie weiß, daß sie schwanger ist. Sie kann dem Mann, der sie und ihr Kind liebevoll aufgenommen hat, ein eigenes Kind schenken, und sie macht ihre Schwiegermutter zur Großmutter, zwar nicht zum ersten Mal, denn deren Tochter hat schon zwei Kinder, zum ersten Mal aber durch den ältesten Sohn.

Doch die Freude über das Kindchen wird überschattet vom Krieg, der wie ein großer schwarzer Raubvogel über dem Land und über unserem Dorf kreist. Bisher blieb unser Haus verschont. Jetzt allerdings schlägt der schwarze Vogel unbarmherzig zu. Mein Vater wird einberufen und auch sein Bruder. Die Ungewißheit vorher und die Angst vor der Einberufung sind jetzt zur Gewißheit geworden. Tränen und Beteuerungen, täglich.

Für mich gibt es keinen ersichtlichen Grund, wieso mein großer, starker Papa einer fremden Macht gehorchen und tun muß, was er nicht will. Wenn ich bisher getan habe, was von mir erwartet wurde, dann tat ich es, weil ich gefallen, angenommen werden wollte. Ein triftiger Grund! Aber der Papa will nicht in den Krieg. Die Mama will es nicht und auch nicht die neue Großmutter. Verstecken muß er sich. Ich bin besessen von meiner Idee. Er muß sich verstecken, wo ihn niemand suchen und erst recht nicht finden kann. Im Keller. Ich bin davon überzeugt, daß jeder, außer meinem Papa, genausoviel Angst vor dem Dunkel haben muß wie ich und daß es niemand wagen würde, den dunklen Keller zu betreten. Nur mein Papa ist für mich unerschrocken. Und außerdem brauchte er ja nur dann in den Keller, wenn jemand zu uns käme. Durch die Scheibe in der Küchentür sieht man, wer kommt. Es wäre ganz leicht, die Falltür im Fußboden zu öffnen und rechtzeitig im Dunkel zu verschwinden. Ich weiß, daß ich es ausgesprochen habe: »Du mußt dich verstecken. Im Keller finden sie dich nicht.«

Die vermutliche Antwort: »O doch! Sie würden alles durchsuchen und würden mich finden, und dann würde ich bestraft werden.«

Vielleicht denke ich darüber nach, welche Strafe noch schlimmer sein könnte, als fort zu müssen, wenn man nicht will. Vielleicht auch frage ich, welcher Art die Strafe sei. Ich stelle mir heute das Unvermögen der Erwachsenen vor, dies dem Kind zu erklären.

Großmutter sitzt unermüdlich am Spinnrad und spinnt Schafwolle für warme Socken. Der Winter in Rußland ist kalt, und es könnte ja sein, daß der Krieg im Winter noch nicht zu Ende ist. Der Wunsch meiner Mutter, die die fertige Wolle verstrickt, an die Großmutter: »Ihr könnt die Wolle ruhig ein bißchen dicker spinnen.« Sie spricht ihre Schwiegermuter in der Mehrzahl an. Das Du ist nicht üblich und nicht höflich genug.

Großmutter spinnt also dickere Fäden, und die Mama strickt dickere und längere Strümpfe als sonst üblich. Die Soldaten sollen wenigstens keine kalten Füße haben. Schafwollsocken halten warm.

Mehrmals wird der Einberufungsbefehl gelesen, aber das Datum steht unverrückbar, und der Tag und die Stunde kommen immer näher heran.

Es wird gepackt, verworfen, umgepackt. Ich will nicht einsehen, daß der Papa sich nicht weigern kann, in den Krieg zu gehen, und die Idee vom Verstecken läßt mich nicht mehr los.

Ich bin dem Papa nähergekommen in der letzten Zeit, in kaum wahrnehmbaren Schritten, aber stetig.

Als es dann soweit ist, als der Tag des Abschieds gekommen ist, darf ich mitgehen zum Rathaus, wo die Männer hinbestellt sind.

»Aber sei bloß brav, und sag nichts mehr von Verstecken. Das will auch der Papa nicht.« Und da ich unbedingt dabei sein will, habe ich also den Wunsch meiner Mama zu respektieren. Mir ist zum Heulen zumute und zum Schreien, aber ich habe versprochen, brav zu sein.

Wir sind nicht die einzigen, die sich einfinden. Es sind noch andere Männer da, Frauen und Kinder. Und jeder spricht, und jeder hat noch so viel zu sagen, bis eine laute Männerstimme uns wegschickt, die Mama und mich und die anderen Frauen und Kinder. Papa nimmt mich noch ein letztes Mal auf den Arm und drückt mich fest an sich.

Auf dem Heimweg weint die Mama, und da weiß ich, daß ich jetzt auch weinen darf. Aber meine Tränen sitzen fest, wie eingemauert und können den Weg nach draußen nicht finden.

Äußerlich verändert sich für mich kaum etwas; die beiden Frauen versorgen mich gut. Es gibt bloß niemanden mehr, der sonntags Zeit für mich hat, der mit uns spazierengeht und der mich trägt, wenn ich müde bin. Die Frauen arbeiten immer, auch sonntags.

Zwischen Ende Mai und Anfang Juni kommt der Papa noch einmal für ein paar Tage nach Hause. Ich nehme mir tagsüber an Zuneigung und Zärtlichkeiten, was ich bekommen kann. Ich umarme und küsse ihn, und er hebt mich hoch in die Luft und lacht mit mir. Er ist nicht so ernst wie die Mama, und überhaupt ist er ganz anders und so stark. Freundlich beantwortet er mir jede Frage (und ich stelle nicht wenige) und lächelt, wenn er mit mir spricht. Er sagt nie, das verstehst du noch nicht, wie es oft andere Erwachsene tun. Er nimmt mich so wichtig, wie ich mich selbst nehme.

Im drei Kilometer entfernten Nachbardorf liegt zu dieser Zeit eine Verwandte im Sterben. Es ist vielleicht sogar die Patentante meines Vaters, denn ihre Angehörigen halten es für notwendig, ihn zu benachrichtigen.

Es ist ein Sonntag, als wir sie besuchen. An den Hinweg kann ich mich nicht erinnern, aber ich muß ihn gelaufen sein. Ganz deutlich sehe ich jedoch das Zimmer, in dem die Tante liegt. Man wird sie angesprochen haben: »Der Karl ist da, und das ist seine Frau und das Kind.«

Die Tante kann zwar nicht mehr sprechen, doch sie versteht noch alles, sagen die Angehörigen. Sie sprechen leise unter sich. Die Tante bewegt den Mund. Sie will was sagen, doch niemand versteht sie. Meine Mama hält mich an der Hand, und an ihrem Händedruck spüre ich, daß ich mich still verhalten muß. Wir stehen am Fußende des großen Bettes und Papa zusammen mit den Angehörigen der Tante vor dem Bett, das in der linken Ecke des Zimmers steht und die Wand bis zum Fenster einnimmt.

Die Begrüßungsunruhe legt sich, und die anfängliche Stille kehrt zurück. Schweigend schauen wir alle die Tante an. Wir sehen, wie sie atmet, denn die Decke hebt und senkt sich. Manchmal krabbeln ihre welken Hände über die Bettdecke, als wollten sie davonlaufen. Nach einer gewissen Zeit liegen sie aber wieder ruhig und still da.

Durch das Fenster an der linken Wand, vor dem Mama und ich stehen, fällt die Nachmittagssonne ins Zimmer, golden und warm. In ihrem Licht segeln langsam lehmfarbene Staubteilchen. Sie scheinen zu zögern, ehe sie zu Boden sinken. Ich betrachte sie und spüre das Verlangen, aus dem Raum zu flüchten. Aber ich wage es nicht, weil die Hand meiner Mama mich festhält und alle Erwachsenen ernst und schweigend ausharren. Die große Uhr an der Wand in ihrem geschnitzten Holzgehäuse tickt laut in die Stille, als wolle sie sagen, daß sie das Regiment führt.

Später draußen sind alle laut und exaltiert, wie es oft nach einer Beerdigung der Fall ist, wenn der Wunsch aufkeimt, die Gewißheit der eigenen Sterblichkeit so schnell wie möglich wieder zu verdrängen.

Meine Eltern kaufen in dem Dorf bei anderen Verwandten, die eigenen Weinbau betreiben, ein paar Flaschen Wein.

Auf dem Rückweg bin ich so ausgelassen und übermütig, ähnlich wie die Erwachsenen, als sie das Zimmer der sterbenden Tante verlassen hatten, pflücke Blumen am Straßenrand und im Graben, trete ins Wasser, lache über die nassen Füße und will dennoch bedauert werden. Kein Gefühl, versagt zu haben. Die Eltern reden ununterbrochen miteinander und beachten mich kaum. Nach kurzer Zeit schmerzen meine Füße in den nassen Strümpfen und Schuhen. Ich kann nicht mehr laufen und will getragen werden. Trotz der schweren Weinflaschen und der Einwände meiner Mutter setzt mich Papa auf seine Schultern und trägt mich nach Hause. Mama trägt die vielen bunten Blumen, die ich gepflückt habe. Meine Welt ist in Ordnung.

Doch dann wieder der Abschied. Aufmerksam verfolge ich, wie gepackt wird. Auf die Frage »Wann geht der Papa wieder weg?« die Antwort: »Nächste Woche.« In Wirklichkeit war es am nächsten Tag. Diesmal kein offizieller Abschied am Rathaus, sondern unbeachtet geht es frühmorgens mit dem Postomnibus zur nächsten Bahnstation. Dem Kind soll das Abschiednehmen erspart bleiben, und wieder bin ich danach allein mit den Frauen, die mit sich beschäftigt sind, die nie lachen und immer nur ernst sind.

Irgendwann in dieser Zeit wird mir offenbart, daß ich bald ein Schwesterchen oder Brüderchen bekommen werde, und es wird mir eingeredet, daß ich mich zu freuen habe, weil ich mit ihm spielen kann. Abends lege ich auf Geheiß für den Klapperstorch Zuckerstückchen vors Küchenfenster auf die Fensterbank. Morgens, wenn ich nachschaue, sind sie vom Fensterladen zerdrückt. Ich glaube jedoch, es wäre der Klapperstorch gewesen, wundere mich nur, daß er sie nicht ganz weggenommen hat. Tausend Fragen habe ich zum Klapperstorch und bekomme tausend dumme Antworten. Niemand kann ihn mir zeigen, noch nicht einmal ein Bild von ihm bekomme ich zu sehen. Sehr groß sei er, mit schwarzweißem Gefieder und roten Beinen, und er fische die kleinen Kinder aus einem Born. Die Mama bemüht sich, ihn für mich zu zeichnen. Mit ungeübter Hand und scheuen, dünnen Bleistiftstrichen entwirft sie ein Vogelvieh, das ich nicht mit meinem zukünftigen Schwesterchen oder Brüderchen in Verbindung bringen kann. Und sehr eigenartig ist doch auch die Sache mit den Zuckerwürfeln. Wenn er sie so gern mag, warum frißt er sie dann nicht restlos auf? Statt dessen geht er mit den kostbaren Zuckerstücken recht unachtsam um. Ich würde sie aufessen, aber ich darf es nicht und muß sie für ihn opfern. Allerdings, überlege ich, wenn er als Gegenleistung Zuckerstücke verlangt, darf man dann nicht wünschen, was man will? Ich will nämlich ein Schwesterchen. Nein, wünschen kann man nicht. Es ist dunkel in dem Born, aus dem er die Kinderchen herausfischt, und ihm ist es egal, ob's ein Mädchen ist oder ein Junge. Er hat sie alle gleich lieb.

»Aber vielleicht ist's ja ein Schwesterchen«, werde ich getröstet.

»Es soll Roswitha heißen«, bestimme ich. Auf einem meiner vielen Haferflockenbildchen ist eine wunderschöne Roswitha. So soll's aussehen!

Tante Bienchen kommt zu uns und eine fremde Frau, groß und breit und beherrschend: die Hebamme. Ich verstehe nichts, und Großmutter versucht, mich abzulenken. Tagelang sind sie da, die Hebamme und Tante Bienchen. Wäsche wird umgeräumt und offen auf Tische und Kommoden gesetzt. Gefäße und Bottiche werden zurechtgestellt. Meine Mama ist verschwunden. Wenn ich nach ihr frage, die Antwort: »Du kannst jetzt nicht zu ihr. Bald wieder!«

Hektik, Aufregung. Andere fremde Frauen kommen, Nachbarinnen, und der Arzt. Blutige Tücher werden in die Küche gebracht, eingeweicht und gewaschen, das blutige Wasser im Hof ausgeschüttet. Auf meine Fragen gibt es keine Antworten. Ich spüre, daß etwas Furchtbares geschieht, und möchte weinen, aber es ist niemand da, der mich trösten könnte. Ich fühle mich unbeachtet, abgeschoben, außerhalb des Geschehens.

Dann die Nachricht: »Du hast ein Brüderchen bekommen! Freust du dich?« Ich habe gar nicht die Möglichkeit, nein zu sagen. Fest steht, ich hätte es nicht gebraucht. Ich stehe in der Küche, als man es mir erzählt. Es muß Abend sein, denn die Deckenlampe ist schon angeschaltet. Ich schaue in das trübe Licht und weiß nicht mehr, was freuen bedeutet.

Am nächsten Morgen will Tante Bienchen meine Zöpfe neu flechten. Weil niemand Zeit für mich hatte, sind meine Haare seit Tagen nicht gekämmt worden und völlig verfilzt. Ich schreie. Endlich bietet sich mir ein für die Erwachsenen plausibler Grund zu schreien. Ich schreie: »Ich will zu meiner Mama! Die Mama soll mich kämmen!« Mit beiden Händen halte ich meine Haare fest, so daß Tante Bienchen nichts ausrichten kann. Wütend schubst sie mich ins Wohnzimmer. Ich stürze durch die große weiße Tür in die dahinterliegende Kammer. Es ist dämmrig, fast dunkel im Raum. Meine Mutter liegt zwischen weißen Decken und Kissen. Sie scheint sehr krank zu sein, denn sie rührt sich kaum, als sie mich kommen sieht. Ich will zu ihr und mich ausweinen, aber ich werde zurückgehalten. »Der Mama geht es nicht gut.«

»Warum geht es der Mama nicht gut?«

»Der Klapperstorch hat sie ins Bein gebissen.«

Ich will es sehen, hebe die Decke hoch. Ein warmer Dunst kommt mir entgegen, und es riecht nach frischem Blut. Allerdings kann ich im Dunkeln unter der Decke nichts erkennen. Ich denke an die vielen Zuckerstücke, die der Klapperstorch bekommen hat, und weiß nicht, aus welchem Grund er meine Mama gebissen haben soll, wenn er uns nur ein Kindchen zu bringen hatte.

»Schau dir doch mal dein Brüderchen an!« Ablenkungsmanöver funktionieren meistens bei Kindern. Jemand hält mir das Brüderchen hin. Es ist winzig klein, viel zu klein, um mit mir spielen zu können. Fest eingewickelt ist es in ein weißes Tuch. Irgend etwas scheint ihm nicht zu gefallen, denn es fängt sofort zu schreien an. Das kleine, runzlige Gesicht färbt sich rot und droht zu zerplatzen.

Tante Bienchen hat inzwischen berichtet, daß ich mich nicht kämmen lassen will. »Dann komm her!« sagt die Mama. Sie sagt es müde und teilnahmslos. Das ist gar nicht mehr meine Mama. Was ist bloß geschehen? Normalerweise würde sie mich fragen, warum ich nicht gekämmt werden will.

Stöhnend richtet sie sich halb auf und stützt sich auf den Ellbogen. Aber um meine verfilzten Haare auszukämmen, bräuchte sie beide Hände, wenn sie mir nicht weh tun will. Sie versucht es dennoch. Tante Bienchen stützt sie, und da merke ich wieder, daß alles nach Blut riecht.

»Ich kann nicht mehr!« sagt sie und fällt matt in die Kissen zurück.

»Komm mit in die Küche!« Tante Bienchen geht vor, und ich folge ihr, lasse mich in der Küche widerstandslos auf einen Stuhl setzen und unter höllischen Qualen kämmen. Ich bilde mir ein, jetzt auch meine Mama verloren zu haben. Zu lange war ich mit meinen Fragen, meinen Zweifeln und meiner Angst allein gelassen worden. Daß meine Mutter mich nicht sehen will, mich nicht kämmen will, nicht mit mir reden will, führe ich nicht auf ihre augenblickliche körperliche Schwäche nach der schweren Geburt zurück, sondern sehe es als Ablehnung an. Ohne im geringsten zu ahnen, wie folgenschwer diese Entscheidung für mich ist, beschließe ich, fortan keine Zärtlichkeiten mehr mit meiner Mutter auszutauschen. Ich will sie ganz für mich haben, und wenn das jetzt nicht mehr möglich sein kann, verzichte ich. Etwas ist zerbrochen. Tief in mir ist eine große, brennende Wunde, aber ich bin stolz genug, sie nicht zu zeigen. Daß es mich ungeheure Kraft kostet, sie zu verbergen, ist mir nicht bewußt.

Jedesmal wenn meine Mutter mich in die Arme nehmen will, nachdem sie wieder genesen ist, schubse ich sie weg. Sie sieht es als eine Entwicklungsphase an und respektiert mein Verhalten. Sie ahnt nicht, wie schwach mein Widerstand eigentlich ist und daß ich nur darauf warte, daß sie ihn überwindet. Wäre das geschehen, hätte ich die Sache mit dem Kämmen vielleicht vergessen. So aber grub sie sich in mein Gedächtnis ein, und ich werde mich daran erinnern, solange ich lebe: an den glühendheißen Küchenherd, vor dem ich saß und den ich betrachtete, während Tante Bienchen mir unsägliche Qualen zufügte.

Später, wenn ich erwachsen sein werde, wird mir meine Mutter immer wieder von der Geburt meines Bruders erzählen. Zu tief wurde sie körperlich und seelisch verletzt. Das zweite Kind, Normallage, nichts zu befürchten. So die Meinung der Hebamme. (Sie ist noch jung und unerfahren und will ihre Tüchtigkeit beweisen.) Dann die Komplikationen. Es ist zu spät, die Mutter in ein Krankenhaus zu bringen. Zu viel Blut hat sie schon verloren. Der Arzt wird gerufen und eine Zangengeburt eingeleitet. Weitere Blutverluste und grobe Verletzungen. Die Mutter muß genäht werden. Sieben Stiche ohne Betäubung. Als sie jammert und stöhnt, sagt der Arzt: »Denken Sie an die Soldaten an der Front; die müssen ganz anderes aushalten!« Qualen über Qualen! Und ganz zu schweigen von den Verletzungen, die ihre Seele erlitten hat. Der Ehemann weit weg in Rußland in einem sinnlosen Krieg. Niemand ist da, der sie tröstet, wieder aufrichtet, der ihre Hand hält und streichelt, damit die Wunden heilen können. Sie heilen nicht; sie vernarben nur und brechen immer wieder auf.

Tante Elsa, die neue Schwägerin meiner Eltern, schickt eine Glückwunschkarte. Ein Klapperstorch ist darauf. In seinem langen Schnabel trägt er ein Körbchen mit einem Kind. Alles ist himmelblau, das Körbchen, die Kissen, das Jäckchen, die Schleifen und die Blumen. Blau ist die Farbe der Buben und Rosa die der Mädchen, lerne ich. Aber dann ist da noch die Frage mit dem Born. Die Kinder sind doch naß, wenn sie aus dem Wasser gefischt werden. Trocknet der Klapperstorch die Kinder ab, und zieht er sie auch an? Auf viele meiner Fragen gibt es keine Antworten oder nur unbefriedigende. Ich lerne, Fragen zu unterscheiden nach solchen, die man stellen kann, weil es voraussichtlich eine Antwort darauf gibt, und solchen, die, wenn überhaupt, unbefriedigend beantwortet werden. Die letzteren braucht man folglich erst gar nicht zu stellen. Viel ergiebiger sind die Gespräche der Erwachsenen untereinander, wenn sie sich unbeobachtet wähnen, während das Kind still spielt.

Zunehmend wird mir bewußt, daß mein Bruder keine Konkurrenz für mich ist. Wenn er nicht schreit, schläft er.

Und er schreit die meiste Zeit. Auch nachts. Die Erwachsenen stört das genauso wie mich.

»Füttere ihn ja nicht außer der Zeit«, hat die junge, tüchtige Hebamme meiner Mutter eingebleut, »sonst bekommst du keine Ruhe. Die merken sich das. Glaub mir, irgendwann hat er sich daran gewöhnt, daß die Nacht zum Schlafen da ist.«

Aber Kläuschen gibt nicht auf. Er schreit, stopft sich abwechselnd die vier Fingerchen seiner rechten oder seiner linken Hand in den Mund, kratzt sich dabei wund, daß es blutet, und schreit und schreit. Sein Jäckchen wird auf der Brust und an den Ärmeln naß und blutverschmiert und riecht säuerlich.

»Ich kann es nicht mehr hören«, sagt die Mama. Großmutter pflichtet ihr bei und sagt: »Gib ihm was!«

Er hört sofort auf zu schreien, als ihn die Mama aus seinem Bettchen hebt. Er wird von seinen nassen und stinkenden Sachen befreit, gewaschen und sauber angezogen. Ein paar kurze dunkle Töne, die von stockenden Seufzern begleitet werden, kommen aus dem tiefsten Winkel seiner kleinen Brust, als wolle er sagen, daß er endlich verstanden wurde.

Er wird von der Großmutter und von der Mama bedauert, und auch mir tut er leid, denn er ist so hilflos. Indem ich ihn leiden sehe, entwickele ich eine gewisse Zuneigung und Fürsorge, denn ich merke, daß ich ihm mit meinen vier Jahren vollkommen überlegen bin, und ich möchte ihm helfen und ihn beschützen.

Immer öfter wird mir jetzt vom Kindergarten erzählt, wie schön es dort sei bei den vielen Kindern, und zu Hause sei ich doch so allein. Aber ich will gar nicht in den Kindergarten.

Vermutlich soll ich nicht an den ernsten Gesprächen der Erwachsenen teilhaben. Es wird nämlich fast nur vom Krieg gesprochen und von Vermißten und Gefallenen. »Gustav ist gefallen.« Worauf die Großmutter antwortet: »Die arme Ida! Ich weiß, was es heißt, mit drei kleinen Kindern allein dazustehn. Es hilft einem niemand.« Die Betroffenheit ist selbst für ein

Kind nicht zu übersehen. Ich wundere mich nur, was an »fallen« so schlimm sein soll. Man kann doch wieder aufstehen. »Er kann nicht mehr aufstehen und kommt auch nie mehr nach Hause. Er ist tot.« Die Antwort der Erwachsenen.

Das Wort »fallen« erhält eine andere Bedeutung. Ebenso das Wort »Feld«. »Er ist im Feld« oder »Er ist im Feld geblieben«. Das Leben bekommt eine zweite Ebene, die anders ist, nicht aber schöner. Ich lerne diese doppelte Bedeutung der beiden Wörter, denn sie ist in jener Zeit wichtiger und verdrängt fast die erste, ursprüngliche.

Mit Sicherheit stelle ich bohrende Fragen, und die Frauen werden sich bemühen, sie zu beantworten. Sie werden versuchen, mir zu erklären, wie gefährlich das Leben an der Front ist.

Als der Papa aber Urlaub bekommt, um seinen Sohn kennenzulernen, da ist plötzlich all das Grausame und das zum Teil Unverständliche für mich vergessen.

Ich weiche nicht von seiner Seite. Ich beobachte ihn, wenn er ißt; schaue zu, wie er seine Stiefel putzt, wie er sie eincremt und poliert und unsere Schuhe gleich mit, die von seiner Mutter, Mamas und meine. Er poliert sie auf Hochglanz. So schön sind unsere Schuhe sonst nie. Der Geruch von Leder und Schuhcreme gehört untrennbar zu ihm. Ich leihe mir sein Koppel aus und lege es um meine Taille. Er hilft mir, es festzuschnallen, obwohl für meinen geringen Umfang keine Löchelchen mehr vorgesehen sind. Meine Glanznummer mit Stiefeln und Käppi, die damals bei den einquartierten Soldaten so wirkungsvoll war und sogar in Fotos dokumentiert wurde, übt im Familienkreis keinerlei Anziehungskraft aus. »Laß doch den Papa ein bißchen in Ruhe!« bekomme ich statt dessen von meiner Mutter zu hören. Aber er steht mir bei: »Ach, laß sie nur!« Grünes Licht für mich, weiterzumachen.

Er erzählt mir von Rußland, von der Weite des Landes, von kleinen Holzhäusern mit großen Kachelöfen, von seinen beiden Pferden, der Fanny und der Ilka. Er zeigt mir Fotos von ihnen. Die Fanny ist sein Liebling, eine schöne, schlanke mittelbraune Stute. Die Ilka ist gedrungener, kräftiger, mit Blesse, weißen Nüstern und weißen Flecken am rechten Vorder- und linken Hinterbein.

Auf einem Foto sitzt mein Papa als stolzer Reiter auf seiner Fanny und neben ihm sein Kamerad Alfons auf Ilka. Die Pferde stehen vor einem Holzblockhaus mit Butzenfenstern, deren Rahmen weiß gestrichen sind. Die beiden Männer lächeln, als wären sie gerade von einem wunderschönen Ausritt zurückgekommen. Trügen sie nicht die Uniform und stünde da nicht im Hintergrund neben dem Haus der kleine Russenjunge in Wintermantel, Gamaschen und mit tief in die Stirn gezogener Mütze, nichts würde an Krieg erinnern. Es ist Spätherbst. Die Sonne steht tief, und der festgetretene Erdboden vor der Holzhütte scheint gefroren zu sein. Mein Papa hat damals schon das Eiserne Kreuz zweiter Klasse. Für mich heute ein armseliges Bändchen im Knopfloch seiner Uniformjacke.

Damals als Kind nehme ich das Bändchen überhaupt nicht wahr. Ich stelle statt dessen ganz andere Überlegungen an: Wenn man dort in Rußland Pferde hat und reiten kann und wenn man einen Wagen hat für die Pferde, kann doch der Krieg so schlimm nicht sein. Ich will weg von hier, von den Frauen, die heimlich weinen und glauben, daß ich es nicht bemerke; weg von dem kleinen Brüderchen, mit dem man nicht spielen kann, obwohl es mir von den Erwachsenen versprochen worden war. Ich will mit meinem Papa nach Rußland.

»Das geht nicht! Kinder dürfen nicht in den Krieg!« Wieder muß ich nachgeben, mich abfinden mit etwas, das ich nicht will, das ich nicht verstehe und das mir niemand recht erklären kann. Jedenfalls nicht so, daß ich es einsehen kann. Ich muß zu Hause bleiben bei dem Brüderchen und den beiden Frauen, die Papas Reiterbild einrahmen und auf die Kommode im Wohnzimmer stellen und traurig sind, wenn sie es betrachten.

Es wird Jahre dauern, bis ich begreife, warum sie ein gespaltenes Verhältnis zu dem Bild hatten. Die Reiterpose ist zwar schön anzusehen, gibt aber etwas vor, das nicht der Wirklichkeit entsprach.

Die Reitpferde, auf irgendeinem Gut beschlagnahmt, werden im Sommer vor Wagen gespannt und im Winter vor große Schlitten, um Munition an die vordersten Frontlinien zu transportieren. Ein Himmelfahrtskommando. Dafür das Eiserne Kreuz zweiter Klasse. Wer alle Gefahren erfolgreich überlebt, wer überhaupt lange überlebt, hat die Chance, das der ersten Klasse zu bekommen! Inwieweit es meinem Vater wichtig war, ob er stolz darauf war, kann ich nicht beurteilen. Ich versuche, auf den alten Fotos in seinem Blick, in seinem Gesichtsausdruck zu lesen, aber sie können darüber nichts aussagen. Überall das sanfte, liebe Lächeln, wie ich es in Erinnerung habe. Von Stolz keine Spur. Seine Mutter und seine Frau haben Beförderungen, Orden und Ehrenzeichen jedenfalls nicht beeindruckt.

Auf der Rückfahrt zu seiner Einheit, seinem Troß, wie er es nennt (es ist alles genau geregelt, man hat auf dem Bahnhof sowieso den Zug um soundsoviel Uhr zu bekommen, wie lange man warten muß, kostbare Zeit totschlägt, die man noch so gern zu Hause verlebt hätte, ist unwichtig; wichtig ist nur, daß man pünktlich ist), trifft er Kameraden. Sie gehen zusammen zum Zug und belegen einen Waggon, in dem sie unter sich sein werden, ohne zivile Mitreisende. Es ist ein Gepäckwaggon. Die Türen sind zurückgeschoben. Man steht, oder man setzt sich auf sein Gepäck. Vielleicht gibt es sogar eine Bank. Es wird gescherzt, um die Wehmut zu überspielen, die alle befällt. Ein Soldat hat eine Flasche mit einem dunkelfarbigen alkoholischen Getränk dabei und reicht sie herum. Jeder nimmt einen Schluck. Auch der Herr Offizier mit dem Eisernen Kreuz erster Klasse, der sich zu ihnen gesetzt hat. Ein anderer Soldat hat einen Fotoapparat und hält die Szene im Bild fest. Der Herr Offizier lächelt. Ein feines, beherrschtes, wissendes und auch ein wenig überhebliches Lächeln. Der junge Mann mit der halbvollen Schnapsflasche in der rechten und der angerauchten Zigarette in der linken Hand zieht die Stirn kraus. Er ist der einzige, der in die Kamera schaut. In der unteren Bildecke steht ein wunderschöner dunkelgelockter Jüngling, der ein Fernglas in der Hand hält, durch das er aber nicht schaut. Er steht noch außerhalb des Waggons und ist deshalb nur mit dem Oberkörper aufs Foto gekommen. Auch er blickt in die Richtung, in die alle schauen. Irgend etwas Interessantes wird dort zu sehen sein, was alle ablenkt, außer dem Jungen mit der Schnapsflasche. Mein Papa steht in der hinteren Reihe, und da er größer ist als die anderen, die neben ihm stehen, bedeckt der Schatten vom Dach des Waggons noch zur Hälfte sein Gesicht.

Auf der Rückseite des Fotos steht mit Bleistift geschrieben: »Nr. 632 Brustbild von dem Herrn oben rechts 1×.« Ich erinnere mich, daß meine Mutter nach dem Krieg das Foto auf eine Zeitungsannonce hin an ein Fotolabor geschickt hat und dort einen Bildausschnitt von meinem Vater vergrößern und kolorieren ließ. (Der Schatten auf seinem Gesicht wurde wegretuschiert.) Sie hängte das Bild ihres Mannes ungefähr an die Stelle an der Wand im Wohnzimmer, wo bis 1944 das Bild Adolf Hitlers hing.

Eines Sonntagmittags im Dezember 1941, wir sind gerade mit dem Essen fertig, kommt ein mir fremder Mann, den Großmutter und Mama aber kennen, um für das Winterhilfswerk zu sammeln. In einem Karton hat er lauter Anhänger mit einer wunderschönen Kirche darauf, dem Straßburger Münster. Meine Mutter hält sich, ich werde es später noch öfter bemerken, in solchen Situationen zurück und überläßt ihrer couragierten Schwiegermutter die Antwort: »Soll ich auch noch dafür bezahlen, daß meine Buben kämpfen dürfen? Keiner wollte in den Krieg, der Karl nicht und auch der Wilhelm nicht. Nein, da geb ich nichts, keinen Pfennig!«

»Nettche, sei nit so!« sagt der Mann. »Die kontrollieren die

Listen, und wenn sie merken, daß ihr überhaupt nichts gegeben habt, dann kann's passieren, daß eure Männer ganz nach vorn kommen. Was das heißt, könnt ihr euch ausrechnen.«

»Die sind schon ganz vorn«, antwortet die Großmutter. »Weiter vor geht's nicht mehr, dann wärn sie schon auf der andern Seite.«

»Ich kann dich ja verstehn«, sagt der Mann. »Aber es kann immer noch schlimmer werden.« Er schaut sich um. »Ich würde euch auch empfehlen, ein Bild vom Führer aufzuhängen. Es könnte jemand reinkommen, der es als Widerstand auslegt, wenn kein Bild an der Wand hängt. Tu's deinen Buben zulieb. Bei mir kannst du offen reden, aber nicht bei jedem. Sei vorsichtig!«

»Jakob!« sagt die Großmutter. »Im Ersten Weltkrieg mußt ich meinen Mann hergeben. Das weißt du ganz genau. Und jetzt ...? Ob die Buben noch mal wiederkommen? Wir wollen's hoffen!«

»Wir wollen's hoffen!« wiederholt der Mann. Dann sagt lange niemand mehr ein Wort, bis der Mann, den Großmutter Jakob nennt, absichtlich oder unabsichtlich an das Kästchen mit den Anhängern stößt und diese leise klappern.

»Vera, gib ihm was!« sagt die Großmutter, und meine Mutter holt das Portemonnaie aus der Küche.

»Eine Mark genügt schon«, sagt der Mann, »dann steht ihr auf der Liste und habt euern guten Willen gezeigt. Es kann euch keiner was wollen, wenn ihr nicht mehr Geld habt. Außerdem bringt ihr genug Opfer ...«

»Weiß Gott!« fügt die Großmutter hinzu. »Sollen die doch geben, die sich zu Hause rumdrücken!«

»Ich weiß«, gibt der Mann kleinlaut zu, und mit sanfter Stimme fährt er fort: »Aber seid vorsichtig! Und denkt an das Bild. Ich sag's nur in euerm Interesse. Ich kenne mich aus. Es gibt halt immer und überall Hundertfünfzigprozentige!« Er gibt mir den Anhänger in die Hand. Ich hefte ihn an einen Knopf meines Kleides und laufe tagelang damit herum.

Irgendwann hängt dann ein vergrößertes Foto vom Führer an unserer Wohnzimmerwand. Nicht zu übersehen.

Die Sammlung für das Winterhilfswerk wird sich noch dreimal wiederholen. In einem Jahr muß das Ulmer Münster als Vorlage für den Anhänger herhalten. Ich werde auch diesen lange besitzen.

Eines Abends, als ich die Mama wieder mal bitte, mit mir zu Bett zu gehen, weil ich mich allein im Dunkeln immer fürchte, hat sie wie üblich die Ausrede, daß sie noch stricken muß.

»Aber du hast doch schon genug gestrickt«, versuche ich es weiter. Und dann gibt sie zu, daß sie später auch noch Radio hören will.

»Was denn?«

Sie zögert ein wenig, bevor sie antwortet: »Die Nachrichten und den Wehrmachtsbericht und Lili Marleen.« Nun hat sie sich verraten, und ich bohre weiter und will wissen, was das ist, und als sie es mir erklärt hat, will ich es auch hören.

»Das ist zu spät für Kinder!«

Ich bettele weiter, bis sie mir erlaubt, aufzubleiben. Sie erklärt mir, daß die Soldaten an der Front auch das Lied hören, wenn sie nur irgend können, und daß auch nicht geschossen wird während dieser Zeit.

»Dann hört der Papa das Lied auch?«

»Ja, vielleicht. Wenn er's hört, dann sind wir eine Weile mit ihm verbunden.«

Der Abend wird lang. Die Großmutter und die Mama stricken. Kurz vor zehn Uhr wird das Radio eingeschaltet. Es krächzt und spuckt, und in das Krächzen hinein singt Lale Andersen: »Vor der Kaserne vor dem großen Tor ...« Wir sitzen ganz nah davor, damit uns kein Wort entgeht. Die Mama hat längst aufgehört zu stricken und summt ganz leise mit bis zu der Stelle: »... wenn sich die späten Nebel drehn, wer wird bei der Laterne stehn ...« Da erstickt ihre Stimme, und zwei Tränen tropfen auf ihr Strickzeug.

Vielleicht verbringt mein Vater jenen Abend gerade in dem russischen Holzblockhaus, von dessen Inneneinrichtung ich zwei Fotos besitze. Sie sind von verschiedenen Standorten aus aufgenommen. Am auffälligsten ist der große gemauerte und weiß gekalkte Ofen. Um den Ofen herum stehen mehrere hohe Holzbottiche, die vermutlich zum Baden und Wäschewaschen benutzt werden, denn überall sind Leinen gezogen, auf denen Wäsche zum Trocknen hängt: Hemden, Unterhemden, lange Unterhosen und undefinierbare Lappen und Tücher. Auf Borden und Regalen stehen Töpfe, Pfannen, Tonkrüge und Aluminiumschüsseln. An eine Wand des Ofens angelehnt ein Packen Holzstöcke von etwa anderthalb Metern Länge, und in dem wüsten Durcheinander steht ein Stahlrohrbett, das vollgepackt ist mit Decken, Kissen und dunkelfarbenen Kleidungsstücken. In der gemauerten Nische des Ofens, in der vermutlich sonst das Brennholz lagert, das hier trocknen kann, ohne mit dem Feuer in Berührung zu kommen, liegen mehrere Blechkanister. Einer der Männer kam vielleicht auf die Idee, den Dieselkraftstoff warm zu lagern, damit am nächsten Morgen die Motoren besser anspringen, denn die Kompanie besitzt mit Sicherheit nicht nur Pferde-, sondern auch Motorwagen.

Erst ganz zum Schluß, man glaubt schon, alle Einzelheiten auf den Fotos erkannt zu haben, entdeckt man mitten in dem wirren Chaos zwischen all den herumliegenden und -hängenden leblosen Gegenständen eine weibliche Person. Sie liegt bäuchlings auf dem hohen gemauerten Ofen und stützt sich mit den Ellbogen ab. Es ist eine junge Frau von vielleicht dreißig Jahren. Ihr Gesicht ist oval und völlig faltenlos. Sie liegt auf einer gestreiften Decke, und sie lächelt entspannt, während sie von ihrer hohen Warte aus das Geschehen beobachtet. Ein dunkles Kopftuch umrahmt das hübsche Gesicht. Die Strickjacke, die sie trägt, ist aus heller Wolle. Bei näherem Hinschauen bemerke ich, daß sie in ihren Armen einen viereckigen Gegenstand hält wie etwas Wertvolles, Kostbares, das man nicht hergeben will. Es könnte ein Kästchen sein, in dem sie etwas aufbewahrt, das ihr sehr wichtig ist.

Vielleicht hat sie einen großen Topf Borschtsch für die Männer gekocht und hofft im stillen, daß das Gute, was sie getan hat, auf andere Weise ihrem Mann oder ihrem Verlobten, der auf der anderen Seite kämpfen muß, irgendwie wieder zugute kommt, indem ihm ähnliches widerfährt. Und vielleicht wartet sie nun auch auf das sehnsuchtsvolle Lied in der fremden Sprache, das sie von den vergangenen Abenden her kennt, weil die Soldaten es jeden Abend um die gleiche Zeit hören. Vielleicht weiß sie auch gar nichts davon, weil die Männer ganz andere Probleme haben, als sich abends »Lili Marleen« anzuhören. Die Fotos jedenfalls, die mit demselben Film etwa zeitgleich aufgenommen wurden (ich sortiere nach Format, Tönung und dann nach den Nummern; sie schließen fast lükkenlos an die beiden vorher beschriebenen an), geben eher der zweiten Vermutung recht. Es sind die Fotos, die ich als Kind nicht sehen durfte, die vor mir versteckt wurden, deren Versteck ich aber kannte (im weißen Kleiderschrank in der großen weinroten Handtasche meiner Mutter), die ich immer wieder heimlich betrachtete und später meinem Bruder zeigte:

Von einer verbrannten Holzhütte stehen gerade noch ein Eckpfosten und die beiden Türpfosten der Eingangstür samt Sturz. Der Türrahmen sieht jetzt wie ein Galgen aus. Die Schutt- und Aschehügel qualmen noch. Vielleicht ist es gerade das Haus, in dem sich die Männer am Abend zuvor noch aufgehalten haben. Wo es am warmen gemauerten Ofen verhältnismäßig gemütlich war. Wo es nach Holz roch, nach Kohlsuppe, Kernseife und Dieselkraftstoff. Wo man sich waschen konnte, etwas Warmes essen und schlafen.

Und die junge Russin? Ob sie sich retten konnte? Ob sie überhaupt den Krieg überlebt hat?

Auf dem nächsten Bild eine ganze Reihe qualmender Schutthaufen und dahinter eingezäunte Weiden mit alten

Obstbäumen. Es liegt ein wenig Schnee auf den Wiesen, dort, wo das Feuer nicht hingekommen ist. Um die qualmenden Schutthügel herum ist der Schnee mit verbrannt.

Dann vermutlich eine eroberte russische Kampfstellung: Kanonen (ältere Modelle), ein eigenartiger großer Wagen, der eine Feldküche gewesen sein könnte, Blechkanister, Kannen, Schutt, zersplittertes Holz und im Bildvordergrund einer jener großen Holzschlitten, die auch von den deutschen Soldaten zum Lastentransport benutzt werden.

Und schließlich das Bild, das ich als Kind immer wieder mit kalten Schauern auf dem Rücken betrachtete, das mich magisch anzog, obwohl ich mich davor fürchtete: der tote Russe ohne Kopf.

Er liegt diagonal im Bildvordergrund, und ich habe als Kind nur ihn wahrgenommen, wie er daliegt im Schnee, ohne Kopf. Daß sich etwa drei Meter von ihm entfernt fünf deutsche Soldaten über einen anderen auf dem Boden liegenden Toten oder Verletzten beugen, ist mir damals nicht aufgefallen. Ein sechster geht auf die Gruppe zu. Scheinbar achtlos an dem Toten vorbei. Wie abgestumpft muß man sein, wie viele Tote muß man gesehen haben, um das tun zu können?

Die dünne, noch durchsichtige Schneedecke, die auch auf dem Foto mit den Viehweiden zu sehen ist, bedeckt nur spärlich den Boden und den toten Russen. Er muß also gestorben sein, bevor der Schnee gefallen ist.

Vermutlich hat ein anderer seine Schuhe gebrauchen können, denn er ist barfuß. Seine Fußsohlen sind von großen, dunklen Flecken übersät. Entweder sind es Frostbeulen, oder er hat sich vor seinem Tod die Füße wund und blutig gelaufen. Die rechte Hand hat sich in einen Erdklumpen verkrallt, den er aus dem Boden gerissen hat und selbst im Tod noch krampfhaft festhält. Die linke Hand umklammert den zerfetzten Rand seiner auf der Brust aufgerissenen Jacke.

Neben ihm liegt ein Holzpfosten, der vermutlich irgendwo in den Boden eingerammt war, um einen Lattenzaun zu stützen. Man könnte auf die Idee kommen, daß der Tote ihn als Waffe benutzt hat oder vorhatte, ihn zu benutzen, bevor der Tod ihm alle Waffen aus der Hand nahm.

Es muß ein furchtbarer Angriff, ein furchtbarer Kampf, ein Massaker gewesen sein.

Auf dem nächsten Foto liegen unzählige tote Pferde. Die Tierkörper wirken wie massige dunkle Hügel in der Landschaft. Mit der Lupe kann man das Foto nicht lange betrachten; die Szene ist zu grausam. Die Tierleiber sind zum Teil aufgerissen und zerfetzt, Gliedmaßen zerstückelt und verdreht. Ein Pferd liegt da mit gebrochenem Genick. Der schöne, schlanke Pferdehals ist einmal um sich selbst gewunden, und die Nüstern sind zerfetzt. Arme, unschuldige Tiere, die für einen Krieg büßen, den Menschen führen.

Ein paar Tage später, als der Schnee bereits einen halben Meter hoch liegt, tragen die Soldaten weiße Tarnanzüge mit Kapuzen und bauen Schneewälle, um sich dahinter zu verschanzen. Sie verschmelzen mit der weißen Landschaft. Nur ihre Gesichter erscheinen als dunkle ovale Punkte im Schnee. Selbst die auf den Schneewällen anscheinend schußbereit liegenden Gewehre sind getarnt und zielen in eine Richtung, auf den Fotografen. Dies ist das einzige »gestellte« Foto aus dieser Serie.

Im krassen Gegensatz zu diesen kleinen Bildern, die auf nur 5,3 mal 5,3 Zentimetern die ganze grausame Wirklichkeit des Krieges verdeutlichen und für immer auf Papier bannen, stehen die Bilder eines anderen Hobbyfotografen. Er klammert das Grausame aus. Für ihn gibt es eine andere Wirklichkeit: eine zauberhafte russische Winterlandschaft, in der der Krieg zur Nebensache wird. Die Birken und Kiefern sind mit dickem Rauhreif überzuckert. Eine Kolonne Pferdeschlitten, Papas Troß, zieht ganz gemächlich die Dorfstraße entlang. Keine Hast, keine Eile, ein friedlicher Zug, der auf den Schlitten etwas zu transportieren scheint, das überhaupt nicht von Belang ist, etwas, das man benutzt, wenn es da ist, aber nicht vermißt, wenn es nicht vorhanden ist. Die Dorfstraße ist breit, und über die gesamte Breite ist der Schnee festgetreten oder -gefahren. Zwischen verzuckerten Bäumen schaut ein einstöckiges Haus mit flachem Dach hervor. Die der Straße zugewandte Front ist von acht schmalen, hohen Fenstern unterbrochen. Das Haus ist anders als alle anderen russischen Häuser. Es könnte einem Arzt gehören oder einem wohlhabenden Künstler.

Auf einem anderen Bild scheint die Kolonne gerade eine Frühstückspause eingelegt zu haben. (Na also, es ist doch alles gar nicht so schlimm!) Einige der Soldaten sitzen auf den Schlitten. Sie tragen dicke Mäntel und haben die Mützen über die Ohren gezogen, während andere ohne Mantel und ohne Wintermütze sind, nur mit der normalen Uniform bekleidet und mit Käppi. Man ist fast geneigt zu übersehen, daß es Uniformen sind. Die Landschaft ist flach und weit und schön. Im Hintergrund ein kleines Wäldchen. Das Ganze sieht nach einer herrlichen Schlittenpartie aus.

Auf zwei anderen Fotos friedliche Dörfer. Festgefahrener Schnee auch auf diesen Dorfstraßen. Die Häuser alle unbeschädigt und völlig intakt. Auf den Dächern liegt flaumig weicher Schnee wie frisch aufgeschüttelte Federbetten. Die Latten der Gartenzäune lugen neugierig aus der weißen Pracht. Bloß ganz am Ende der Straße entdeckt man nach längerem Hinschauen zwei dunkle Punkte. Mit der Lupe betrachtet entpuppen sie sich als Militärfahrzeuge. Ein Lastwagen und ein Kübelwagen. Aber sie sind weit genug entfernt, um die Idylle nicht zu stören. Fotos aus einer anderen, unversehrten Welt. Aufgenommen von jemandem, der sie so sah oder so sehen wollte, weil er die Wirklichkeit nicht ertragen konnte oder aber bewußt die Wahrheit mit weißer Farbe übertünchte, indem er alle Schrecken, alles Blut, alle Grausamkeit, ja selbst den Tod mit frischem, sauberem Schnee bedeckte. Es sind Fotos, die man sich einrahmen und aufstellen könnte. Fotos, die jeder Zensur standhalten, die man sogar Kindern zeigen kann. Die auch mir gezeigt werden und mich veranlassen zu fragen:

»Wo ist denn der Papa?«

»Der Papa? Ganz da hinten. Du kannst ihn nicht erkennen!«

»Und die Fanny und die Ilka? Sind die auch auf dem Bild?«

»Ja, natürlich. Da! Siehst du? Das sind sie.« Die Mama deutet auf die Spitze der Kolonne, wo man nichts mehr erkennen kann. Die letzten Schlitten sind zwar groß im Bildvordergrund, aber die vorausfahrenden verschwinden, bis zur Unkenntlichkeit immer kleiner werdend, in der linken oberen Ecke des Bildes.

Als ich die Fotos zu sehen bekomme, ist der Winter 1941/42 fast vorbei. Jener Winter, der an Strenge nicht zu überbieten war. Selbst bei uns zu Hause lag der Schnee meterhoch.

Wenn es nachts geschneit hatte, mußten am nächsten Morgen zwei Pferde vor den gemeindeeigenen Schneepflug gespannt werden, um die Schneemassen von der Straße an den Straßenrand zu schieben. Die Bewohner der Häuser schaufelten sich anschließend einen schmalen Durchgang als Verbindung vom Haus zur Straße.

Es ist wohl in jenem Winter, als ich zum ersten Mal Schlitten fahre. Die Mama zeigt mir, indem sie sich zu mir auf den Schlitten setzt, wie ich die abschüssige Straße hinunterfahren muß, wie ich lenken muß, um nicht in die Schneewälle am Straßenrand zu geraten. Ich merke, daß sie sich geniert, denn sie sieht heimlich nach den Fenstern der anderen Häuser. Sie befürchtet wohl, abgeurteilt zu werden, wenn jemand sie Schlitten fahren sieht. (Da schaut nur, der Mann ist im Krieg, und sie macht sich's schön mit dem Kind!) Sie wagt es nicht, sich zu freuen, und will schnell wieder ins Haus an die Arbeit. Ich bettele um eine weitere Fahrt, aber sie antwortet nur: »Ich hab dir gezeigt, wie du lenken mußt. Immer auf der Seite mit dem Fuß bremsen, wo du hinwillst. Es ist ganz einfach!« Sie drückt mir die am Schlitten befestigte Kordel in die Hand und schaut mir eine Weile nach, wie ich brav den Schlitten die Straße hinaufziehe.

Beim Runterfahren erweist es sich, daß ich zu langsam reagiere, denn während ich noch überlege, welchen Fuß ich einsetzen muß, hat mein Schlitten mich in einen am Straßenrand aufgetürmten Schneewall gelenkt. Ich befreie mich, versuche es aufs neue, aber jedesmal lande ich wieder im Schnee. Um mich herum schreien die Kinder oder sausen bäuchlings auf ihren Schlitten liegend zu Tal. Nach mehreren mißlungenen Versuchen gebe ich auf und stelle meinen Schlitten in den Hof. Der fröhliche Kinderlärm bleibt auf der Straße zurück, derweil ich resigniert ins Haus gehe.

Frühjahr 1942. Kläuschen ist inzwischen ein halbes Jahr alt, kann sitzen und auf Kommando lachen. Man müßte ein Foto von ihm machen und dem Papa an die Front schicken.

Ferdi, der junge Mann aus der Nachbarschaft, der jetzt auch unser Nachbar ist, denn wir wohnen nur wenige Häuser von Tante Bienchen entfernt, eben der junge Mann, der damals schon im Spätherbst 1939 vor Tante Bienchens Haus das Foto von uns gemacht hat, kommt an einem Sonntagmittag mit seiner Kamera. Es ist die Zeit um Ostern, und draußen ist es noch kühl, und da der Papa ja kein dickvermummtes Kläuschen sehen will, sondern wie groß es schon ist und was es kann, ziehen wir es vor, im Haus zu bleiben. Wir müssen ganz nah ans Fenster. Die Frühlingssonne muß das Blitzlicht ersetzen. Großmutter hält ihren Enkel auf dem Schoß. Die Mama steht links von ihr und ich rechts. Kläuschen schaut interessiert dem jungen Mann zu, der an seiner Kamera hantiert, und will partout nicht lachen. Ein Foto, das ein ernstes Kläuschen zeigt, ist aber nur ein halbes Foto. Also entschließt sich die Mama, darauf zu verzichten, auf dem Bild mit drauf zu sein, und versucht statt dessen, Kläuschen zum Lachen zu bringen. Sie stellt sich neben den jungen Ferdi, klatscht in die Hände und macht allerlei Faxen. Da klappt es: Kläuschen lacht. Und Ferdi ist ein guter Fotograf, der genau in dem Augenblick auf den Auslöser drückt, als wir alle drei lachen, Großmutter, Kläuschen und ich.

Ich war aufgefordert worden, die Hand meines Brüderchens zu halten, die jedoch speichelfeucht und verlutscht ist, was mich veranlaßt, höher oben sein Ärmchen zu fassen. Fürs Foto hat die Mama ihrem Söhnchen extra ein frisches, fein gebügeltes Lätzchen umgebunden. Meine weiße Batistschürze zeigt indessen die Spuren und Knitter eines Spieltages. Auch meine Haare sind zerzaust. Vorbei die Zeit, als ich der Mittelpunkt war und immer fein herausgeputzt wurde. Großmutter hingegen, die immer gegen ihre krausen Löckchen ankämpft, die ihr Gesicht umrahmen, hat sie mit Wasser befeuchtet und straff aus dem Gesicht gekämmt. Sie trägt ein dunkles, hochgeschlossenes Kleid mit Kragen. Ihre Hände, die Kläuschen umfassen, wirken auf dem kleinen Körper außergewöhnlich groß. Viel zu groß für Frauenhände.

Auf dem Bild sieht man den Wandschrank, in dem unsere Kochtöpfe und Pfannen aufbewahrt werden und die Flasche mit meinem Lebertran, von dem ich hin und wieder einen Löffel voll schlucken muß. Er schmeckt so übel, so tranig, daß sich mein Magen umdreht, sobald die Wandschranktür geöffnet wird. Im Innern des Schrankes riecht es ohnehin muffig, denn dort werden, außer im Sommer, wenn es sehr heiß ist, die Reste vom Mittagessen aufbewahrt, um abends oder am nächsten Tag wieder aufgewärmt zu werden.

Links neben dem Wandschrank hängt ein Spiegel in einem braungestrichenen Holzrahmen, vor dem sich die Frauen jeden Morgen, nachdem sie sich gewaschen haben, ihre Haare kämmen. Um den Spülstein herum die weißen Fliesen, der mit grüner Ölfarbe gestrichene Wandsockel und darüber die mittels Schablonen in regelmäßigen Abständen auf die weiße Wand aufgepinselten Muster. Es sind zwei verschiedene. Das kleinere besteht aus einem Zweig mit Blättern und Blüten. Das größere ist ähnlich, nur schimmern bei diesem Motiv reife Trauben wie Perlen zwischen dem Blüten- und Blättergerank.

Es ist das einzige der wenigen Fotos, die von Großmutter überhaupt existieren, auf dem sie lacht.

Auf dem Bild, das sie am Spinnrad sitzend zeigt, lächelt sie nur. Sie kräuselt dabei die Nase, was mir als Kind immer bei ihr auffällt.

Die ungesponnene Wolle auf ihrem Schoß ist zur Seite gerutscht und hängt herunter. Der gesponnene Faden ist so fein, daß man ihn nur im Ansatz erkennen kann, dort, wo er sich aus dem Vlies herauswindet.

Es gibt noch ein paar Fotos aus der Zeit, als Mama und ich noch nicht im Haus waren: Da sitzt einmal die Großmutter mit fünf fremden, zum Teil bei ihr oder in der Nachbarschaft einquartierten Soldaten in der Küche. Sie hat sich »ein bißchen besser« angezogen, vor das unvermeidliche, bis zum Hals geknöpfte schwarze Kleid eine dunkel gestreifte Schürze gebunden, denn sie hat sich vorgenommen, den Abend zu nutzen, um eine größere Menge Äpfel zu schälen und einzukochen, weil sie schon zu faulen beginnen. Die Äpfel in der weißen Emailschüssel auf ihrem Schoß weisen allesamt kleine, dunkle Fäulnisflecken auf. In der rechten Hand hält die Großmutter ein kleines, scharfes Küchenmesser und in der linken ein geschältes Apfelstück. Die Bewegungen ihrer Hände erstarren für das Foto. Unmittelbar danach wird sie das geschälte Apfelstück in eine Schüssel oder in einen Eimer links neben sich werfen. Für den Fotografen und uns, die Bildbetrachter, unsichtbar. Rechts neben ihr steht ein großer, zweihenkeliger Weidenkorb, mit dem sie die Äpfel aus dem Keller geholt hat. (Es ist vermutlich der Korb, den der Papa bei seinem ersten Besuch in D. benutzen wird, um die Zwetschen zu transportieren.)

Auf dem blankgescheuerten Küchentisch stehen nur ein kleines weißes Porzellanschälchen und ein viereckiges Kästchen, vielleicht ein Tabakbehälter, denn einer der jungen Männer raucht Pfeife. Auf dem Kästchen sitzt eine etwa fünfzehn Zentimeter große Steingut- oder Porzellankatze. Ein Maskottchen, das Glück bringen soll; sie werden in Zukunft sehr viel davon nötig haben. Eine zerknitterte, abgegriffene

Bonbontüte liegt daneben. Zwei Soldaten sind gerade dabei, Bonbons auszuwickeln. Auch ihre Bewegungen erstarren.

Großmutters Küchenschrank im Bildhintergrund ist vollgestellt mit ihrem schönen alten, verschnörkelten und zierlich bemalten Porzellan. Kaffeetassen mit Blümchen und Sprüchen: »Froh erwache jeden Morgen, trink deinen Kaffee ohne Sorgen.« Nie benutzt. Zweimal im Jahr, vor Ostern und vor Weihnachten, herausgenommen, gespült und, nachdem der Schrank ausgewaschen ist, wieder hineingestellt. Die gehäkelten Spitzenborten, die jedesmal gewaschen werden, brauchen zwei bis drei Tage zum Trocknen, bevor sie wieder, gestärkt und gebügelt, mit Reißzwecken vorn an den Einlegeböden angeheftet werden. Oben auf dem Schrank die Tellerwaage und daneben das Tintenfaß, das später auch von meiner Mutter zum Briefeschreiben benutzt werden wird. Rechts und links die beiden roten Teebüchsen, auf deren Vorderseiten in runden weißen Feldern Segelschiffe mit aufgeblähten schwarzen Segeln dahindümpeln.

An der Wand links vom Küchenschrank das Wandbrett mit den Porzellandosen für Sago, Mehl, Grieß, Zucker, Kaffee, Salz und Reis und in der unteren Etage die Essig- und Ölkännchen und die kleineren Döschen für die Gewürze.

Rechts über den Köpfen der Soldaten ebenfalls auf einem Wandbrett das große Radio mit seinem Gehäuse aus poliertem Nußbaumholz, das uns in den kommenden Jahren alle Reden des »großen Führers«, des »größten Feldherrn aller Zeiten«, und seines Propagandaministers übertragen wird, alle Wehrmachtsberichte, fast jeden Abend kurz vor 22 Uhr die »Lili Marleen«, den BBC (hinter festverschlossenen Fensterläden und Türen), die verschlüsselten Flugrouten der anfliegenden feindlichen Bomberverbände, deren Ziele wir nach einer nicht offiziell erlaubten Deutschlandkarte mit eingezeichneten Planquadraten berechnen können (»Marokko – Verband – Quelle – Quelle – fünf«, eine Durchsage, die sich in mein Gedächtnis eingraben wird). Später nach dem Krieg die langen Namenslisten des Roten Kreuzes mit den Namen von Gefangenen, bis das schöne alte Röhrenradio, weil es so groß ist, in den fünfziger Jahren einem kleineren, moderneren weichen muß.

Auch die Petroleumlampe hängt noch an der Wand neben dem Küchenschrank. Ein Überbleibsel aus der Zeit, als es noch kein elektrisches Licht gab. (Sie wird erst auf den Speicher geräumt werden, wenn meine Mutter und ich schon lange im Haus sind und eine Renovierung der Küchenwände notwendig geworden ist.) Ebenfalls neben dem Küchenschrank ein Abreißkalender, der Donnerstag, den 17. eines nicht zu entziffernden Monats anzeigt. Ansonsten ist das Foto in Postkartenformat sehr scharf und vom Blitz gut ausgeleuchtet.

Die jungen Männer wirken alle sehr ernst, während die Großmutter lächelt. Ihr Lächeln allerdings wirkt so, als ob sie gerade geweint hätte. Die jungen Männer sitzen steif da. Angst ist in ihrem Blick, als stünde der Tod hinter ihnen und würde mit seinen knöchrigen Händen an ihnen herumfingern: dem einen den Uniformkragen enger zuziehen, dem anderen im Gedärme wühlen, dem dritten versuchen, die Knochen zu brechen. Nur der mit der Pfeife könnte gerade gesagt haben: »Es gibt keine Gespenster.« Aber man merkt ihm an, daß er selbst nicht an seine Aussage glaubt.

Auf einem anderen, kleineren und etwas später oder eventuell auch früher an der gleichen Stelle in Großmutters Küche aufgenommenen Foto, da herrscht Stimmung: Neben drei Soldaten (vermutlich ist auch der Fotograf ein Soldat, es sind also insgesamt vier) sind zwei Ehepaare aus der Nachbarschaft, aus dem Haus neben uns und von schräg gegenüber, der junge Ferdi und die Großmutter auf dem Bild. Es muß in der Zeit kurz nach Weihnachten sein, eventuell sogar an Silvester. Auf dem Küchentisch stehen mehrere unetikettierte Weinflaschen, jede in einer anderen Form und Größe, eine Schnapsflasche, eine Bierflasche, Tabak, Zigaretten, Streichhölzer, Feuerzeug und Porzellan- und Bleikristallschüsseln mit Weihnachtsgebäck. Jeder der anwesenden Gäste wird etwas beigesteuert haben, denn keine der Schüsseln erkenne ich als unsere. Die Bleikristallschüssel, die wie ein Körbchen geformt ist und vor Emma Keil steht, der Nachbarin von schräg gegenüber, wird auch ihr gehören, denn die Emma läßt sich nicht lumpen. Es ist ihr wichtig, das Beste und Schönste zu besitzen und auch zu zeigen und, wenn irgend möglich, auch mit »besseren Leuten« zu verkehren. Sie hatte es sogar einmal ausgesprochen, als sie meiner Großmutter von einem Fest erzählte, das die Partei organisiert hatte: »Da war's schön! Ich hab den ganzen Abend getanzt, und es waren lauter ›bessere Leut'‹ da, so Leut' wie wir.« Großmutter hatte sich den Satz eingeprägt und gab ihn bei jeder Gelegenheit zum besten. Sie wurde von der Emma als ihresgleichen geachtet: »Du stammst ja aus einem Dachdeckerbetrieb, Nettchen!« Meine Mutter hingegen wurde am Anfang von oben herab angesehen. Sie haßte und fürchtete Emmas schräge Blicke und spitze Bemerkungen. Die beiden Frauen mochten sich nicht besonders, und ich weiß, daß es der Mama wichtig gewesen wäre, von ihr anerkannt zu werden. Großmutter war es völlig gleichgültig, was die Emma oder sonst jemand von ihr dachte.

An jenem Abend ist die Emma gut in Form. Sie beherrscht die Szene, obwohl sie nichts tut, sondern einfach nur dasitzt, breit und weich und dennoch voller Kraft. Aus ihren Augen sprühen Funken. Der junge Soldat neben ihr, dem sie innig zuprostet, sieht nur noch sie. Sein Blick verfängt sich in ihren Blicken, und beim Anstoßen der Weingläser berühren sich ihre Hände und verweilen in dieser Stellung. Seine Schulter drängt sich an ihren massigen, weichen Körper. Dem jungen Mann ist es heiß, obwohl es in unserer Küche, besonders in dieser hinteren Ecke, weitab vom Küchenherd, nie so recht warm wird. Er hat die Ärmel seines Hemdes hochgekrempelt. Die Uniformjacke hat er natürlich längst abgelegt, während alle anderen anwesenden Herren noch ihre Jacken anhaben. Auch der Emma ist es warm. Auch sie hat die Ärmel ihres schwarzen Kleides hochgestreift. Ihre fleischigen Arme schimmern weiß und verführerisch.

Hinter den beiden steht Emmas Ehemann Otto. Er prostet mit einem von Großmutters fünf Biedermeierweingläsern in die Kamera. Zur Feier des Tages hat er seine Uniform aus dem Ersten Weltkrieg angezogen. Er besitzt das Eiserne Kreuz, und dieses Ehrenzeichen wird jetzt genau zwischen dem Kopf seiner Frau und dem Kopf des jungen Soldaten sichtbar, als wolle es sich zwischen die feurigen Blicke der beiden zwängen. Sein Besitzer, der Otto, lächelt hinterlistig, als beabsichtige er, Rache zu nehmen, denn schließlich gehört die Emma ihm.

Neben ihm steht Johann, unser Nachbar von nebenan. Er schaut ernst drein, als wolle er sein dunkles Oberlippenbärtchen, das dem des Führers auffallend ähnlich sieht, nicht durch ein Lächeln strapazieren. Seine Frau sitzt am Tisch zwischen Emmas Verehrer und einem anderen Soldaten, zu dem sie sich hinneigt. Sie heben beide ihre Weingläser hoch, halten sie ganz dicht nebeneinander und schauen hinein, als sähen sie darin ihre Zukunft.

Der junge Ferdi prostet mit einer weitausholenden Geste und schaut verlegen auf seine Mutter, die Emma. Doch keiner der Anwesenden beachtet ihn und sein dickbauchiges Weinglas, das er so auffallend hinhält, als wolle er alle Aufmerksamkeit darauf lenken.

Großmutter sitzt ihm gegenüber und schaut ebenfalls auf die vier, die so tun, als seien sie verliebt. Sie sitzt halbschräg mit dem Rücken zum Fotografen. Ihr Haar ist damals noch dunkel. Nur wenige Jahre später wird es grau sein.

Neben ihr sitzt der dritte fremde Soldat. Auch er hebt sein Glas, schaut aber auf die Wand, vor der Ferdi sitzt, als könne er sehen, was sich dahinter befindet.

Was mögen sie kurz zuvor geredet haben? Auf was mögen sie angestoßen haben? Auf Krieg und Sieg oder auf Frieden? Auf den starken Mann, den Führer, dem man vertraut, der die Arbeitslosigkeit beseitigt hat, Autobahnen gebaut und von dem man zu wissen glaubt, daß er das, was er verspricht, auch hält? Ein Hoch auf die neue Zeit! Alle heben die Gläser; nur Großmutter hebt das ihre halb so hoch wie die anderen Gäste.

Es gibt noch ein drittes Foto mit anderen Soldaten. Da fehlt die Großmutter. Aber mein Papa ist drauf und Ferdi und ein junges Mädchen aus der Nachbarschaft, das sich ziert, als einer der fünf Soldaten es umarmt und gleichzeitig in den Ausschnitt seines Kleides schaut. Es lacht verlegen, hebt abwehrend die Hände und bemüht sich, den aufdringlichen Verehrer von sich fernzuhalten, indem es ihm den Ellbogen in die Rippen preßt.

Er scheint der Spaßvogel der kleinen Gesellschaft zu sein, denn er hat sich einen verbeulten Zylinder aufgesetzt, und er hat ein bißchen zu viel getrunken, obwohl nur eine Weißweinflasche auf dem Tisch steht. Aber die vollen Gläser verraten, daß es neben Weißwein auch Rotwein zu trinken gibt, mehr jedenfalls, als die eine Flasche auf dem Tisch vortäuschen soll. Zu diesem Zeitpunkt hat die Großmutter sich offenbar schon zurückgezogen.

Bei Familie Keil, beim Otto und der Emma, ist in dieser Zeit ein Offizier einquartiert. Ein »gestandener Mann«, um einige Jahre älter als die jungen Soldaten auf den zuvor beschriebenen Fotos. An einem Sonntagabend, vielleicht seinem letzten Abend in W., denn er wird an die Front verlegt, trinkt man im engsten Familienkreis ein Gläschen Wein zum Abschied. Emma Keil hat die Großmutter dazu gebeten, denn sie waren jetzt schon so oft bei ihr drüben.

Wieder beherrscht die schöne Emma das Bild, obgleich sie ganz am Rand sitzt. Sie trägt ein kurzärmeliges schwarzes oder dunkelblaues Kleid mit weißen Blümchen und weißen Spitzenborten am Halsausschnitt. Das dichte schwarze Haar hat sie zu einem Nackenknoten gebunden. Ihre nackten Arme, ihr Hals und ihr Gesicht schimmern wieder in jenem geheimnisvollen, hellen Glanz, der nur echten Perlen eigen ist. Trotz des

Doppelkinns wirkt ihr Profil fein. Ehrfurchtsvoll und auch ein wenig unterwürfig lächelt sie den Herrn Offizier an, während sie ihr Weinglas hebt. Dieser prostet jedoch Herrn Keil zu, der an dem Abend wiederum seine Erste-Weltkriegs-Uniform trägt mit dem Eisernen Kreuz und sich mit dem Offizier vielleicht sogar duzt.

Der junge Ferdi und die Großmutter sitzen am Kopfende des Tisches. Ferdi beugt sich vor, die Großmutter lehnt sich ein wenig zurück, weg von dem Herrn Offizier, der neben ihr sitzt. Sie schaut ihn fragend an. Sie weiß nicht so recht, was sie denken soll. Geht es nicht trotz all ihrer Bedenken und Zweifel bergauf? Und der Herr Offizier hat vielleicht mit wohlgesetzten Worten und sehr überzeugend davon gesprochen. Sie hebt ihr Weinglas, um mit den anderen anzustoßen, weicht aber gleichzeitig mit ihrem Körper zurück. Auch ohne ihr süßsaures, verlegenes Lächeln, das sie immer dann aufsetzt, wenn sie es nicht wagt, jemandem zu widersprechen, drückt sie allein durch ihre Körperhaltung Widerspruch aus. Diesmal ist es nicht die Großmutter allein, die ihr Glas nur halb so hoch hebt wie die anderen, sondern auch Otto Keil, der zwar Parteigenosse ist, aber auch weiß, was das Wort Krieg bedeutet, und der sein Eisernes Kreuz nicht umsonst bekommen hat.

Auf dem Tisch liegt eine schwere, dunkle Brokatdecke mit langen Fransen. Die hellgeblümten Übergardinen, bei denen wahrlich nicht an Stoff gespart wurde, vermögen es aber nicht, den Raum aufzuhellen.

Ziemlich hoch oben an der mit einer ebenfalls geblümten Tapete beklebten Wand, genau an der freien Stelle, die durch Großmutters Zurückweichen noch etwas breiter geworden ist, hängt ein Bild vom Führer. Er winkt mit seiner rechten Hand, als gehöre er zur Familie und sei nur gerade abwesend. Mit der linken hält er seine runde Mütze wie einen Schild vor die Brust. Das Bild hängt genau zwischen Großmutter und dem Offizier.

Muß ich diese Bilder so genau beschreiben, um die Großmutter, die ja eigentlich meine Stiefgroßmutter ist, kennenzulernen? Lerne ich sie nachher nicht viel besser kennen, wenn wir in einem Haus, in einem Haushalt zusammenleben? Werde ich doch bis zu ihrem Tod mehr Zeit mit ihr gemeinsam verbringen als mit meiner Mutter. Aber als Kind sehe ich sie ganz anders als heute, und deshalb suche ich, was sich mir heute noch öffnet, was ich als Kind nicht sehen konnte und was sich weder im Zusammenleben mit ihr noch in ihren Erzählungen offenbarte.

Zweiundvierzig Jahre nach ihrem Tod wird mir ihre inzwischen sechsundachtzigjährige Tochter, meine Tante also, noch einmal all die alten Geschichten erzählen, die ich selbst gut kenne, die mir die Großmutter unzählige Male erzählt hat: Die Tante wird 1906 geboren. Mein Papa 1910. 1914 wird der Vater, also mein Großvater, einberufen in den Ersten Weltkrieg. Seine Frau ist zu diesem Zeitpunkt schwanger und bekommt 1915 ihr drittes Kind, einen Sohn, den sie nach ihrem Mann Wilhelm nennt. Drei Kinder hat sie während des Krieges, während sie sehnlichst auf dessen Ende wartet, allein zu versorgen. Die beiden Buben bekommen Diphtherie, und der Arzt kann nicht mehr helfen. Sie drohen an ihrem eigenen Schleim zu ersticken. In panischer Angst zerreißt sie ein leinenes Bettuch, umwickelt mit den Stoffstreifen einen Holzspan und kratzt ihren Söhnen den zählen Schleim aus dem Rachenraum. Sie rettet ihnen damit das Leben und ist überglücklich. »Was hätte ich meinem Mann sagen sollen, wenn er nach Hause gekommen wäre?« fragt sie jedesmal, wenn sie später die Geschichte erzählt.

Am 2. Oktober 1918 schreibt er aus Vouziers in Frankreich seinen letzten Feldpostbrief:

Liebe Frau und Kinder!
Ihr werdet gewiß schon lange auf eine Nachricht warten, konnte bei der Offensive aber noch nicht dazu kommen. Es ist noch fraglich, ob dieser Brief ankommt, weil wir von unserer

Kompanie versprengt sind. Da müssen wir sehen, daß wir einen Brief fortbekommen können. Wir haben keinen richtigen Halt mehr. Es geht immer mehr zurück. Liebes Nettchen, schreib mir gleich, ob Du die 30 Mark erhalten hast, die ich am 21. September eingezahlt habe, weil ich noch keinen Postabschnitt in den Händen habe. Gott wird uns auch weiter beschützen. Sonst geht es mir noch ganz gut. In der Hoffnung auf einen baldigen Frieden grüßt Euch alle recht herzlich auf ein gesundes frohes Wiedersehen

Euer lieber Mann und Vater Wilhelm

Das ehemals graublaue Papier ist vergilbt, fast braun. Sechsundsiebzig Jahre hat es überdauert. Die Schrift meines Großvaters ist noch gut zu lesen. Er hat damals einen blauen Kopierstift verwendet. Nach all den Jahren und unter Einwirkung von Luftfeuchtigkeit sieht die Schrift jetzt fast wie mit Tinte geschrieben aus. Auch der Aufdruck »Feldpostbrief An ... in ...« und die vom Großvater geschriebene Adresse »Frau Friedrich Wilhelm Knecht ...« sind noch gut zu lesen. Abgestempelt ist der Brief so: »3. 10. 18. 4–5 N Deutsche Feldpost.« Der Stempelaufdruck ist außergewöhnlich gut erhalten.

Die Rückseite des Briefes kann ich nicht mehr vollständig entziffern: Absender – Dienstgrad: Landser. Name: Wilhelm Knecht. Dann folgen vorgedruckte Spalten, die nur auszufüllen waren. Vor das Wort Bataillon hat mein Großvater handschriftlich »Armierungs-« (vermutlich heißt es so, es ist kaum zu entziffern) geschrieben, also Armierungs-Bataillon und dahinter eine 9. Vor das Wort Kompanie eine 4. Abteilung. Batterie und Eskadron sind durchgestrichen. Der kleingedruckte Text, der nur bruchstückhaft zu lesen ist, gibt ausführlich Anweisung, wie der Vordruck auszufüllen war. Der Rand des Briefes ist rundum gezahnt. Ich vermute, daß der Brief von einem zusammengeklebten Streifen umgeben war, der beim Öffnen an den perforierten Stellen entfernt wurde. Außer dem Knick in der Mitte wurde der Brief nochmals zusammengefaltet. Die Großmutter wird den letzten Brief ihres Mannes auf diese Weise verkleinert haben, damit er in ihre Schürzentasche paßte und sie ihn immer bei sich haben konnte.

Wie oft wird sie ihn gelesen haben, wenn sie allein war? Vielleicht kannte sie ihn längst auswendig und hat ihn dennoch immer wieder gelesen, um womöglich etwas zu entdekken, was ihr vorher nicht aufgefallen war. Und was mag sie sich unter Vouziers vorgestellt haben? Mag sein, daß sie den Ort auf einer Frankreichkarte gesucht und dabei auch den Lauf der Maas verfolgt hat und daß dies mit ein Grund ist, weshalb sie später nicht singen kann »Von der Maas bis an die Memel ...«, daß ihr das Lied im Hals steckenbleibt, weil sie dabei immer an den Ersten Weltkrieg denken muß.

Durch Zufall (man ist geneigt, in solchen Situationen schon nicht mehr an bloßen Zufall zu glauben, sondern eher an Fügung) stoße ich eines Tages auf vier Bildpostkarten von Vouziers, aufgenommen im Ersten Weltkrieg. Eine Bekannte hatte vor einiger Zeit erwähnt, daß ihr ein alter Verwandter kurz vor seinem Tod seine gesamte Korrespondenz vermacht habe, die er während des Ersten Weltkrieges mit seiner damaligen Braut geführt hat. Nun, derartige Vermächtnisse schließen die Verpflichtung ein, daß man sich damit beschäftigt und sie hernach an einem ehrenvollen Platz aufbewahrt. Der Erblasser hatte sich in seiner Erbin nicht getäuscht; sie beschäftigte sich eingehend mit der Hinterlassenschaft, sortierte die Karten und Briefe und rief mich dazu. Sie beabsichtigte, mir eine ganz andere Seite eines Krieges zu zeigen, eine komische, kitschige. Die junge Braut hatte nämlich ihrem Verlobten in den Jahren zwischen 1916 und 1918 ganze Serien von »Liebespostkarten« nach Frankreich an die Front geschickt. Es sind jeweils fünf oder sechs ähnliche Karten mit demselben Liebespaar, jedoch in verschiedenen Posen: mit verzückten, schmachtenden Blicken, in heißen Umarmungen, sie sitzend, er kniend, mit Blumenstrauß, ohne Blumenstrauß. Der Liebhaber immer in Uniform, nur Sturmgepäck und Gewehr fehlen hin und wieder. Die Angebetete meist in weißen Rüschenkleidern, die im nachhinein auf manchen Bildern koloriert sind. Oft vier sehnsuchtsvolle gereimte Zeilen auf dem oberen oder unteren Rand der Karte. Auf der Rückseite in zierlicher Damenschrift der fast immer gleiche oder sehr änliche Text: »Lieber Daniel! Hab vielen Dank für Deine Karte, die heute ankam. Mir geht es noch gut, was ich auch von Dir hoffe. Es grüßt auf ein frohes baldiges Wiedersehen Dein liebes Lisettchen.« Schließlich hat die Vorderseite der Karte mehr ausgedrückt, als man mit Worten sagen kann. Nur eine Karte ist ganz anders: Unter einer kleinen Zeichnung gemahnt ein langes Gedicht die deutschen Hausfrauen zur Sparsamkeit und empfiehlt, Marmelade zu kochen und diese den Männern an die Front zu schicken. Auf der Rückseite dieser Karte schreibt Lisettchen neben ihrem üblichen Text: »Morgen schicke ich Dir ein Päckchen mit Marmelade.«

Wir versuchen zu entziffern, was ihr Daniel geantwortet hat. Seine Schrift ist nicht so exakt und deutlich, eher fahrig und daher viel schwerer zu lesen. Er schreibt zum Beispiel: »Mein liebes Lisettchen! Habe gestern keine Karte von Dir erhalten. Dafür heute aber zwei, wofür ich Dir danke. Es geht mir noch gut, was ich auch von Dir hoffe. Mit vielen herzlichen Grüßen und Küssen Dein lieber treuer Daniel.« Die meisten Karten, die er schreibt, haben den Aufdruck »Kriegsschauplatz Frankreich« und eine nähere Ortsangabe. Es gibt aber auch Karten mit dem Titel »Explodierende Granate«. Wir betrachten und lesen seine Karten weiter.

Dann die erste von Vouziers. Sie zeigt den kleinen Provinzbahnhof, wo gerade ein Zug auf seine Abfahrt wartet. Eine Gruppe von etwa dreißig deutschen Soldaten steht neben dem Gleis unter der Überdachung. »VOUZIERS« ist in großen Buchstaben an der Giebelwand des Bahnhofs zu lesen.

Ich erzähle, daß mein Großvater aus diesem Ort seinen letzten Brief an meine Großmutter geschrieben hat. Vielleicht, mutmaßen wir, haben sich die beiden gekannt, mein Großvater und Daniel S., und vielleicht stehen sie sogar gerade dort unter der Überdachung des Bahnhofs.

Auf der zweiten Karte die in Kaiser-Wilhelm-Straße umbenannte Rue Gambetta. Ob der Großvater die Straße mit ihren düsteren dreistöckigen Häusern kannte, die Wand an Wand nebeneinanderstehen? Vielleicht war er sogar in einem der Häuser vorübergehend untergebracht. Vielleicht marschierte er mit seinen Kameraden über das bucklige Kopfsteinpflaster, schaute geradeaus auf die Bäume am Ende der Straße und dachte an zu Hause, an sein Nettchen und an die Kinder.

Die dritte Karte trägt den Titel »Heldengräber auf dem Friedhof in Vouziers«. Eine Betonwand mit unzähligen Namen, Mäuerchen, Gänge, Treppen, unterbrochen von Blumenbeeten, Bäumen und Büschen. Ein in Gedanken versunkener Soldat, der seiner toten Kameraden zu gedenken scheint.

Auf der vierten Karte die Kirche. Ein interessantes Gebäude, das sich sämtliche Baustile gefallen lassen mußte und einen vermutlich nachträglich aufgesetzten Glockenturm. Drei runde Torbogen geben den Blick frei in eine offene Vorhalle, hinter der sich die eigentliche Kirche verbirgt. Womöglich gingen die Soldaten, wenn der Krieg es zuließ, dort zum Gottesdienst. »Gott wird uns auch weiter beschützen«, schreibt der Großvater am 2. Oktober. Er hat fest daran geglaubt, hat er doch vier schlimme Kriegsjahre überlebt, und jetzt ist das Ende des Krieges abzusehen.

»In der Hoffnung auf einen baldigen Frieden und ein gesundes frohes Wiedersehen.« Doch unmittelbar nach diesem Brief wird mein Großvater verwundet und in Trier in ein Lazarett eingeliefert. Ob er dort seinen Verwundungen erliegt, oder ob er sich im Lazarett an Typhus infiziert, was letztlich zu seinem Tod führt, erfährt die Großmutter nie genau. Sie vermutet immer, daß er ein Bein oder einen Arm verloren hatte und Wundfieber bekam. Sie wird nun aufgefordert, in Trier ihren toten Mann abzuholen, der, als sie hinkommt, in einem festverschlossenen Zinksarg liegt. Wegen angeblicher Anstekkungsgefahr darf sie den Sarg nicht mehr öffnen. Sie begleitet ihn im Zug von Trier nach Koblenz und von Koblenz weiter nach K. Dort hat sie ein Pferdefuhrwerk hinbestellt, das ihn die fünf Kilometer nach W. transportiert. »In der Hoffnung auf einen baldigen Frieden« waren seine letzten Worte in seinem letzten Brief. Der Friede beziehungsweise Waffenstillstand ließ tatsächlich nicht mehr lange auf sich warten, denn am 11. November, etwa fünf Wochen nach Großvaters letztem Brief, wird er in Compiègne unterzeichnet. Aber im Krieg sind fünf Wochen eine lange Zeit.

Großmutter ist sich nie sicher, ob sie nicht vielleicht einen fremden Mann nach Hause geholt hat. Im Sommer werde ich meistens geschickt, um die Blumen auf dem Grab zu gießen. Ich stelle mir immer vor, daß der Großvater sehr alt gewesen sein muß, und wenn die Großmutter sagt, daß er erst vierunddreißig Jahre alt war bei seinem Tod, daß er viel zu jung war, um zu sterben, dann glaube ich, daß sie sich irrt.

1918 stand sie also allein da mit ihrer zwölfjährigen Tochter und den Söhnen von acht und drei Jahren. Besatzung war im Land, und es gab kaum etwas zu essen. Für einen Laib Brot trug sie nachts im Dunkeln, damit es niemand sah, denn es war nicht erlaubt, Getreidesäcke für wohlhabendere Leute, die es sich nicht leisten konnten, erwischt zu werden, auf dem Rücken in die Mühle und brachte Mehl mit zurück. Der Weg führte übers Feld und ein Stück durch den Wald. Eine alte schwerhörige Frau begleitete sie manchmal. Als sie einmal von ihrer Angst sprach – sie dachte gar nicht mal an sich, sondern an die Kinder –, da antwortete die alte Frau: »Angst kenn ich nicht; ich hör ja nichts!«

Wenn die Großmutter gegen Morgen mit eiskalten Füßen völlig durchgefroren nach Hause kam, legte sie sich zwischen ihre schlafenden Kinder, um sich schneller aufzuwärmen, denn sie hätte sonst vor Kälte nicht einschlafen können.

Wenn ich die Großmutter heute fragen könnte, ob sie jemals ein Fest gefeiert hat, ich glaube, sie wüßte gar nicht, was ich damit meine. Getanzt hat sie nie in ihrem Leben; sie konnte gar nicht tanzen. »Meine Füße«, hat sie mir einmal geantwortet, »hat der liebe Gott nicht zum Tanzen gemacht.« Wofür er sie gemacht hat, das hat sie nicht gesagt. Ich mußte es mir denken. Und wenn ich heute auf den alten Fotos ihre großen Hände sehe, dann weiß ich, daß sie von harter Arbeit breit geworden sind.

Daß ihre Lebensgeschichte auch mein Leben entscheidend geprägt hat, weiß ich heute mit Bestimmtheit, wenngleich dies alles längst vor meiner Geburt geschehen ist.

Für den Palmsonntag, es ist der Palmsonntag 1942, sind wir alle, Großmutter, Mama, Kläuschen und ich, zu Eddas Konfirmation eingeladen. Auch der Papa. »Aber, na ja«, hat Tante Bienchen gesagt, »der Karl kann ja nicht kommen.«

Tante Bienchen hat zwei Töchter, Elvira und Edda, und Edda ist Mamas Patenkind. Aus diesem Grund sind wir alle eingeladen.

Tagelang hilft meine Mutter bei den Vorbereitungen. Zwischendurch geht sie nach Hause und versorgt Kläuschen. Ich darf beim Kuchenbacken dabeisein und zuschauen. Der Samstag vor dem Fest ist der hektischste Tag: Zimmer umräumen und die Betten für den Besuch neu beziehen, und was noch hinzukommt, die Hefekuchen können alle erst am Samstag gebacken werden. Der Teig wird in großen Schüsseln »eingemacht«, damit er geht, und danach auf Kuchenblechen, die fast so groß wie die Tischplatte sind, ausgerollt, mit eingekochten Zwetschen oder Streuseln belegt oder mit Apfelmus aus Einweckgläsern bestrichen. Doch mit dem Apfelmus allein gibt man sich nicht zufrieden. Ein kunstvolles Rautenmuster aus hauchdünn ausgerollten und mit einem gezackten Rädchen ausgeschnittenen Teigstreifen bedeckt den Kuchen. Und damit sich das Gittermuster noch besser von dem grüngrauen Apfelmus abhebt, wird es mit verquirltem Eigelb bepinselt. Im allgemeinen wird der im Dorf liebevoll ›Äppelriemcheskuche‹ genannte Kuchen sehr gern gegessen.

Die Hefekuchen werden zwar zu Hause zubereitet, aber wegen ihrer Größe beim Bäcker gebacken. Sobald sie aus dem Ofen kommen, müssen sie abgeholt werden, weil der Bäcker seine Stellflächen in der Backstube selbst benötigt. Bloß wohin mit so vielen großen Kuchen? Solange sie noch warm sind, darf man sie nicht übereinanderlegen.

Mitten hinein in das große Kuchenheimtragen kommen die Verwandten aus Mainz. Acht an der Zahl. Ein Mädchen ist dabei. Die Irmgard. Eine Cousine von Elvira und Edda, zwei Jahre älter als ich. Wir sollen miteinander spielen, wird uns von den Erwachsenen geraten. Doch zunächst betrachten wir uns vorsichtig. Irmgard scheint erst zu erwägen, ob ich überhaupt als Spielgefährtin für sie in Frage komme.

Alle stehen in dem engen Flur, reden durcheinander und hindern sich gegenseitig daran, in die Küche oder ins Wohnzimmer zu gehen. Und da Irmgard gerade vor der ins Obergeschoß führenden Treppe steht, steigt sie, um dem Gedränge auszuweichen, rückwärts ein paar Stufen hoch, jedoch ohne den Blick von mir zu nehmen.

Plötzlich gellende Schreie, und alle schauen auf Irmgard oder, genauer gesagt, auf ihre Füße, denn sie steht mitten im Apfelriemchenkuchen, den eine der Frauen auf dem Treppenpodest abgestellt hat. Irmgard versucht, sich zu befreien und auf die nächste Treppenstufe zu steigen. Aber die Riemchen kleben an ihren Schuhen und aneinander und ziehen das ganze kunstvolle Gitter vom Kuchen. Zu allem Übel rutscht sie auf dem glitschigen Apfelmus aus, gleitet die Treppenstufe hinunter und setzt sich, ohne daß sie es will, mit ihrem schönen blauen Mantel mitten in den Kuchen.

Die Mainzer Verwandten lachen sich halbtot, aber nicht über Irmgard, sondern über die entsetzten Frauen, denen der Apfelriemchenkuchen so gut gelungen war und die jetzt fast in Tränen ausbrechen.

Am nächsten Tag, am eigentlichen Fest, ist Irmgard meine Freundin. Sie erzählt mir von Mainz, von ihrer Schule, ihren Freundinnen, von Luftschutzkellern und Fliegeralarm, und ich höre ihr staunend zu. Eine zweite Cousine von Edda, die zehnjährige Adele, hört sich unsere Unterhaltung ebenfalls an, will aber alles besser wissen. Irmgard beachtet sie kaum.

Nach dem Mittagessen kommt ein Fotograf aus K., um die Konfirmandin und hernach die ganze Festgesellschaft zu fotografieren. Es ist schon frühlingswarm draußen, und die Sonne läßt kleine goldfarbene Schmetterlinge in unserer Straße tanzen. Unten im Dorf dagegen ist es noch dunkel und kalt in den Straßen und zwischen den Häusern.

Wir sind alle ohne unsere Mäntel hinausgegangen. Nur die Mama trägt ihren großkarierten Mantel. Jemand hat ihr einen Stuhl hingestellt, damit sie sich setzen kann, denn sie stillt noch. Kläuschen sitzt feingemacht auf ihrem Schoß und angelt nach den rosa und hellblauen Hortensienblüten, die in seiner Reichweite sind. Neben ihm auf einem weißgestrichenen Hocker wachsen sie aus Blumentöpfen, denen zur Feier des Tages plissierte weiße Manschetten angelegt wurden.

Die Konfirmandin steht hinter den Hortensien. Von ihrer Familie in die Mitte genommen. Sie stehen genau unter dem Torbogen des Eingangstürchens zum Vorgarten und neben der gestreiften Fahnenstange, Tante Bienchen und ihr Mann, den ich Onkel Fritz nenne, Edda und Elvira und deren Großmutter, die Mama und ich Galljeers Wees nennen und in der Mehrzahl anreden müssen.

Die im Sommer rotblühende Kletterrose, deren dürre Zweige sich an dem eisernen Bogen festklammern, trägt noch ihre vertrockneten und verdorrten Blätter und Früchte, so daß es auf dem Foto fast so aussieht, als würde sie blühen.

Ich stehe auf der anderen Seite des Blumenhockers. Neben mir Irmgard und Adele und hinter uns die anderen Verwandten, allesamt schwarz gekleidet und ernst.

Großmutter ist nicht mitgegangen zu dem Fest. »Laßt mich zu Hause«, hatte sie gesagt.

Was mag sie empfunden haben an jenem Palmsonntag 1942? Ihre Gedanken werden vermutlich in Rußland gewesen sein, bei ihren beiden Söhnen. Vielleicht hat sie auch gebetet. Auf ihre Art. Sie hatte eine ganz eigenwillige Art, mit Gott zu reden. Nicht unterwürfig wie ein Bittsteller oder leise im Kämmerlein in einem vorgefertigten Gebet, sondern laut, und es war ihr gleichgültig, wenn es jemand mithörte. Ich habe oft ihre Gebete gehört, die meist nur aus einem Satz bestanden. Dieser Satz könnte am Palmsonntag gelautet haben: »Wenn einer helfen kann, dann bist du's, lieber Hergott, dann laß meine Buben wieder heimkommen.« Ein leiser Zweifel könnte in ihrer Bitte gewesen sein. Wußte doch niemand besser als sie, wie zerbrechlich die Hoffnung auf eine glückliche und gesunde Heimkehr aus einem Krieg ist.

Genau sechzehn Tage nach jenem Palmsonntag, am 14. April, einem Dienstag, fallen mehrere Soldaten aus Papas Kompanie einem Angriff zum Opfer. Die Überlebenden bestatten ihre Kameraden, ordnungsgemäß. Ich stelle fest, daß ich mich von über fünfzig Jahre alten Fotos verleiten lasse, diesen Satz und besonders das Wort »bestatten« zu schreiben. Müßte mein Satz nicht ganz anders lauten, um näher an die Wahrheit zu kommen? Vielleicht so: Die Überlebenden haben gerade genug Zeit, die verstümmelten Körper ihrer toten Kameraden zu vergraben. Aber vielleicht waren sie ja gar nicht verstümmelt, sondern ganz einfach nur tot. Wer will an Verstümmeltsein denken, wo Totsein ja schon schlimm genug ist.

Ein kleiner Heldenfriedhof wird angelegt; so viele Tote sind es an jenem 14. April. Und wieder habe ich ein falsches Wort gewählt, denn ich glaube nicht, daß es Helden waren, die da begraben sind. Ich glaube vielmehr, daß es ganz normale junge Männer waren, mit einem fast naiven Glauben an das Quentchen Glück, das man im Krieg braucht, um wieder nach

Hause zu kommen, zu der jungen Frau und dem Kind, zu den Eltern oder zur Verlobten. Und dann in einer einzigen Sekunde fehlt dieses winzige Quentchen Glück. Nur in einer einzigen Sekunde werden sie zu »Helden«, obwohl sie eigentlich gar keine waren und auch keine werden wollten, sondern Angst hatten, einfache, nackte Todesangst, bei jedem Angriff, bei jedem Schußwechsel. Angst, die bisherige Glückssträhne könnte zu Ende sein, oder Angst, der persönliche Schutzengel könnte für einen Augenblick unaufmerksam sein oder seinen Dienst versagen. Und schlimmstenfalls werden sie dann doch noch zu »Helden« und müssen mit dem Kostbarsten, was sie haben, dafür bezahlen, mit ihrem Leben. Und posthum wird ihnen das Eiserne Kreuz verliehen und unauslöschlich zusammen mit dem Namen und dem Geburts- und Sterbedatum in das Brettchen eingebrannt, das an das Birkenkreuz auf ihrem Grab genagelt wird. Und womöglich wollten sie gar nicht das Eiserne Kreuz, zumindest nicht auf diese Art, sondern wollten einfach nur leben, ein stinknormales, einfaches Leben.

Namen, die ich auf den Fotos lesen kann: Walter Aller (27 Jahre alt). Joh. Altmeier (35 Jahre alt). Wilh. Büttner (32 Jahre alt).

Vielleicht zählten sie zu Papas liebsten Kameraden. Vielleicht waren sie sogar Freunde geworden, weil ihre Gräber einzeln und aus der Nähe fotografiert wurden und Papa die Bilder besonders sorgfältig verwahrte.

Die Erde ist sandig, dort, wo der Friedhof angelegt wurde, und die Gräber sind schmale, mit ein paar Fichtenzweigen geschmückte Sandhügel. Die Birkenstämmchen, die für die Kreuze verwandt wurden, sind alle etwa gleich dick. Im Bildhintergrund sieht man das noch unbelaubte Birkenwäldchen, das vermutlich die Stämmchen für die Kreuze geliefert hat.

In der Nähe des Friedhofs mehrere Holzscheunen, von denen einige zum Teil zerstört sind, während andere völlig unbeschädigt aussehen.

Auf dem neuangelegten Friedhof liegt kein Krümelchen Schnee mehr, derweil er drumherum noch zwanzig bis dreißig Zentimeter hoch ist. Er ist zerstampft, zertreten und grau geworden. Die Sonne scheint. Aber es ist eine andere Sonne als unsere am Palmsonntag. Auch sie ist alt und ergraut wie der Schnee.

Sechs Tage später, am 20. April, sterben wieder mehrere Soldaten aus Papas Einheit. Diesmal sind folgende Namen deutlich lesbar: Ernst Ullmann (19 Jahre alt). Heinr. Wethkamp (29 Jahre alt).

Ihre Gräber sind nicht mehr mit Fichtenzweigen geschmückt. Als die Fotos gemacht werden, steht die Sonne genau hinter den Birkenkreuzen und legt sanfte Schatten über die Sandhügel, als wolle sie die Tannenzweige durch Schattenkreuze ersetzen. Die Sonne ist noch älter geworden und grauer und der Schnee vom Grau der Sonne ausgezehrt.

Ich denke nach über die Namenstäfelchen. Sie sind alle gleich. Gleich groß und gleich dick und das eingebrannte Eiserne Kreuz immer an der gleichen Stelle. Links daneben die Zeichen für geboren und gestorben, ein kleines Ypsilon mit einem Strich zwischen den beiden schrägen Balken. Das Ypsilon, das für »geboren« steht, nach oben offen wie ein Blumenkelch, der sich geöffnet hat, um Leben zu empfangen, während das andere Ypsilon umgestülpt ist und auf dem Kopf steht, als hätte es das vor Jahren empfangene Leben wieder ausgekippt, weil es dessen überdrüssig war. Auch diese Zeichen mit dem Wörtchen »am« dahinter, also geboren, gestorben am, immer an der gleichen Stelle der Täfelchen. Ich wage die Behauptung, die Täfelchen seien schon in diesem halbfertigen Zustand von Deutschland aus mitgenommen worden mitsamt Metallalphabet und den Zahlen von null bis neun. Sie müßten sich somit von Anfang an im Gepäck befunden haben. In einer Kiste, die vielleicht gerade von jenen Soldaten von einem Zug in den anderen, von einem Lastwagen auf den anderen gehoben wurde, deren Namen und Daten später auf den Holztäfelchen eingebrannt werden. Von Anfang an also sogar noch um die Hoffnung betrogen.

Ich stelle mir weiter vor, wie zwei oder drei Männer abends die Erkennungsmarken ihrer gefallenen Kameraden ordnen und überprüfen. Namen und Daten aufnehmen und auf die Täfelchen übertragen und was sie möglicherweise dabei reden: »Der Heinrich war sich so sicher, daß er überlebt ... Er hat immer von seiner Familie gesprochen. Er wollte unbedingt wieder heim ... Aber wer will das nicht? Er war der Meinung, ohne ihn kämen sie nicht zurecht ... Jetzt müssen sie ohne ihn auskommen ...« Schweigen zwischen den Sätzen, das nur von den Geräuschen der Werkzeuge unterbrochen wird.

Und der Neunzehnjährige? Ob er sich freiwillig gemeldet hatte, oder ob er, weil er irgendwo zu ehrlich seine Meinung gesagt hatte, nach Rußland an die Front verlegt worden war? »Armer Kerl!« sagen sie vielleicht, während sie sein Täfelchen beschriften. »War grad mal neunzehn Jahre alt! Neunzehn Jahre, fünf Monate und einen Tag. Und der Heinrich neunundzwanzig. Mein Gott! Was sind neunundzwanzig Jahre?«

Aber sie haben keine Zeit zum Trauern, denn schon beim nächsten Angriff schießt die Angst schwarze Löcher in ihre Trauer. Immer mehr und immer größere. Bis sie überhandnehmen und die Angst die Trauer besiegt. Mit so viel Trauer kann man nicht leben, eher mit so viel Angst.

Im Mai kommen die Großeltern zu Besuch. Ich fürchte, tief in mir drin könnte etwas vor Freude zerspringen. Wir haben uns so lange nicht gesehen, aber es ist, als hätte es gar keine Unterbrechnung in unserem Zusammenleben gegeben. Großmütterchen hat mir eine Tüte voll roter Himbeerbonbons mitgebracht, und ich beginne sofort, einen nach dem anderen zu lutschen, bis mein Gaumen wund ist und die Mama sagt: »Hör auf damit! Sonst kannst du nachher wieder nichts essen. Deine Zunge ist bestimmt schon ganz rot von den Bonbons.«

Ich rücke einen Stuhl vor den Wandspiegel, steige hoch, betrachte meine Zunge im Spiegel und glaube, daß sie mein Leben lang so rot bleiben wird.

Am nächsten Morgen, als die Großeltern in Werktagskleidern zum Frühstück kommen, da weiß ich, daß sie länger bleiben werden. Abends, wenn ich zu Bett muß, begleitet mich die Großmutter und bleibt bei mir, bis ich eingeschlafen bin. Manchmal wird es ihr zu kühl in dem ungeheizten Zimmer. Dann geht sie und holt sich eine Strickjacke. Sie kommt immer wieder zurück, wenn sie es verspricht. Es ist so schön, ohne Angst einzuschlafen und ohne den toten Russen, der sonst immer kommt, sobald die Mama das Licht ausgeknipst und die Tür hinter sich geschlossen hat. Polternd geht er dann umher, als wenn seine Beine und Füße aus Holz wären. Er geht von einer Ecke in die andere. Schräg durchs Zimmer. Ganz dicht an mir vorbei. Ich weiß, daß er mich sieht, auch wenn er keinen Kopf mehr hat und keine Augen. Plötzlich wird es dann heiß im Zimmer und unter meiner Bettdecke. Aber ich darf mich nicht aufdecken, weil er dann nach mir greifen würde mit seinen harten, hölzernen Händen. Und meine Beine werden ganz steif und meine Arme, und ich weiß, daß es nur noch ihn und mich auf der Welt gibt und daß ich tot bin, genau wie er und so hölzern wie er, doch er kann noch laufen und ich nicht mehr. Und mein Herz pocht in meinem toten Körper, als würde ein schwerer Eisenhammer auf einen Baumstamm schlagen. Wir hassen uns, aber wir müssen dennoch zusammenbleiben, weil wir zusammen gestorben sind.

Wenn aber meine Großmutter da ist, dann kann er nicht kommen, weil er sich vor ihr schämt und sich vor ihr versteckt. Mein liebes, kleines, sanftes Großmütterchen vermag ihn von mir fernzuhalten. Nur an einem Abend, als sie noch einmal weggegangen und ein bißchen länger fortgeblieben war, da hatte er sich ein paar Schritte herausgewagt. Als er sie jedoch kommen hörte, ging er wieder rückwärts in seine Ecke zurück. Ganz leise, damit sie es nicht hören sollte.

Großvater ist ein Schaffer. Er findet überall Arbeit, im Garten, im Haus und im Hof. Er sieht, wo's fehlt, und steht deshalb bei der andern Großmutter hoch im Kurs. Manchmal sagt sie zu meiner Mutter: »Vera, hol deinem Vater eine Flasche Wein aus dem Keller. Der alte Wein, der stärkt ihn.« Aber Großvater trinkt ihn eher widerwillig. Viel lieber sind ihm eine Tasse Kaffee und ein Butterbrot mit rohen Zwiebelscheiben.

Die Mama redet stundenlang mit ihren Eltern und fragt nach Leuten, die ich nicht kenne und die mir unwichtig sind. Für mich ist nur wichtig, daß die Großeltern bei mir sind.

Als sich Tante Elsa zu einem Besuch anmeldet, fahren sie wieder nach Hause. Ich bringe Tante Elsa in Verbindung mit der himmelblauen Klapperstorchkarte zu Kläuschens Geburt und mit einem besonders schönen hellblauen Jäckchen, das sie Kläuschen geschenkt hat. Blau, da bin ich mir sicher, ist ihre Lieblingsfarbe, und ich bin deshalb überhaupt nicht erstaunt, als ich feststelle, daß sie himmelblaue Augen hat.

Tante Elsa ist sehr still, viel stiller als die Mama und die Großmutter. Sie hat ihren kleinen Sohn mitgebracht, der auch Klaus heißt, genau wie mein Brüderchen, und der von ihr ebenfalls Kläuschen genannt wird. Ihr Kläuschen ist jedoch ganz anders als unser Kläuschen; es ist so blond und so still wie seine Mutter, und es hat ihre himmelblauen Augen geerbt. Aber trotzdem sieht es seinem Vater sehr ähnlich, als wenn es eine blonde Nachbildung von ihm wäre. Die Frauen reden oft über die Ähnlichkeit. Die Großmutter wird dann meist sehr still und nachdenklich.

Einmal erklärt Tante Elsa, daß sie ihren Sohn nach ihrem bei Leningrad gefallenen Bruder Klaus genannt hat, und ihr Mann, der Wilhelm, sei einverstanden gewesen. Sie glaubt, sich für den Namen entschuldigen zu müssen, weil unser Kläuschen ein paar Monate älter ist und somit die älteren Rechte hätte. Die Großmutter antwortet ihr, daß sie ohnehin Schwierigkeiten mit den Namen ihrer Enkel habe und sie leicht durcheinanderbringe. In diesem Fall brauche sie sich nur einen Namen zu merken. Das sei für sie viel einfacher. Zur Unterscheidung nennen die Großmutter und die Mama Tante Elsas Sohn »das Karlsruher Kläuschen«, obwohl sie dreißig Kilometer von Karlsruhe entfernt wohnen.

Nach Tante Elsa besucht uns Tante Annachen mit ihrem Sohn Heiner. Mich beachtet sie kaum. Sie ist nur noch für ihren Heiner da, und der beansprucht sie tagsüber und auch nachts. Mit seinem Temperament könnte er drei Erwachsene beschäftigen. Wenn er schläft oder schlafen soll, darf niemand im Haus laut sprechen oder laute Geräusche verursachen. Heiner hört alles, auch im Schlaf, und wenn er tatsächlich einmal geschlafen hat, was für meine Begriffe sehr selten der Fall ist, braucht er keine Sekunde als Übergang vom Schlafen zum Wachsein. Er sprudelt sogleich über vor Worten und Ideen, obwohl er noch gar nicht richtig sprechen kann. Sogar bis in die Küche, die unter dem Zimmer liegt, in dem er mit seiner Mutter schläft, hören wir ihn morgens und abends ununterbrochen reden, während Tante Annachen mit An- oder Ausziehen beschäftigt ist.

Wenn er morgens an der Hand seiner Mutter die Haustreppe herunterkommt, purzelt er über seine Worte: »Bilder gucke! Bilder gucke! Blut! Blut! Blut!« Mein Struwwelpeterbuch hat in ihm einen größeren Verehrer gefunden als in mir. Meine Mutter hat es gekauft in der Hoffnung, mich durch die Geschichte vom Suppenkasper dazu zu bewegen, mehr und schneller zu essen. Seit nämlich Kläuschen auf der Welt ist, soll ich angeblich »schlechter« essen, wie sie es nennt, und sie behauptet, ich würde eines Tages genau so dünn sein wie der Suppenkasper. Aber da ich ja immer ein wenig esse und nicht alles ablehne, kann es mir nie so wie ihm ergehen. Ich glaube keine der Geschichten und weiß genau, daß sie alle, bis auf die vom »Hans guck in die Luft«, auf mich gar nicht zutreffen können. Sein Mißgeschick könnte mir schon eher zustoßen. Nur daß bei uns, Gott sei Dank, kein Wasser in der Nähe ist.

Heiner will immer nur die Bilder vom Daumenlutscher sehen. Er leidet, er weint, er jammert mit dem armen Daumenlutscherbuben, dem der Schneider mit seiner großen Schere beide Daumen abgeschnitten hat. Die Geschichte wird für ihn zur Wirklichkeit, und da er befürchtet, der Schneider könnte auch zu ihm kommen, muß Tante Annachen ständig bei ihm sein. Wenn er abends eingeschlafen ist, versucht sie manchmal in die Küche zurückzukommen. Aber Heinerchen hört sie weggehen, unterbricht seinen Schlaf und verhindert es. Und dabei würde Tante Annachen so gern in aller Ruhe mit meiner Mutter reden. Nur hin und wieder können sie tagsüber ein paar vertrauliche Worte wechseln.

Heinerchen hat eine Gehbehinderung und muß ständig in Wiesbaden in einer orthopädischen Klinik behandelt werden. Mehrwöchige Klinikaufenthalte wechseln mit vorübergehender ambulanter Behandlung und feste Gipsverbände mit einer Konstruktion aus Metallschienen und Leder. Der Arzt hat Tante Annachen versprochen, daß Heiner ganz normal laufen wird, wenn die Behandlung abgeschlossen ist. Überhaupt erwähnt Tante Annachen ständig den Arzt. An einem Abend, während sie ihren Sohn zu Bett bringt, sagt meine Mutter vor sich hin: »Da stimmt was nicht. Da könnt ich Gift drauf nehmen.«

Am nächsten Tag zwischen Kochen, Tischdecken und Abwaschen wird das Geheimnis eingeflochten: Tante Annachen erzählt, daß der Arzt in sie verliebt ist und sie nicht in Ruhe läßt. Aber sie ist standhaft. Sie hat ihm gesagt, daß sie ihren Jakob liebt, und das sieht er ein. Und überhaupt werden sie sich jetzt längere Zeit nicht sehen, weil ja Heinerchen zur Zeit die Schienen tragen muß. Einmal ist sie mit dem Arzt im Kino gewesen, und da hat Heinerchen so furchtbar geweint, als sie zurückkam. Nein, nein, sie wird nie mehr mit ihm weggehen und Heiner allein lassen.

Erst in einem Vierteljahr muß er wieder nach Wiesbaden zur Kontrolle. Vielleicht hat der Arzt sie bis dahin vergessen.

Aber sie ist sich gar nicht so ganz sicher, ob sie das will. Natürlich kann sie mit ihren Eltern nicht darüber reden; die haben kein Verständnis dafür.

Ich weiß nicht, was die Mama ihr damals geraten hat. Ihr Rat oder zumindest ihre Antwort ist unwichtiger für mich als Tante Annachens Geschichte.

Es ist Sommer. Auch in Rußland. Die Fotos verraten, daß es warm ist. Sie sind von einem Soldaten aufgenommen, der seine Kamera nur dann aus dem Gepäck nimmt, wenn der Krieg eine kurze Pause einlegt, um Atem und neue Kraft zu schöpfen, und wenn selbst der Tod sich eine Weile ausruht und die Männer die Unterbrechung für persönliche Verrichtungen nutzen, wie Haareschneiden, Rasieren, Waschen und Fotografieren.

Auf dem ersten Bild ist mein Papa mit zwei Kameraden. In einem lichten Wäldchen haben sie aus genauso dicken Birkenstämmen, wie sie für die Grabkreuze verwandt wurden, Sitzgelegenheiten und einen schmalen, hochbeinigen Tisch gezimmert, auf dem Pferdegeschirr liegt: zwei Sättel, Steigbügel und Lederriemen.

Die Männer haben ihre Oberkörper entblößt. Sie sind schlank, fast mager, dennoch muskulös.

Mein Papa sieht wie ein braver Junge aus, der aufs Wort gehorcht, der gerade seinen Matrosenanzug ausgezogen hat, weil er sich rasiert hat, denn die Erwachsenen erwarten, daß der Anzug sauber bleibt. Am Hals und auf seiner rechten Wange klebt noch weißer Rasierschaum. In der Hand hält er einen hellen metallenen Gegenstand, der wie ein ›U‹ geformt ist. Sein Haar wirkt dunkler als sonst. Der Stahlhelm hat es vor der Sonne verborgen, ebenso Stirn und Schläfen. Das Haar wurde dadurch dunkler, und die Haut blieb heller als die übrige. Es sieht fast so aus, als ob der Papa ein helles Stirnband tragen würde.

Seine Hose ist ihm zu weit geworden. Im Gegensatz zu seinem zwar schlanken, aber muskulösen und durchtrainierten Oberkörper scheint seine untere Körperhälfte nur aus zerknittertem Stoff zu bestehen.

Der zweite junge Mann rasiert sich gerade. Seine gesamte rechte Gesichtshälfte ist unter Rasierschaum versteckt, während sich seine Hand bemüht, den weißen Schaum zu entfernen.

Der dritte beschäftigt sich mit einem Blecheimer und dem Inhalt einer Holzkiste. Er ist schon fertig mit Rasieren und lächelt den Fotografen an. Seine zerknitterten Hosenbeine enden auf staubbedeckten, ausgetretenen Schuhen, und die Hosenträger hängen schlaff herunter.

Alle drei tragen ihre blanken, runden Erkennungsmarken an Ketten um den Hals. (»Die durften wir selbst beim Waschen nicht ablegen.« So die Aussage eines ehemaligen Soldaten.)

Im Vordergrund teilt ein schneeweißes Birkenstämmchen das Bild in zwei Teile. Wie ein breiter Riß von oben nach unten. Auf dem kleineren rechten Teil nur dunkler Wald und auf dem linken Teil, wie in einem geschlossenen Raum, dessen Rückwand der Wald bildet, die drei Männer samt ihrer Utensilien. Über ihren Köpfen zieht eine zwischen den Bäumen gespannte Wäscheleine einen Strich von der einen Seite des Bildes zur anderen. Unordentlich aufgehängte Kleidungsstücke und Handtücher trocknen in der Sonne, denn sie ist an diesem Tag wieder ganz jung geworden und übermütig. Sie narrt den Fotografen und die Bildbetrachter und läßt das Laub der Birken zu Metall werden. Zu hellen, glänzenden Metallstücken, die sie einfach übers Bild verstreut.

Auf der Wiese einer Waldlichtung hat sich, so zeigt das zweite Foto, der Friseur eingerichtet. Über einen Zaun aus Stützen und einfachen Querbalken hat er ein großes Badetuch oder eine Decke gehängt, was seinen Friseurbetrieb gewissermaßen nach außen hin abgrenzt. Neun Kameraden stehen oder sitzen um ihn herum, während er dem zehnten gerade die Haare schneidet. Er ist der einzige mit nacktem Oberkörper. Die Uniformen der anderen sehen sehr zerlumpt und zerknittert aus.

Auch mein Papa ist unter den Wartenden. Sie haben im Augenblick sonst nichts zu tun, als zu warten, bis sie an die Reihe kommen. Die Pferde sind versorgt; sie selbst gewaschen und rasiert, und wenn die Haare geschnitten sind, wird's weitergehen, ohne daß ein Ende abzusehen ist. Sie werden ihre Zeit, kostbare Lebenszeit, die unwiederbringlich verloren sein wird, weiter vergeuden müssen.

Kurz vor dem Abmarsch entsteht das dritte und letzte Bild dieser Serie. Die Lichtung ist an dieser Stelle breit und mit hohem Gras bewachsen. Die Männer stehen erwartungsvoll vor einem Pferdefuhrwerk. Einer sitzt auf dem Kutschbock. Der Haltung nach könnte es mein Papa sein.

Die zerlumpten, ungewaschenen, unrasierten und von Staub und Schweiß verdreckten Männer sind wieder brauchbare, einsatzfähige Soldaten geworden. Die Uniformen gerichtet und aufgemöbelt, die Stiefel blank geputzt.

Ein Lastwagen mit Plane steht fahrbereit vor dem Pferdefuhrwerk. Es kann losgehen!

In dieser Zeit besucht uns Papas Schwester mit ihren beiden Söhnen. Sie ist schwanger und erwartet in Kürze ihr drittes Kind. Eigentlich ist sie nur gekommen, um ihre Mutter abzuholen, die während der Zeit der Niederkunft die beiden Buben und den Haushalt versorgen soll.

Im Gegensatz zu meiner anderen Großmutter, bei der ich nie das Gefühle habe, daß ich sie mit meinen anderen Cousins und Cousinen teilen muß, empfinde ich diese Verwandten als Rivalen, die mir meine Großmutter wegnehmen wollen. Das scheint den Verwandten auch geglückt zu sein, denn wenn die Großmutter einen der Buben auf den Schoß hebt, beißt sie ihre Zähne fest zusammen und zieht genauso die Luft durch ihre nur wenig geöffneten Lippen, wie sie es bei meinem Brüderchen macht, und ich weiß, daß sie Kläuschen dann sehr gern hat.

Sobald einer der Buben nach einem Spielzeug von mir greift, reiße ich es ihm brüllend aus der Hand. Die Mama entschuldigt sich dann bei der Tante, ich sei es nicht gewohnt, zu teilen und abzugeben, aber ich käme im nächsten Monat in den Kindergarten, damit ich mich an andere Kinder gewöhnen könne. Die Tante wiederum entschuldigt sich bei meiner Mutter; sie wisse, daß ihre Buben außergewöhnlich wild seien.

Um alles wird gezankt. Um ein Blatt Papier und einen Malstift, um ein Scherchen. (»O Gott, die stechen sich noch die Augen aus!«)

Meine beiden Puppen habe ich versteckt. Aber sie finden sie und zerren an der, die schon so alt und zerbrechlich ist und die »Mama« sagen kann, wenn man sie nach vorn beugt. »Das ist meine Puppe!« schreie ich. »Die geht kaputt!«

»Laß sie doch auch mal damit spielen«, sagt meine Mutter. Ich will aber nicht, wenngleich ich selbst nur selten mit meinen Puppen spiele. Ich ziehe ihnen höchstens einmal andere Kleider an und setze sie dann wieder in den wackligen Korbpuppenwagen.

»Schämt euch!« sagt die Tante zu ihren Söhnen. »Buben spielen nicht mit Puppen. Gebt sie der Edith zurück!«

Nur widerwillig reichen sie mir meine Puppe. Ich bilde mir ein, daß sie furchtbar geschunden aussieht und noch zerbrechlicher geworden ist. Ihre Porzellanarme und -beine hängen schlaff an ihrem rosa Lederkörper, und das eine Auge ist noch tiefer eingedrückt, als es vorher schon war. Ich bedauere meine arme alte »Mamapuppe«, die gar keinen richtigen Namen hat und von meiner Mutter und mir nur »Mamapuppe« genannt wird, weil sie »Mama« sagen kann. Die Schildkrötpuppe nennen wir zur Unterscheidung »Zelluloidpuppe«, weil sie aus Zelluloid besteht. Einmal hatte ich ihnen auf Wunsch meiner Mutter Namen gegeben: Roswitha und Susanne. Aber keine der beiden sah der wunderschönen Roswitha auf meinen Haferflockenbildchen ähnlich, und keine sah aus, wie ich mir eine Susanne vorstellte, blondgelockt und schön. Deshalb fiel es mir schwer, sie bei diesen Namen zu nennen, und ich war bald wieder davon abgekommen.

Die Großmutter packt ihre Sachen, die sie mitnehmen will, in einen Koffer. »Nimm nicht so viele Schürzen mit!« sagt die Tante. »Eine genügt!« Großmutter packt wieder aus.

Am nächsten Morgen steht sie um fünf Uhr fertig angezogen in der Küche. Die Tante lacht und behauptet von ihr, sie hätte überhaupt nicht geschlafen, sondern mit Hut und Mantel im Kleiderschrank stehend die Nacht verbracht.

Als Großmutter sich von mir verabschiedet, sagt sie: »Ich komme bald wieder«, und drückt mich ganz fest und ein wenig ungelenk an sich. Sie beißt dabei fest die Zähne aufeinander, und da weiß ich, daß sie mich auch gern hat.

Als sie mit ihrer frohgelaunten Tochter und den Enkeln fortgeht, möchte ich sie am liebsten zurückrufen. Wir stehen vorm Haus, meine Mutter und ich, und schauen ihnen nach, wie sie die Straße hinuntergehen und die Häuser und uns zurücklassen.

In unserer Küche riecht es noch eine Weile wie in Großmutters Kleiderschrank. Aber die Mama, die zum erstenmal mit Kläuschen und mir allein im Haus ist ohne ihre Schwiegermutter, rennt noch geschäftiger als sonst hin und her und hat den Geruch aus Großmutters Kleiderschrank bald verscheucht.

An einem dieser Sommertage spiele ich im Hof. Mit kleinen Steinen grenze ich mir ein Gärtchen ein und ziehe zierliche Pfädchen um die Beete, auf denen rosablühende Wegmalven, Gänsefingerkraut und Gräser wachsen. Ameisen und Käfer krabbeln kreuz und quer über meine Blumenbeete, anstatt die Wege zu benutzen, die ich ihnen angelegt habe.

Da horche ich auf. Es kommt jemand die Straße herunter, dessen Schritt nicht in unser Dorf gehört. Tack, tack, tack. Ein kurzes helles Klappern von Absätzen. Ich unterbreche mein Spiel und schaue nach. Eine fremde Frau, die ganz anders ist als die Frauen, die ich kenne, kommt die Straße herunter und geht an mir vorbei, ohne mich zu sehen. Obwohl es kein Sonntag ist, trägt sie ein Sonntagskleid, wie selbst Tante Annachen keines besitzt, bunt und fröhlich und mit großen roten Blumen. Ihre Schuhe hämmern zwar »tack, tack«, aber sie scheint zu schweben. Als sie schon ein Stück von mir entfernt ist, rieche ich noch immer diesen betörenden Duft, den sie mitgebracht und um sich herum verbreitet hat wie etwas, das man in Fülle besitzt. Als die Wirklichkeit meine Füße wieder auf den Boden setzt, laufe ich, so schnell ich kann, in die Küche zu meiner Mutter und berichte, was ich gesehen habe. »Und Schuhe hatte sie mit so hohen Absätzen und die Haare so und so!« Mit den Händen deute ich eine Hochfrisur an. Aber meine Worte und Gesten reichen nicht aus, um meiner Mutter zu erklären, was ich gesehen habe. »Und sie riecht so gut!«

»Ja, ja«, gibt die Mama mir zur Antwort, »das war sicher eine ganz feine Dame.« Ich bemerke nicht den leisen Spott in ihrer Stimme, da er nicht in das Bild paßt, das ich mir gemacht habe, und glaube vielmehr, daß die Mama mir zustimmt und ebenso begeistert ist. Und ich merke mir das Wort »Dame«.

Emma Keil, die Nachbarin von schräg gegenüber, ist hinter mir her in die Küche gekommen. Auf ein Schwätzchen.

»Setzt Euch!« sagt die Mama zu ihr, und die Emma setzt sich auf die Holzkiste neben dem Küchenherd, nachdem sie mit ihrer Hand über den Deckel gewischt hat.

»Das hättest du sehn müssen!« (Sie redet meine Mama mit »du« an.) »So was Elegantes! Da können wir nicht mit.«

Die Mama erzählt ihr, was ich gesagt habe. »Aber wer ist das denn?« fragt sie.

Emma Keil, die von meiner Mutter und mir mit »Tante Emma« und »Ihr« angeredet wird, erklärt uns, daß der Industrielle Dreyer aus Düsseldorf in unserm Dorf die Jagd gepachtet hat und daß er eigens von Paris gekommen ist, wo er als Offizier die Deutsche Wehrmacht vertritt, um seine Familie, Frau und Sohn, vor den feindlichen Bombenangriffen auf dem Land in Sicherheit zu bringen.

»Aha«, antwortet die Mama. »Aus Paris wird auch das feine Parfüm stammen. Das erklärt ja alles.« Aber das Gespräch ist damit noch nicht beendet. Ohne auf Mamas Antwort einzugehen, erzählt die Emma, daß Frau Dreyer ihren Sohn sofort in den Kindergarten gebracht habe, und bezeichnet das als sehr vernünftig. Die Mama versteht es als Hinweis und Vorwurf, und zwei Tage später bringt sie mich auch dorthin.

Es ist ein trüber Tag, und das Wetter kann sich nicht entscheiden, ob's schön werden oder regnen will.

»Schau, es ist gar nicht weit«, tröstet die Mama mich. »Direkt neben Tante Bienchens Haus. Und wenn ihr fertig seid, kannst du sogar allein nach Hause kommen, oder du gehst mit den andern Kindern aus unserer Straße.«

Der Kindergarten ist zunächst ein hoher Lattenzaun um einen erdigen Hof, wo nichts Grünes wächst, und ein Haus voller lärmender Kinder. Aus dem zappeligen, sich immerzu umwälzenden Kinderhaufen schälen sich zwei »Tanten« heraus, zwei BDM-Mädchen mit Schnellkurs in Kinderbetreuung, und kommen auf uns zu. Die eine führt mich in den Waschraum mit vielen kleinen, niedrig angebrachten Waschbecken an der einen Wand und Haken mit bunten Bildern darüber an der anderen Wand. »Such dir ein Bildchen aus!« befiehlt die Tante, und ich merke, daß sie mich nicht mag.

»Das da!« Ein roter Fliegenpilz mit weißen Punkten.

»Der ist schon vergeben!«

»Den Apfel!«

»Der ist auch schon weg! Du mußt dir eins aussuchen, wo kein Handtuch hängt.«

Ich schaue an der Wand entlang, die so grau ist wie der Tag draußen. An der Blume hängt ein Handtuch, am Ball, am Kreisel, am Mond, am Stern, an der Sonne und sogar an der

Schnecke. Frei ist nur noch eine Spinne und ein graublaues Viereck. Ich entscheide mich für das letztere und beneide von Anfang an die Kinder, die die anderen Symbole wählen durften. Das häßliche graublaue Viereck, das übrig war, weil es kein Kind wollte, gehört jetzt zu meinem Handtuch und zu mir.

In dem anderen Raum, wo die fremden Kinder durcheinanderschreien und die Tanten versuchen, Schneisen in den Lärm zu kreischen, hängt an einem anderen graublauen Viereck mein Täschchen mit dem Vesperbrot. Ich suche meine Mama, aber sie ist nicht mehr da. Was soll ich nun hier? Die zwei Tanten und auch die Kinder wollen und brauchen mich nicht, und ich will nicht bei ihnen sein. Ich stehe da wie jemand, der nicht dazugehört, und will auch nicht dazugehören. Ich will ich sein, ohne all die anderen hier, und nun darf ich es nicht mehr.

Die Kinder schreien mich in Stücke. Ich spüre meinen Kopf, meine Arme, meine Hände. Zerrissen, zerteilt und hilflos stehe ich da.

»Such dir was zum Spielen!« werde ich aufgefordert. Aber sobald ich mir ein Kästchen mit Spielsachen hole, kommt irgendein Kind und reißt es mir aus den Händen. Ein paar kleine Schäfchen aus Holz bleiben schließlich auf dem Tisch zurück, mit denen ich spielen kann.

Die Tanten haben ihre Lieblinge, und sie glauben, daß es niemand merkt. Aber sollen sie doch. Ich will ohnehin nicht bleiben.

»Händewaschen!« gellt es durch den Raum, und die Kinder schieben, drücken und stoßen sich gegenseitig in den Waschraum. Mit Mühe habe ich es geschafft, an mein Handtuch zu gelangen.

»Ätsch, ich habe aber einen Apfel! Mein Apfel ist viel mehr wert als dein Viereck!«

»Und ich einen Baum! Ätsch! Ein Baum ist auch viel mehr wert als ein Viereck!«

Diese Art Konkurrenz ist mir fremd. Zu Hause fühle ich mich als Mittelpunkt und hier an den Rand geschoben. Wut und Heimweh wollen mich ersticken.

Mein Vesperbrot schmeckt rauh und trocken. »Mach, daß du fertig wirst!« sagt die Tante, die ich immer weniger mag. Sie nimmt mein restliches Brot und steckt es zurück in mein Täschchen.

»Setzt euch mal alle auf den Boden, schön im Kreis!« Ich setze mich zwischen zwei Mädchen.

»So«, sagt die eine Tante, »jetzt wollen wir alle erzählen, welchen Beruf wir später einmal lernen wollen. Die Mädchen fangen an, und die Buben hören zu. Und nachher umgekehrt. Annemarie, was willst du mal werden?«

»Ich werde Mutter!«

»Das ist gut! Und du, Luise?«

»Krankenschwester!«

»Sehr gut! Dann kannst du einmal den Kranken helfen im Krankenhaus und den verwundeten Soldaten. Und du? Und du? Und du ...?«

»Mutter ... Krankenschwester ... Krankenschwester ... Mutter!«

Ich habe bis dahin noch nie darüber nachgedacht, was ich einmal werden will. Aber Krankenschwester kommt nicht in Frage, weil ich es nicht sehen kann, wenn jemand blutet, und Mutter auch lieber nicht. Dann habe ich Kinder, und mein Mann muß in den Krieg. Aber da fällt mir gerade noch rechtzeitig etwas ein, bis die Reihe an mich kommt.

»Ich werde Dame!« sage ich und denke an die feine Dame mit dem bunten Kleid, dem hochgesteckten Haar und dem betörenden Duft.

Die beiden Tanten schauen sich an, ehe sie vor Lachen explodieren. Sie lachen, schreien vor Lachen, so daß alle Kinder erschrocken zuerst auf die Tanten schauen und dann auf mich. Ich weiß, daß ich etwas falsch gemacht habe, weiß aber nicht, was, weil ich »Dame sein« auch für einen Beruf halte, genauso wie Mutter und Krankenschwester. Es wird ganz heiß in mir, und ich schäme mich furchtbar. Ich möchte im Boden versinken. Der Boden aber bleibt fest verschlossen und öffnet sich nicht für mich. Alles tut mir weh. Meine Arme, meine Beine, mein Bauch und mein Kopf. Ich springe auf, laufe zur Tür und will nach Hause. Aber die Tür ist abgeschlossen. Und da bricht aus mir heraus, was sich angestaut hat. Ich trete mit aller Kraft, die ich habe, alle meine Gefühle gegen die Tür und schreie: »Ich will heim! Ich will heim!«

Die Kinder stehen wie gebannt und schauen mir zu. Zum erstenmal sind sie alle ganz still.

»Die ist bös«, sagt die eine Tante und flüstert dann mit der anderen. Eine zornige Hand zerrt mich ruckartig von der Tür weg, während eine andere Hand einen riesigen Schlüssel ins Schloß steckt und aufschließt.

Ich will wegrennen, aber die Hand hält mich fest, und eine zornige Stimme, die zu der zornigen Hand gehört, herrscht mich an: »Du wartest ab! Ich gehe mit!«

Vorwürfe meiner Mutter gegenüber, die sich entschuldigt und darum bittet, es doch noch einmal mit mir zu versuchen.

»Es geht nicht«, antwortet die Tante. »Wir haben alles versucht; sie fügt sich nicht in die Gemeinschaft ein, und wir können sie ja nicht gesondert behandeln. Das geht nicht, den anderen Kindern gegenüber.«

Tagelang Vorhaltungen, und tagelang erklärt mir die Mama, wie wichtig der Kindergarten für mich gewesen wäre. »Im nächsten Jahr kommst du in die Schule. Da kannst du dich nicht so benehmen. Das läßt der Lehrer nicht zu ...«

Da gehe ich auch nicht hin, denke ich und schweige zu den Vorwürfen. Aber die Mama scheint meine Gedanken zu erraten: »Da müssen alle Kinder hingehen, sonst kommt die Polizei und holt sie ab, und das willst du doch nicht? Oder?«

Mein Sieg über den Kindergarten war so groß und so schön, doch nun nimmt ihn mir die Mama wieder weg und schlägt ihn kaputt, und ich hätte ihn so gern behalten.

Kein Spiel gefällt mir mehr, und ich bin froh, als die Großmutter zurückkommt. Sie erzählt, daß ich eine kleine Cousine mit roten Haaren bekommen hätte. Ich stelle mir rote Haare so rot wie Mohnblüten vor, aber die Großmutter sagt, daß sie anders rot seien. Eher gelbrot. Sie findet die Farbe in einem Blümchen auf einer ihrer bemalten Tassen im Küchenschrank.

Nein, dort bei ihrer Tochter hätte sie nicht bleiben wollen, so gern sie auch die Kinder habe. »Die Buben sind zu wild«, sagt sie. »Das kann man in meinem Alter nicht mehr lange ertragen.«

Mit ihrem Schwiegersohn kommt sie auch nicht zurecht; sie verübelt ihm, daß er in einem Rüstungsbetrieb arbeitet. »Muß der auch noch helfen, den Dreck zu produzieren!« sagt sie zur Mama. Sie sei zwar einerseits froh, daß ihre Tochter nicht um ihren Mann bangen müsse. »Aber du glaubst gar nicht, wie viele Faulenzer sich da rumdrücken. Ich weiß nicht, wie die das anstellen, daß sie nicht an die Front müssen. Die lügen und betrügen und nutzen alle Beziehungen aus, und die, die ehrlich sind, die müssen für die Drückeberger den Kopf hinhalten. Sollen die doch den Krieg machen, die ihn auch wollen. Und uns sollen sie in Ruhe lassen. Ich weiß nicht, wie lange wir Frauen uns das noch gefallen lassen. Wann begreifen wir endlich alle, daß wir nur benutzt werden, um den hohen Herren Soldaten zu gebären, großzuziehen und nachher zur Verfügung zu stellen? Irgendwann muß es doch mal ein Ende haben.«

»Da sind Vordrucke gekommen, die wir ausfüllen müssen«, sagt die Mama nach einer Weile. »Ich konnte es nicht allein. Die wollen genau wissen, wie eure Großeltern hießen, die Religion und so weiter und ob sie arischer Abstammung sind.« Sie holt die Blätter, und die Großmutter bemüht sich um die Geburts- und Sterbedaten ihrer Großeltern. Aber es will ihr nicht alles einfallen. »Mach da einen Strich hin und schreib, ich könnte mich nicht erinnern.«

»Bei Erb- und Geisteskrankheiten hab ich schon einen Strich gemacht. Das kommt ja wohl nicht in Frage bei eurer Familie?« fragt die Mama.

»Dann hätte bei uns keiner Dachdecker werden können!« Die Großmutter ist stolz auf ihre Familie, die seit mehreren Generationen einen Dachdeckerbetrieb führt. (»Dachdecker sind feine Kerle!« sagt sie oft, wenn sie von ihnen spricht.)

Als der Jakob die Zettel abholt, macht ihn die Großmutter auf die nicht ausgefüllten Stellen aufmerksam. »Das ist schon gut so«, antwortet er. »Hier im Dorf weiß ja jeder, wer ihr seid, und außerdem hat's hier nie Juden gegeben. In anderen Gegenden, wo's schon immer welche gab, da wird natürlich genauer geprüft.«

»Weiß Gott«, sagt die Großmutter, nachdem er gegangen ist, »was einem da noch geblüht hätte!«

Wenn die Reden des Führers oder seines Reichspropagandaministers im Radio übertragen werden, füllt sich unsere Küche mit Leuten aus der Nachbarschaft. Wir sind die einzigen in der Straße, die einen solch großen Radioapparat mit einer so guten Tonwiedergabe besitzen. Gebannt lauschen sie dann und geben hin und wieder ihre Kommentare dazu ab. Doch die Ortsgruppenleitung möchte, daß wirklich alle Bürger der Gemeinde die Reden hören, und ordnet deshalb an, daß sie öffentlich übertragen werden.

»Da nicht jeder Haushalt mit einem Radiogerät ausgestattet ist, wird die Rede des Führers morgen ab 15 Uhr auf dem Dorfplatz über einen öffentlichen Lautsprecher übertragen. Um vollständiges Erscheinen wird gebeten ...«, so könnte die Bekanntmachung des Gemeindedieners gelautet haben.

Die Großmutter und die Mama werden protestiert haben: »Kann man da auch noch hinziehen und seine Zeit versäumen. Wir haben doch ein Radio und können die Rede zu Hause hören.« Sie werden aber trotzdem hingehen und sich öffentlich anhören, was der Führer seinem Volk mitzuteilen hat. Sie wollen »von oberster Stelle« gesehen werden, damit die Männer an der Front keine Repressalien zu befürchten brauchen.

Kläuschen wird gefüttert und schlafen gelegt, und ich darf mitgehen. »Aber sei bloß still!« sagt die Mama vorsichtshalber. »Und erzähl niemand, was wir zu Hause reden, sonst werden wir alle eingesperrt und nie wieder freigelassen. Und der Papa kommt nie mehr nach Hause.«

Auf dem Dorfplatz stehen schon viele Menschen, und es strömen aus allen Straßen noch welche herbei.

Plötzlich ein Aufruhr. Wer noch nichts bemerkt hat, wird darauf aufmerksam gemacht: Der Lautsprecher! Was ist denn mit dem Lautsprecher passiert? Ein himmelblau gestrichener Toilettendeckel hängt davor.

Der Ortsgruppenleiter und die anderen Herren in Uniform rennen wild gestikulierend durcheinander. Ein Mann bringt eine Leiter und stellt sie an die Wand der Fachwerkscheune, an deren Eckpfosten der Lautsprecher beziehungsweise der himmelblaue Toilettendeckel angebracht ist. Die Leiter ist jedoch zu kurz, sosehr sich der Mann auch nach dem Toilettendeckel reckt. In Windeseile wird sie wieder weggebracht. Es flüstert sich herum: Das wird ein Nachspiel haben!

Fanfaren dröhnen. Der Toilettendeckel vibriert auf dem donnernden Lautsprecher, und dann bellt die Stimme des Führers hinter dem himmelblauen Toilettendeckel. Niemand hört auf die Worte. Statt dessen wird überall geflüstert: »Wem wird bloß der Deckel gehören? Das war die Jugend! Es käme doch sonst niemand auf die Idee ...«

Eine längere Leiter wird gebracht und aufgestellt. Jetzt endlich reicht der Mann an den Deckel. Er zieht und dreht daran, bis er merkt, daß der Deckel an dem Lautsprecher festgenagelt ist. Mit Zange und Hammer schafft er es schließlich, ihn loszubekommen.

Der Ortsgruppenleiter blickt finster durch die Menschenmenge hindurch, als wären es lauter gläserne Personen.

Als ein riesiger, zäher Chor »Die Fahne hoch, die Reihen fest geschlossen ...« über den Äther singt, heben alle ihren rechten Arm und singen mit. Zunächst zögernd, aber dann immer lauter und bestimmter.

Es könnte nichts schaden, denke ich, als mir die Anweisungen meiner Mutter einfallen, wenn ich auch meinen rechten Arm heben würde. Aber da ich kleiner als die Erwachsenen bin, stoße ich an den Rücken, der vor mir steht, und mein Arm muß unweigerlich gebeugt bleiben.

Am nächsten Tag kommt hoher Besuch: Zwei Männer in Uniform und glänzenden schwarzen Stiefeln und der Mann, den Großmutter »Jakob« nennt. Jakob hat den himmelblauen Toilettendeckel in der Hand, und die Uniformierten sorgen für den nötigen Respekt der Angelegenheit gegenüber. »Es ist reine Formsache«, sagt Jakob, »aber wir müssen uns euer Klo ansehen.«

»Unser Deckel ist da«, antwortet die Großmutter. »Und außerdem, wer von uns sollte so hoch klettern können? Aber guckt ruhig!«

»Wir müssen der Sache nachgehen«, sagt der eine Uniformierte, »damit sich so was nicht wiederholt.«

Bei uns ist alles in Ordnung. Unser Deckel ist da. Jedoch nebenan bei unserm Nachbarn braut sich ein Unheil zusammen: In der vergangenen Woche hat nämlich Johann Leitner sein Klo mit himmelblauer Ölfarbe gestrichen. Die Mama hat's beobachtet und sich über die Farbe amüsiert. Sie erzählt es jetzt der Großmutter, die zu diesem Zeitpunkt noch bei ihrer Tochter war.

»Aber so schlau wird er ja sein und die Farbe weggemacht oder überpinselt haben«, meint die Oma. Wir stehen zu dritt am Fenster und sehen, wie die Männer auf Johanns Toilette zusteuern.

Der Johann bemüht sich, seine innere Unruhe mit nach außen gekehrter Gleichgültigkeit zu überspielen. Langsam folgt er den dreien zu dem Häuschen mit dem Herzen in der

Tür. Und, o Wunder! Die Toilette ist jetzt braun. Wir sehen es genau. Doch die Herren in Uniform sind nicht von gestern und lassen sich nichts vormachen: Es riecht nach frischer Farbe! Sie kratzen an der Wand und am Sitzbrett und siehe da: Himmelblau kommt zum Vorschein.

Die beiden Herren regen sich furchtbar auf. Der Johann bleibt ruhig. Wir können nicht verstehen, was sie reden. Mehrmals gehen sie zurück zum Häuschen und probieren, ob der himmelblaue Deckel in die Öffnung paßt, legen den blauen Deckel auf den braunen und nehmen schließlich beide Deckel samt Johann mit ins Rathaus zum Ortsgruppenleiter.

Johanns Frau, die Lina, läßt sich die ganze Zeit über nicht blicken.

»Der hatte aber schnell einen neuen Deckel gezimmert«, sagt die Großmutter. »Der arme Kerl, was mag der die Nacht über ausgestanden haben. Der hat bestimmt keine Sekunde geschlafen. Hoffentlich geht's ihm nicht an den Kragen!«

Jetzt kommt die Lina aus dem Haus, und ein paar Nachbarn eilen zu ihr auf den Hof. Auch wir gehen hin. Sie ist sehr erregt und erzählt, daß sie überhaupt nichts mit der Sache zu tun haben und daß vermutlich ein paar junge Burschen, die sich für ihre älteste Tochter Ella interessieren, für den Schabernack verantwortlich sind. Die haben schon ganz andere Sachen gemacht, was man ja allgemein weiß. Nein, sie würden so was doch nicht tun! Wo man ihr doch das Mutterkreuz verliehen habe.

Jemand erzählt, wie die Dorfjugend einmal einen Mistwagen auf einem Scheunendach aufgestellt hat. Der Wagen gehörte einem Nebenerwerbslandwirt, der nach seiner Arbeit in der Schiefergrube abends zu Hause noch Mist geladen hatte, um ihn am nächsten Tag nach Feierabend aufs Feld zu bringen. Die Jugendlichen haben den Mist nachts wieder abgeladen, den Wagen auseinandergebaut, auf dem Scheunendach des Kleinbauern zusammengesetzt und wieder mit dem Mist beladen. Körbeweise mußten sie ihn aufs Dach transportieren, und die Arbeit hatte die ganze Nacht in Anspruch genommen. Von einem Versteck aus beobachteten sie, wie der Bauer morgens seinen Mistwagen suchte und schließlich auf dem Dach seiner Scheune entdeckte. Sie waren aber so anständig, es zuzugeben, und am nächsten Abend holten sie den Wagen samt Mist auch wieder vom Dach herunter, so daß der Besitzer mit einem Tag Verspätung seinen Mist doch noch aufs Feld bringen konnte.

»Wenn das die Buben waren«, sagt die Emma Keil, die auch hinzugekommen ist, »dann werden sie's auch zugeben.«

Nach einer Zeit, die allen wie eine Ewigkeit vorkam, kommt der Johann seelenruhig die Straße herauf und trägt in jeder Hand einen Toilettendeckel, einen himmelblauen und einen braunen.

»Die Buben haben's zugegeben«, sagt er sichtlich erleichtert. »Es hatte mit der Politik nichts zu tun. War nur ein dummer Bubenstreich.«

»Das hätte dich Kopf und Kragen kosten können«, sagt eine andere Nachbarin.

Aber die Emma weiß es besser: »Ach was! Das sind doch auch Menschen!« sagt sie und zieht dabei ein wenig verächtlich ihre linke Augenbraue hoch.

Franz Fuchsberger, der zweiundzwanzigjährige Sohn unserer übernächsten Nachbarn, die sich auch immer in unserer Küche die Reden von Hitler und Goebbels angehört haben, wurde auf der Krim schwer verwundet und in Magdeburg in ein Lazarett eingeliefert. Die Eltern müssen die Einwilligung zur Operation geben. Sie fahren hin. Was sie sehen, läßt das Blut in ihren Adern gefrieren. Ein Granatsplitter hat die halbe Schädeldecke ihres Sohnes zertrümmert. Sein Gehirn liegt bloß. Blut- und dreckverklebt der ganze Körper. Sie versuchen, ihn zu waschen, und entdecken weitere schwere Verletzungen. Die Operation wird so gut wie eben möglich ausgeführt. Es ist Sommer. Der junge Mann macht Pläne, was er alles tun will, wenn er erst wieder daheim ist. Vom Krieg spricht er nicht mehr, nur noch von zu Hause. Er stirbt am 10. November. Zu den vielen Toten, die der Rußlandfeldzug bis zu diesem Zeitpunkt schon gefordert hat, kommt wieder einer hinzu.

Es vergehen Wochen, bis seine Mutter erstmals wieder zu uns in die Küche kommt, aber nicht, um eine Rede zu hören, sondern um von ihrem Sohn zu erzählen.

Fast immer, wenn sie es mit ihrer Arbeit vereinbaren kann, nimmt meine Mutter während oder kurz nach den Berichten des Oberkommandos der Wehrmacht die Landkarte vom Küchenschrank, faltet sie auseinander und zeichnet mit Bleistiftlinien den Frontverlauf ein. Gehen die Frontbewegungen rückwärts, verwendet sie einen Rotstift. Lange weiß ich nicht, was sie da macht, bis sie es mir erklärt. Ich wundere mich, wie klein Rußland ist, denn ich habe es mir viel größer vorgestellt. Aber die Mama zeigt mir im Vergleich dazu Deutschland, und wir überlegen, wie oft es in Rußland hineinpassen würde.

»Und dann will der den Krieg gewinnen«, sagt die Großmutter. (Ich weiß natürlich, wer gemeint ist, denn sie spricht oft von ihm, nennt ihn aber nie beim Namen.) »Vera, zeig ihr gleich, wer sonst noch alles gegen uns kämpft!« Als ich erschrecke, sagt die Mama: »Aber Italien und Japan sind auf unserer Seite.«

Immer häufiger fällt der Name Stalingrad, nicht nur in den Wehrmachtsberichten im Radio, sondern auch in den Gesprächen bei uns zu Hause. Manchmal kommen Emma Keil und Onkel Fritz, Tante Bienchens Mann, und erzählen, wer aus unserm Dorf in Stalingrad gefallen ist. Als die deutschen Soldaten eingekesselt sind, stelle ich mir lange Stacheldrahtzäune vor und drum herum Russen mit Gewehren. Natürlich kommt da niemand wieder heraus. Ein Glück, daß der Papa dort nicht ist.

Die Mama erzählt mir, daß unsere Soldaten schon öfter eingekesselt waren und immer wieder herausgekommen sind.

»Aber diesmal ist es schlimm«, sagt sie. Sie hört ständig Nachrichten und Wehrmachtsberichte.

Am 3. Februar 1943 gibt das OK Wehrmacht offiziell bekannt, daß der Kampf um Stalingrad beendet ist. Die 6. Armee, von der Hitler behauptet hatte, mit ihr den Himmel stürmen zu können, hat bereits am 31. Januar kapituliert. Von den rund 300000 seit Wochen eingeschlossenen Soldaten überleben ca. 90000 und gehen in Gefangenschaft.

Am 18. Februar spricht Joseph Goebbels, Reichsminister für Volksaufklärung und Propaganda, im Berliner Sportpalast zu seinen »deutschen Volksgenossen und Volksgenossinnen, Parteigenossen und Parteigenossinnen« und erklärt, wie »erschütternd« es für ihn war, »daß die letzten heldenhaften Kämpfer von Stalingrad« am 30. Januar über die Ätherwellen an der »erhebenden Sportpalast-Kundgebung« teilgenommen haben. »Sie funkten in ihrem Schlußbericht, daß sie die Proklamation des Führers vernommen und vielleicht zum letzten Male in ihrem Leben mit uns zusammen mit erhobenen Händen die Nationalhymne gesungen hätten. Welch eine Haltung deutschen Soldatentums in dieser großen Zeit! ... Stalingrad war und ist der große Alarmruf des Schicksals an die deutsche Nation. Ein Volk, das die Stärke besitzt, ein solches Unglück zu ertragen und auch zu überwinden, ja, daraus noch zusätzliche Kraft zu schöpfen, ist unbesiegbar ...« Kein Wort von Kälte, Hunger, Gefangenschaft und Tod.

Statt dessen die Frage: »Wollt ihr den totalen Krieg? Noch totaler und radikaler?« Und die Zustimmung der Sportpalastbesucher und der Jubel! Bravo und Sieg-Heil-Rufe! Die Großmutter verläßt die Küche. Wir hören diese Rede wieder zu Hause, und es sind einige Nachbarn da.

Anfang März kommt Tante Annachen zu Besuch. Sie ist nicht mehr so, wie ich sie kannte. Da ist etwas, das sie anders sein läßt. Sie ist bei uns und gleichzeitig irgendwo. Sie ist erregt, und etwas ist ihr jetzt noch wichtiger als ihr Heinerchen.

In Großmutters Gegenwart redet sie ununterbrochen mit der Mama. Als ich bemerke, daß sie vor mir etwas verheimlichen wollen, höre ich noch aufmerksamer zu. Aber sie haben es geschafft, das Geheimnis in einer für mich unverständlichen »Übersetzung« auszusprechen. Jedenfalls wissen alle, worum es geht, nur ich nicht. Ich will es aber auch wissen.

»Das ist wegen Heiner«, sagt die Mama. »Er hat auf der Fahrt hierher sein Hasenschwänzchen verloren, und er kann ohne das Hasenschwänzchen nicht schlafen.«

Heiner quengelt. Er hat es in der Tat verloren.

»Morgen frage ich im Dorf nach, wer ein Kaninchen schlachtet«, vertröstet ihn die Mama. »Aber heute mußt du ohne schlafen. Heute kann ich dir keins mehr besorgen.«

Sie zählen und rechnen in Monaten und Tagen, und Tante Annachen will nach Königsberg, weil ihr Jakob vorübergehend dort ist, und sie will Heiner mitnehmen. Aber dann müssen sie besser aufpassen, daß er nicht wieder sein Hasenschwänzchen auf der Reise verliert.

Der letzte Satz ist für mich bestimmt und soll mich weiterhin auf eine falsche Fährte bringen.

Heinerchen hat auch längst gewittert, daß es da etwas Neues, Fremdes, Unbekanntes gibt, das ihm zumindest einen Teil seiner Mutter wegnimmt. Das verlorene Hasenschwänzchen, das ihm schon seit geraumer Zeit vermißte Zärtlichkeiten ersetzen mußte, hat auch diesmal herzuhalten, um die Aufmerksamkeit auf ihn zu lenken. »Du siehst ja bald den Papa«, wird er getröstet. Aber Heinerchen läßt sich weder damit noch mit meinem Struwwelpeterbuch ablenken.

»Ich sag's ihm, ganz ehrlich«, sagt Tante Annachen.

Und die Mama antwortet: »Das ist das beste. Wenn er nachrechnet, merkt er's sowieso. Und wie ich meinen Bruder kenne, wird er das tun.«

Für Heiners Hasenschwänzchen wird im Haus nach Ersatz gesucht. Doch weder von Kläuschens Spielsachen findet etwas Gnade vor dem strengen Richter noch von meinen.

Meiner Mama fällt der weiße Plüschhund ein, den ich von Tante Elisabeth und Onkel Paul geschenkt bekam und der auf meinem Nachttisch steht. Sie holt ihn. Heinerchen bemerkt sofort, daß der Kopf halb abgerissen ist, klappt ihn hoch, betrachtet die Holzwolle und gibt ihn eiskalt zurück.

»Den Kopf kann man annähen«, befleißigen sich die Frauen, Heinerchen umzustimmen. »Fühl doch erst mal; das Hündchen ist genauso zart wie dein Hasenschwänzchen.«

Heinerchen fühlt. Mit den Lippen. Aber gegen ein Hasenschwänzchen ist mein Plüschhund ein rauhes Borstentier.

Schließlich siegt das Sandmännchen, auch wenn sich Heinerchen noch so sehr wehrt.

Am nächsten Tag kann die Mama Tante Bienchen dazu bewegen, mit ihr zusammen im Dorf nach einem Stallkaninchenbesitzer zu suchen, der bereit ist, ein Tier zu schlachten.

Heinerchen betrachtet das neue Schwänzchen sehr kritisch, denn es hat eine andere Farbe als sein vorheriges. Doch die Lippenprobe überzeugt ihn.

»Da ist ja noch Blut dran!« Was die Erwachsenen vertuschen, spreche ich aus. Heinerchen besieht sich die blutigen Knorpel und schmust weiter mit dem geschlossenen, sauberen Ende, während sich mein Magen umdreht.

Der Papa hat geschrieben, daß er vorerst keinen Urlaub bekommt, und wir hatten so fest damit gerechnet. Die Nachricht hat all unsere Hoffnungen zerschlagen.

An Karfreitag gehe ich mit meiner Mutter in die Kirche. Sie führt mich an der Hand, und ich spüre, wie rauh und trocken ihre Hand ist. Es kommt mir vor, als wäre es ewig lange her, seit mich die Mama das letzte Mal an die Hand genommen hat.

»Eigentlich«, sagt sie, »dürfen Kinder nicht in die Kirche. Dafür habt ihr ja den Kindergottesdienst. Du mußt mir aber versprechen, daß du ganz still sitzt. Heute ist nämlich Karfreitag. Das ist der höchste Feiertag. Ich will dir die Karfreitagsgeschichte erzählen, damit du weißt, um was es geht.

Vor vielen, vielen Jahren wurde der Herr Jesus ans Kreuz geschlagen. Genauso wie Diebe und Mörder. Und dabei hatte er nichts Böses getan; er hat die Menschen geliebt und hat ihnen geholfen, wenn sie in Not waren. Er wollte ihnen zeigen, daß Liebe die Welt verändern kann. Aber sie wollten seine Liebe nicht. Sie wollten seinen Tod.

Lebendig haben sie ihn ans Kreuz genagelt, damit er ganz langsam und qualvoll sterben sollte. Alle haben zugeschaut, und keiner hat was daraus gelernt. Und immer wieder sind die Menschen böse und bringen andere um. Und der Herr Jesus stirbt jeden Karfreitag aufs neue.«

Ich weiß, daß meine Mutter an den Krieg denkt und an den Papa, und ich spüre, daß sie innen weint, da, wo ihre Stimme herkommt, denn die Tränen, die aus ihrer Stimme fallen, sind wie scharfkantige Kristalle und kratzen an ihren Worten.

»Jetzt wein nicht«, sagt sie mit ihrer zerkratzten Stimme, »sonst bekommst du rote Augen, und die Leute merken, daß du geweint hast. Der Herr Jesus hat es ja gern getan für uns, und er will nicht, daß wir weinen. Er will, daß wir endlich begreifen, daß wir uns ändern müssen, wenn sich in der Welt etwas ändern soll.«

Die gehäkelte Spitze ihres Taschentuchs kratzt über meine Augenlider.

»Und versprich mir, daß du ganz brav bist und auch nicht redest, sonst müssen wir rausgehen, und ich nehme dich nie wieder mit.«

Die hohen Bäume des Kirchhofs scheinen den schweren grauen Himmel zu stützen, damit sich die Wolken nicht auf das Dach der Kirche legen. Wir gehen unter den Bäumen auf einem schmalen gepflasterten Weg zum Hintereingang der Kirche.

»Dies ist der Eingang für die Frauen«, sagt meine Mutter. »Die Männer gehen von der Straße aus in die Kirche. Sie sitzen auch auf der anderen Seite, wir direkt hier an diesem Eingang.«

Zwischen schrägen, dicken Mauern, die sich an die Außenwände anlehnen und ihnen zusätzlichen Halt geben, öffnet sie eine große, hohe Holztür, durch die wir eintreten. Im Innern des Kirchenraumes sitzen schon viele Dorfbewohner. Schweigend, steif und alle schwarz gekleidet. Nach uns kommen noch weitere Kirchenbesucherinnen durch die Hintertür und setzen sich in unsere Nähe.

An der Wand, auf die wir schauen, hängen zwei sehr große bunte Bilder. Auf dem einen beugt sich ein in bunte Tücher gehüllter Mann über einen fast Nackten und hebt ihn vom Boden auf. Der junge Mann auf dem anderen Bild könnte der Herr Jesus sein, von dem die Mama erzählt hat. Er ist so schön, wie ich ihn mir vorstelle, aber fast durchsichtig wie feiner Nebel, und helle Strahlen heben ihn vom Boden in die Höhe. Das Kreuz fehlt nur auf dem Bild.

Ich denke nicht mehr an mich, sondern werde eins mit den auf den Bildern dargestellten Geschichten, mit der Karfreitagsgeschichte, den schwarzgekleideten Menschen um mich herum und der feierlichen Zeremonie des Gottesdienstes.

Nie wieder in meinem späteren Leben haben mich biblische Geschichten so tief beeindruckt, und nie wieder habe ich so innig und so rein geglaubt.

Seit einigen Tagen ekelt mich alles Eßbare an. Ich sitze oft lange Zeit vor meinem Teller und kann kaum etwas essen.

»Du bist doch krank!« sagt die Mama und schaut mich durchdringend an, und mit einemmal bin ich wichtiger als alles sonst.

»Gelbsucht!« diagnostiziert der Arzt. Er ist vornehm, und seine vornehme Hand drückt mir einen Kloß in den Bauch.

»Klagt sie über Kopfschmerzen und Müdigkeit? Hat sie Fieber? ...«

Auf all seine Fragen antwortet die Mama mit »ja«, und ich ahne noch nicht, was sie mir damit einhandelt: absolute Bettruhe, strenge Diät und warme Umschläge.

Mehrmals am Tag bekomme ich feucht-heiße Umschläge auf den Bauch. Dann bin ich gezwungen, still zu liegen. Fühle ich mich jedoch unbeobachtet, setze ich mich im Bett auf und schaue den Kindern auf der Straße beim Spielen zu. Sie tragen schon Kniestrümpfe. Es muß warm draußen sein. Nur ich darf nicht raus! Ab und zu fegt eine Windböe durch die Straße und wirbelt Staubwolken auf. Frühlingsstaub.

Morgens bekomme ich eine Suppe aus Wasser und Haferflocken, mittags Kartoffelpüree und eingekochtes Obst, abends Hafer- oder Reisbrei. Jeden Tag das gleiche und immer ohne Salz. Sechs Wochen lang.

Der Arzt kommt jeden zweiten Tag und kontrolliert, ob ich tatsächlich im Bett liege.

Als ich endlich aufstehen darf, muß ich lange gestrickte Strümpfe tragen, obwohl es warm ist. Ich versuche, die Mama umzustimmen, aber sie gibt nicht nach. »Dann bleib hier, wenn du dich vor den Kindern genierst«, sagt sie.

Nach zwei Tagen bekomme ich meine Kniestrümpfe und fühle mich gleich wieder ganz gesund.

Leo Dreyer spielt jetzt mit uns, wenn er nicht im Kindergarten ist, und er ist selten dort. Er erzählt uns von Düsseldorf und von den Kindern, mit denen er früher gespielt hat, und daß sie eigens ein Lied auf ihn gedichtet hatten. Er singt es uns vor:

Leo Dreyer legt drei Eier
in den Sand mit Verstand.
Kam der Geier, fraß die Eier.
Oh, wie schrie der Leo Dreyer.

Er scheint sogar stolz darauf zu sein. Ich wundere mich darüber und kann nicht verstehen, wieso er sich nicht ärgert.

An einem Tag hat eins der größeren Mädchen eine alte Spitzengardine mitgebracht, und wir spielen im Rollentausch Hochzeit. Unser ehemaliges Bienenhäuschen im Garten, in das jetzt die Großmutter die Gartengeräte stellt, wird ganz einfach zu unserer Kirche erklärt. Zuerst spielen die großen Kinder die Brautpaare, und Leo Dreyer spielt den Pfarrer. Als er an die Reihe kommt, den Bräutigam zu mimen, wählt er mich zu seiner Braut. Ich bin stolz auf ihn, weil er so schön reden kann und weil er sich nicht über den Spottvers ärgert. Feierlich gehen wir auf dem Gartenweg unter unserm Kirschbaum zur »Kirche«.

»Was willst du denn später einmal werden?« fragt er mich.

Ich zögere einen Moment, bevor ich »Mutter« antworte, denn ich habe diese Lektion ja inzwischen gelernt.

»Ich werde Arzt!« Er sagt es sehr bestimmt. »Aber wenn du keine Ärztin wirst, dann heirate ich dich in Wirklichkeit nicht. Bilde dir das bloß nicht ein!«

Plötzlich habe ich keine Freude mehr am Hochzeitspielen und bin froh, als die Tüllgardine weitergereicht wird. Leo hat mit seinem Gerede das schöne Spiel zerstört. Wie kann er an später denken und an die Wirklichkeit, die ohnehin nicht schön sein wird. Blöder Leo! Ich spiele nie mehr seine Braut. Ich spiele überhaupt nicht mehr mit ihm, und eine Dame wie seine Mutter werde ich auch nicht!

Wenn den Dorfbewohnern etwas Wichtiges mitgeteilt werden muß, geht der Gemeindediener mit seiner Messingschelle durch den Ort, bimmelt an den von der Gemeindeverwaltung bestimmten Stellen so lange, bis die Leute aus den Häusern oder an die Fenster kommen, und ruft die Bekanntmachung aus. Diesmal haben alle Einwohner des Dorfes persönlich im Rathaus zu erscheinen, um Gasmasken abzuholen. Jeder muß selbst erscheinen und anprobieren.

Im Rathaussaal riecht es nach den vielen Menschen, nach Schweiß und nach Gummi. Es wird uns gezeigt, wie die Gasmaske im Bedarfsfall zu handhaben ist. »Probiert's gleich richtig aus!« sagt der Mann. Der Gummi zerrt und reißt an meinen Haaren, und ich fürchte, unter der Gasmaske ersticken zu müssen. Sogar mein kleiner Bruder bleibt nicht verschont. Doch er schreit und wehrt sich. Der Mann sagt: »Notfalls muß er eins hinten draufkriegen, damit er sie sich aufsetzen läßt. Jetzt wollen wir mal davon absehen. Aber die Feinde, die fackeln nicht lange.«

Mit den Gasmasken sehen wir alle gleich aus. Wie grausame, gefräßige Rüsseltiere, häßlich und grausam. Und genauso stelle ich mir auch die Feinde vor. Eher noch schlimmer, weil sie uns Böses antun wollen, während unter den Gasmasken meine Mutter, meine Großmutter und Leute aus dem Dorf verborgen sind. Erkennen kann ich sie allerdings nur noch an ihrer Kleidung, denn sogar ihre Stimmen haben sich verändert.

Das Fräulein hinter dem Schreibtisch sucht in einer Liste unsere Hausnummer und trägt die uns ausgehändigten Gasmasken ein: 2 Kinder, 2 Erwachsene.

Zu Hause stellen wir die vier Kartons mit den Gasmasken in Großmutters Kleiderschrank.

»Wir wollen hoffen, daß wir sie nie brauchen«, sagt die Mama. »Die Leute in der Stadt sind da schlimmer dran.«

Was wird der Papa erlebt haben in dieser Zeit? In diesen Sommer- und Herbstmonaten 1943?

Wenn ich ihn heute fragen könnte, würde er mir wahrscheinlich antworten, was die meisten ehemaligen Frontsoldaten antworten: »Laß mich damit in Ruhe! Es war schlimm genug.«

Aber ich gäbe mich mit dieser Antwort nicht zufrieden. Allein schon die mir vorliegende Fotoserie, die in jener Zeit entstanden ist, würde ihm Erklärungen abverlangen.

Meine erste Frage könnte lauten: »Wie heißt diese Stadt, durch die ihr da marschiert?« Obwohl von Marschieren keine Rede sein kann (jedenfalls nicht im militärischen Sinn). Die etwa vierzig Soldaten gehen völlig ungeordnet an den zwei- oder dreistöckigen Häusern vorbei, die allesamt ausgebrannt sind. Da Dächer, Fenster, Türen und Innenwände fehlen, wirken sie wie hohläugige Gespenster.

Mein Vater wüßte den Namen der Stadt vermutlich nicht mehr und würde vielleicht antworten: »Es war irgendwo zwischen Witebsk und Smolensk. Den Namen weiß ich nicht mehr. Ich bin da hinten in der Nähe des Pferdes ... Nein, nicht auf dem Pferd. Das war ...«

»Und dieser Panzer?« (Ich hätte gar nicht erst versucht, festzustellen, ob es ein deutscher oder ein russischer war.)

»Das ist ein russischer Panzer, den wir erbeutet hatten.«

»Auf diesem Bild sind die Häuser, wie es scheint, unbeschädigt?« Diese Aussage, die ich aber als Frage verstanden wissen will, würde er wahrscheinlich einfach so stehenlassen. Statt dessen würde er mich darauf aufmerksam machen, daß er eigentlich auf dem Foto zu sehen sein müßte. (Er selbst könnte es vermutlich nicht mehr so recht erkennen, auch nicht mit der Lupe, denn er wäre heute fast fünfundachtzig Jahre alt und seine Augen altersschwach.)

»Ja, richtig. Du stehst hinter dem Panzer. Ihr habt alle Siegerposen eingenommen, euch des Panzers bemächtigt!«

Auf dem nächsten Foto eine recht belebte Szene: zwei geschlossene Lastwagen und ein offener mit Soldaten auf der Ladefläche. Vor den drei Fahrzeugen ein Kübelwagen. Von der Seite kommend braust ein Motorradfahrer, ein Kradfahrer, in eine helle Staubwolke, die den Bildhintergrund verschluckt. Bereits vorausgefahrene Fahrzeuge werden den Staub aufgewirbelt haben. Die Sonne scheint grell und läßt den Fahrzeugen schwarze, scharf umrissene Schatten folgen. Ein deutscher Soldat inspiziert eine Panzerabwehrkanone, eine Pak, die wie ein Kinderspielzeug am Straßenrand steht.

Die nächsten drei Bilder zeigen wieder völlige Zerstörung: Schutthaufen, eingestürzte Gebäude, Dächer, die nur noch aus Sparren bestehen und aussehen wie Rippen verwester Tiere. Dunkle, glaslose Fenster starren wie aus leeren Augenhöhlen. Zwei vom Hunger ausgemergelte Soldaten betrachten, während sie gierig Zigaretten rauchen, einen undefinierbaren Gegenstand.

Das nächste Bild möchte ich mir erklären lassen: ein Sägewerk oder ein Bergbaubetrieb mit eigener Gleisanlage, die zum Teil zerstört ist, vor einem hellen Fluß, der Hochwasser führt.

»Um das große Gebäude im Vordergrund«, würde mein Vater vielleicht sagen, »gab's einen schweren Kampf. Du siehst ja, wie zerschossen es ist.«

Man könnte es wegen seiner dicken Wände fast für einen Bunker halten, wenn die Fenster nicht wären.

Nach den Kampfeinsätzen an einem hochwasserführenden Fluß und nach dessen Namen möchte ich fragen, aber ich muß mich mit meinen unbeantworteten Fragen zufriedengeben.

Oder die vier gefangengenommenen Partisanen. Ihre Gesichter zeigen Entschlossenheit, Stolz und sogar ein wenig Spott. Mit gerade eben angerauchten Zigaretten im Mundwinkel und erhobenen Händen stehen sie vor den wesentlich jüngeren deutschen Soldaten, die fast hilflos ihre Gewehrläufe senken, statt sie auf die Feinde zu richten, wie ihnen sicher befohlen war.

Der eine Russe ist sehr groß und schlank. Sein aufgeknöpfter schwarzer Mantel deutet auf eine Leibesvisitation hin. Schwarz auch sein Hemd, seine Hose und seine Gamaschen. Seine rechte Hand ist verwundet und mit einer frischen weißen Binde umwickelt.

Sie stehen auf einer Straße oder einem befestigten Weg, der durch eine Busch- und Baumlandschaft zu einem Gebäudekomplex ähnlich einer Mühle führt. Am Ende des Weges, unmittelbar vor dem Gebäude, drei Personen, die scheinbar wie Sonntagnachmittagsspaziergänger daherkommen. Eine harmlose Sommerlandschaft, in der die Gefangennahme fast komisch und wie gespielt wirkt.

Auch auf dem nächsten Foto wirkt die Szene wie für den Fotografen gestellt, wenngleich sie eine bittere Tatsache, traurige Wirklichkeit des Krieges widerspiegelt: Die Landschaft dehnt sich flach und weit bis zum Horizont. Kein Baum, kein Strauch. Nur ein in etwa einhundert Metern Entfernung abgestellter Lastwagen, von dem sich ein aus zehn Soldaten bestehender Trauerzug zum Bildbetrachter hinbewegt. Die Männer tragen Uniform. Ihre Stahlhelme scheinen tief ins Gesicht gerutscht zu sein, als ob sie alle ein wenig zu groß wären. Die ersten vier Soldaten tragen einen Sarg, auf dem ein Bündel aus Moos und Gestrüpp den Sargschmuck darstellen soll. Es könnte eine Theaterszene von Bertolt Brecht sein. Die Schauspieler in schlechtsitzenden Kostümen. Die Ärmel an den Uniformen der Sargträger viel zu kurz und die Stahlhelme zu groß.

Kein Friedhof ist zu sehen, kein offenes Grab. Nichts als die freie, ebene Landschaft von Horizont zu Horizont, und die Männer scheinen den Sarg in die Unendlichkeit zu tragen. Man glaubt Trommeln zu hören, irgendwo in der Ferne, je länger man das Bild betrachtet. Doch es sind nur die Schritte der Männer, die im Gleichschritt gehen: links, rechts, links, rechts. Die weitergehen bis zum Horizont, dort ihre Trauer ausschütten und weiterleben wollen, weil dort der Krieg zu Ende ist.

Vielleicht ist es Papas Kommandeur, der in diesem theatralischen Trauerzug zu Grabe getragen wird. Wer sonst hätte zu dieser Zeit einen Sarg bekommen? Das kleine Foto ist zudem sehr abgegriffen und zerknickt. Es ist möglich, daß mein Vater es lange mit sich herumgetragen hat, bevor er es nach Hause schickt.

Ebenso das Foto vom Grab seines Kompaniechefs. Ich erinnere mich, daß er in einem Brief schreibt, sein Kommandeur und sein Kompaniechef seien gefallen, und daß die Frauen lange darüber reden, denn mein Vater hat von seiner Betroffenheit geschrieben. Zum erstenmal läßt er seine Mutter und seine Frau an seinen Gefühlen, die den Krieg betreffen, teilhaben.

Er mochte seinen Kompaniechef. Alle mochten ihn. Sie haben ihm einen großen, mit weißen Schleifen geschmückten Kranz aus Fichtenzweigen aufs Grab gelegt.

Oberleutnant Alfons Michel, Kompaniechef
1. Pionierbataillon 751
geboren am 20. 11. 18, gestorben am 4. 10. 43

Keine fünfundzwanzig Jahre alt, jünger als mein Vater, jünger als viele seiner Untergebenen, aber beliebt bei allen. Ein guter Kamerad.

Vielleicht habe ich mich an jenem 4. Oktober, einem Montag, mit einem neugelernten Buchstaben abgemüht, denn ich bin inzwischen eingeschult, während Papa im fernen Rußland in furchtbare Kämpfe verwickelt ist, seinen geliebten Kompaniechef verliert und wie seine Kameraden nicht weiß, wie es weitergehen soll.

Jeden Tag lernen wir einen neuen Buchstaben und eine neue Zahl. Die Hausaufgaben als Wiederholung des in der Schule Gelernten. Die linierte Seite der Schiefertafel voll Buchstaben, die karierte Rückseite voll Zahlen.

Aus unserer Straße gehen Brunhilde und Luise mit in meine Klasse. Jedesmal vor der Schule holen wir Doris ab. Sie ist mit ihrer Mutter von Köln gekommen, um den Fliegerangriffen zu entgehen. Ihre Mutter kontrolliert täglich auch unsere Hausaufgaben, kritisiert und zeigt uns zum Vergleich die Tafel von Doris. Ihre Buchstaben sind so schön und geschwungen, als hätte sie der Lehrer selbst geschrieben. Wir sind naiv genug, der Mutter zu glauben, Doris hätte alles selbst geschrieben, bis der Lehrer Doris darauf anspricht und sie mit hochrotem Kopf zugibt, daß ihre Mutter es geschrieben hat.

Die Kritik hat trotzdem in mir den Ehrgeiz geweckt, es genauso gut zu können. Eines Mittags sitze ich zu Hause am Küchentisch und übe das kleine »r«. Wenn ich zwei oder drei

Reihen geschrieben habe, betrachte ich meine krummen Buchstaben, denke an Doris oder, genauer gesagt, an ihre Mutter, wische alles wieder aus und versuche es aufs neue.

»Laß es endlich stehen!« sagt meine Mutter. »Du wirst ja sonst nie fertig. Deine Hand muß sich erst ans Schreiben gewöhnen. Irgendwann klappt das schon.«

Wieder fegt mein Schwämmchen über die Tafel, und wieder schreibe ich neue »r«s. Meine Erregung steigert sich, und der Mama scheinen diese krummen Dinger völlig gleichgültig zu sein. Wut führt meine Hand. Die »r«s werden schlimmer, statt besser. »Diese krummen Böcke!« schreie ich, während das Schwämmchen sie wieder auslöscht.

»Jetzt reicht's!« Wütend wühlt meine Mutter in der Schrankschublade nach einem Kochlöffel. Da merke ich erst, daß ich zu weit gegangen bin. Eine Hand reißt mich vom Stuhl, und die andere zieht mir mehrmals den Kochlöffel über. Dann öffnet meine Mutter die Falltür im Küchenboden und stößt mich die Treppe hinunter in den Keller.

Meine Angst vor Spinnen erstickt mein Schreien in hilflosem Schluchzen. Ich bilde mir ein zu spüren, wie große schwarze Spinnen über mich krabbeln, mich beißen und nach meinem Hals tasten. Ich muß raus aus dieser Spinnendunkelheit. Ich muß raus, ehe sie meine Stimme zerdrückt hat. Ich schreie und spüre, wie mein Hals anschwillt. Ich schreie, bis sich die Klappe über mir hebt und die schwarzen Treppenstufen wieder zu Schiefersteinen werden, grau und feucht, und von den Spinnen nur noch ihre Gewebe übrigbleiben.

Ich hasse meine Mutter. Ich hasse sie, weil sie mir das Allerschlimmste angetan hat.

»Du kannst rauskommen«, sagt sie, »wenn du bereit bist, deine Buchstaben stehenzulassen. Sonst exerzieren wir das Ganze von vorn.«

Als wir schon einige Buchstaben schreiben können, bildet der Lehrer Wörter. Aus einem »e« und einem »i« setzt er ein Ei zusammen. »Und ein ›a‹ und ein ›u‹ ergibt? Edith?« Er kneift mich in den Arm. Bloß nicht sagen, daß es weh tut, denke ich. Er drückt immer fester zu. Ich sehe sein rosa Gesicht und seine dicke Brille und fürchte mich vor ihm.

»Nun sag's doch endlich!« befiehlt das rosa Gesicht, und die dicken rosa Finger kneifen noch fester.

»Aua!« schreie ich laut, weil ich den Schmerz nicht mehr aushalten kann.

Sichtlich erschrocken läßt mich der Lehrer los. »Wenn du's eher gesagt hättest, dann hättest du nicht so zu schreien brauchen«, bemerkt er verlegen und korrigiert mein »Aua«: »Au! heißt das in Hochdeutsch, ›aua‹ ist Dialekt.« Heimlich freue ich mich aber, daß er sich ein bißchen vor mir erschreckt hat.

Eines Tages erzählt uns Doris, daß sie Würmer hat. Ganz kleine weiße Würmer, die man fast nicht sieht. »Sie kommen aus meinem Po«, sagt sie, »und krabbeln vorn wieder in den Bauch. Abends, wenn es dunkel ist, kommen sie.«

Sie beißen, und nachher brennt es, da, wo sie gebissen haben. Sie muß sich dann auf den Tisch legen, und ihre Mutter fängt die Würmer mit einer Haarnadel. »Und einmal«, erzählt Doris weiter, »da hat mein neuer Papa zugeschaut und mir tief in den Bauch hineingeguckt, und ich hab mich furchtbar geschämt. Und jetzt weiß ich, ich heirate nie!« beendet sie ihre Erzählung.

Ich auch nicht, denke ich, und ich überlege, wie schlimm es wäre, wenn mir jemand in den Bauch schauen würde.

An einem Adventssonntag kommt ein fremder Mann und will Holzspielsachen verkaufen, die der »Arbeitsdienst« angefertigt hat. (In Wirklichkeit kommen die Sachen vielleicht aus einem Konzentrationslager.) »Der Erlös kommt den Soldaten an der Front zugute. Sie sollen schließlich auch was von Weihnachten spüren«, sagt er.

Die Großmutter und die Mama schauen sich vielsagend an, und ich hoffe im stillen, daß sie etwas kaufen. Die Großmutter bringt Kläuschen ins Wohnzimmer, damit die Mama ungestört aussuchen kann, denn das neue Spielzeug soll an Weihnachten eine Überraschung für meinen kleinen Bruder sein. Ich darf dabeibleiben.

Meine Mutter kauft einen Dackel aus hellem, lackiertem Holz. Wenn man ihn an der Kordel zieht, die ihm als Hundeleine dient, läuft er wackelnd auf seinen roten Holzrädchen hinter einem her, denn sein Körper besteht aus lauter einzelnen, durch Lederstreifen miteinander verbundenen Holzteilen. Er windet sich wie eine Schlange, und seine Lederohren bewegen sich dabei fast wie echte Dackelohren.

Nachdem die Großmutter mit Kläuschen zurückgekommen ist, erzählt ihr meine Mutter, ohne daß Kläuschen es merkt, was sie gekauft hat. »Es war zwar ziemlich teuer«, fügt sie hinzu, »aber ich ging davon aus, daß Ihr einverstanden seid. Die Kinder haben ja sonst nicht viel.«

Am 25. Dezember 1943 schreibt Onkel Wilhelm, der Bruder meines Vaters, aus Rußland folgenden Brief:

Meine liebe Mutter, Vera und Kinder!
Die ganzen Weihnachtsfeiertage bin ich von morgens früh bis abends spät in Gedanken bei Euch zu Hause. Ich hoffe und wünsche, daß Ihr das Fest genauso gut verbracht habt wie ich. Vor allen Dingen bei guter Gesundheit.

Nun will ich Euch schreiben, wie die Feiertage bis jetzt bei mir verlaufen sind: Ich liege noch bis zum 27. Dezember in Ruhe, in der Stadt Berislav. 1,5 Kilometer hinter der Front, aber dann müssen wir wieder vor (das Wörtchen »vor« ist zweimal unterstrichen) in die Stellungen auf der Insel. Der Dnjepr ist bereits ganz zugefroren.

Gestern mittag war im Saal innerhalb des Bataillons eine humorvolle Feier, und anschließend wurden wir von der

Kompanie beschenkt mit Schnaps, Rotwein, Weißwein, sechs Riegeln Schokolade, Zigarren, Zigaretten, Tabak, Keks, Weihnachtsstollen, Pfeffernüssen, Bonbons, Streuselkuchen und Briefpapier. Einen Weihnachtsbaum habe ich selbst gebastelt: In einen Stock Löcher eingebrannt und Zweige hineingesteckt, und es gab einen wundervollen Baum. Es war nur schade, daß gerade gestern abend die ganze Gruppe auf Wache ziehen mußte. Bis heute abend. Außer mir, denn ich bin bei den Unterführern eingeteilt und brauchte daher nicht mit. Aber trotzdem haben wir schon vorher zwei Stunden im Quartier zusammen gefeiert und gedachten alle zusammen unserer Lieben zu Hause. Wir waren davon überzeugt, daß in der Heimat niemand so feiern kann wie wir hier. Wir sprachen auch davon, daß unsere Lieben in Sorge um uns leben, und dabei geht es uns in der Zeit über Weihnachten gut. Aber wenn wir auch noch so reich beschenkt wurden, es sind und bleiben Kriegsweihnachten; es sind traurige Weihnachten an der Front wie auch in der Heimat.

Heute morgen waren wir alle mit der ganzen Kompanie im Feldgottesdienst. Auch der General war anwesend. Ein katholischer und ein evangelischer Pfarrer hielten zusammen diesen Gottesdienst. So ein Festgottesdienst könnte in der Heimat in einer Kirche kaum schöner gefeiert werden. Da hatte mancher Soldat Tränen in den Augen.

Nun, meine liebe Mutter, Vera und Kinder, bleibt mir gesund und munter, bis auf ein recht baldiges gesundes, heiles Wiedersehen. Ich hoffe doch sehr, daß wir die nächsten Weihnachten 1944 zusammen feiern dürfen, denn es wäre endlich an der Zeit. Seit 1937 bin ich nun schon zum siebten Mal an Weihnachten nicht zu Hause.

Meine andere Post werdet Ihr sicher erhalten haben; ich schreibe doch sehr oft. Eure Weihnachtspakete und -briefe, die angekündigt waren, sind noch nicht angekommen. Sicher war Postsperre inzwischen. Auch von Elsa habe ich noch nichts bekommen. Aber die Pakete kann man auch nach den

Feiertagen noch gut gebrauchen. Wenn sie nur nicht verlorengehen. Nur Eure Briefe haben mir an Weihnachten gefehlt. Dann wäre ich glücklicher gewesen. Doch es muß auch so gehen!

Ein Kamerad verlebte sehr traurige Feiertage: Am 23. Dezember wurde ihm in einem Telegramm mitgeteilt, daß sein Vater gestorben ist.

Meine liebe Mutter, laß es Dir nicht so schwerfallen, denn Karl und ich kommen bestimmt wieder heim, so Gott will, denn wir hatten und werden auch weiterhin großes Soldatenglück haben.

Es grüßt und küßt Euch, meine liebe Mutter, Vera und Kinder, recht herzlich

Euer Wilhelm von der Front.

Anfang Januar, als er wieder »vorn« in den Stellungen ist, gerät er mit neun anderen Kameraden in russische Gefangenschaft. Sie werden im Halbkreis aufgestellt, müssen ihre Waffen und alle persönlichen Dinge wie Uhren und andere Wertsachen abgeben und sollen der Reihe nach erschossen werden, weil die Russen nichts anderes mit ihnen anzufangen wissen. Mein Onkel ist der neunte in der Reihe. Die ersten fallen. Als der achte neben ihm in den Schnee fällt, entschließt er sich wegzulaufen. Der zehnte erkennt die Situation und folgt ihm. Sie laufen im Zickzack. Die Russen schießen hinter ihnen her, bis ihnen die Munition ausgeht. Zum Glück laufen sie ihnen nicht nach. Vermutlich liegt ihnen der Schnee zu hoch. Der Kamerad meines Onkels ist am Bein getroffen. Er versucht weiterzulaufen, stürzt zu Boden, rafft sich wieder auf. Aber der Schnee macht ihm zu schaffen. Er ruft meinem Onkel zu, der schon ein ganzes Stück von ihm entfernt ist, und fleht um Hilfe. Mein Onkel läuft zurück, nimmt seinen verletzten Kameraden auf die Schulter und schafft es, ihn bis zu der deutschen Stellung zu schleppen. Er rettet ihm das Leben.

Sonderbarerweise bilde ich mir fünfzig Jahre lang ein, er

hätte nach dieser Gefangennahme Urlaub bekommen und uns alles selbst erzählt. Voller Erstaunen lese ich deshalb seinen Brief, den ich bei den alten Fotos gefunden habe:

Rußland, den 23. 1. 44

Meine liebe Mutter, Vera und Kinder!
Gestern habe ich mit großer Freude und herzlichem Dank Eure zwei Weihnachtspäckchen erhalten, und es hat alles noch sehr gut geschmeckt. Ihr müßt bitte entschuldigen, daß ich so wenig in letzter Zeit schreibe, denn ich komme nicht dazu vor lauter Einsatz, und dann die Postsperre inzwischen. Bevor Euch dieser Brief erreicht, werdet Ihr sicher meinen anderen gelesen haben, in dem ich Euch geschrieben habe, daß ich in russischer Gefangenschaft war (die letzten sechs Wörter sind unterstrichen) und vielleicht in einer Hundertstelsekunde dem Tod entflohen bin. Aber siehst Du, meine liebe Mutter, Du brauchst keine Angst um mich zu haben. Ich komme immer wieder durch, so Gott will. Und da war er bestimmt bei mir. Auch in dieser Sekunde hatte ich keine Furcht vor dem Tod und wußte, daß ich wieder davonkomme, wenn es auch Nerven gekostet hat. Aber wir halten es durch, Karl und ich, so gut es geht, und wir werden immer wieder recht vieles und großes Soldatenglück haben. Ich habe fast gar nichts mehr. In der Gefangenschaft haben sie mir alles abgenommen. Auch die kleine Uhr von Minna (seiner Schwester) usw. Aber das hat alles nichts zu sagen. Die Hauptsache ist, daß ich mein nacktes Leben gerettet habe. Das andere ist alles wieder zu ersetzen. Morgen – oder wann? – gehen wir auch wieder sehr (sehr ist unterstrichen) heißen Tagen entgegen, doch Gott wird wohl bei uns sein, und wir kommen wieder gesund und heil davon.

Anbei eine Paket- und zwei Luftpostmarken. Entschuldigt bitte die Schrift. Es ging in Eile und zudem auf dem Knie. Schreibt bitte Karl und Minna von meiner Gefangenschaft, denn ich werde kaum noch Zeit dazu bekommen, ihnen zu schreiben. Ich bekam von beiden Post, hatte aber noch keine Zeit zu antworten.

Auf ein gesundes, heiles, frohes und recht baldiges Wiedersehen grüßt und küßt Euch, meine liebe Mutter, Vera und Kinder, recht herzlich

Euer Wilhelm.

Am Rand des Briefes folgender Zusatz:

Liebe Mutter, mach Dir keine großen Sorgen um mich. Ich komme immer durch. Bleib Du nur gesund.

Im Gegensatz zu dem Weihnachtsbrief, der mit Tinte und sehr akkurat geschrieben ist, wirkt dieser mit Bleistift geschriebene sehr fahrig. Die Reihen sind nicht eingehalten und fallen stark ab. Der Brief verrät die Erregung des Schreibenden.

Leider ist jener Brief, in dem er uns von seiner Gefangennahme und Flucht berichtete, im Krieg verlorengegangen.

Die Schilderung dieses Erlebnisses klingt jedoch für mich so realistisch, daß ich sie in meiner Erinnerung schließlich als persönliche Erzählung meines Onkels speichere und nicht als eine in einem Brief wiedergegebene. Vermutlich lesen die Frauen den Brief oft vor und reden darüber, denn ich kenne die Geschichte bis in alle Einzelheiten, sogar, daß die Russen nach Wodka rochen.

Der 29. Januar 1944 ist zunächst ein ganz normaler Samstag für uns. Die Wohnung wird etwas gründlicher als an den anderen Wochentagen geputzt, und abends vor dem Schlafengehen baden wir alle nacheinander. Draußen schneit es.

Wir schlafen jetzt alle vier in der Kammer hinterm Wohnzimmer. Kläuschen bei der Großmutter im Bett und ich bei meiner Mutter. Nachts lassen wir die Verbindungstür zum Wohnzimmer offen, damit die Brikettglut des Wohnzimmerofens die ungeheizte Schlafkammer ein bißchen mit erwärmen kann. Ich habe jetzt nachts keine Angst mehr, wenn wir alle beisammen sind, und schlafe fest.

In der Nacht vom 29. auf den 30. Januar werden wir jedoch recht unsanft geweckt. Ich werde davon wach, daß meine Mutter laut »Oma!« ruft. Sie sitzt im Bett.

»Ja«, antwortet die Großmutter, »ich hab's auch gehört. Da ist jemand.«

Es klopft ein zweites Mal sehr heftig an den geschlossenen Fensterladen unseres Wohnzimmerfensters.

»Wer ist das? Mitten in der Nacht.«

Dann ein dritter Schlag. Laut und deutlich. Als ob jemand mit der Faust an den Fensterladen geschlagen hätte. Dann absolute Stille. Wir lauschen in die Nacht.

»Mein Gott«, sagt die Mama, »was war das? Ihr habt's doch auch gehört. Wer war das bloß?« Sie fragt es immer wieder.

Ich merke, wie sie zittert und friert. Mir ist, als würde durch die Ritzen des Fensters ein eisiger Lufthauch ins Zimmer wehen.

»Vielleicht ist jemand in Not. Aber ich wage mich nicht ans Fenster.« So voller Angst habe ich meine Mutter noch nicht erlebt.

»Bleib hier!« sagt die Großmutter. »Da ist niemand. Die Nachbarn, die würden rufen.«

Kläuschen ist aufgewacht und weint in unsere Angst.

Ich höre, wie die Großmutter die Bettdecke bewegt und Kläuschen in den Arm nimmt. Alle Geräusche sind viel lauter als sonst. Alles ist größer und dunkler und kälter.

»Hoffentlich ist den Buben nichts passiert«, sagt die Großmutter in die Dunkelheit, und ihre Stimme klingt, als ob sie Risse hätte.

»Nun denkt nicht gleich das Schlimmste!« Die Worte meiner Mutter können nicht verbergen, daß sie das gleiche denkt.

Erst der schneehelle Morgen kann uns die Angst nehmen. Ehe meine Mutter wie sonst üblich nach der verbliebenen Brikettglut im Ofen schaut und das Feuer wieder zum Brennen bringt, eilt sie im Nachthemd ans Giebelfenster und stößt den Fensterladen auf. Es hat stark geschneit in der Nacht, und der

Schnee hat alles unter sich begraben. Weiß und rein bedeckt er die Erde und gibt dem Morgen für eine kurze Zeit seine Unschuld zurück.

»Wenn eine Spur da war«, sagt meine Mutter nachdenklich, »dann hat der Schnee sie völlig zugedeckt.«

Ein paar verspätete Schneeflöckchen tanzen noch in der Luft und setzen sich ganz sacht auf den unberührten Schnee, als befürchteten sie, Dellen hineinzudrücken. Es ist ganz still draußen; nur in dem Schnee knackt es manchmal leise.

»Ich glaube, der Schnee liegt bis Rußland, und wir sind jetzt mit den Soldaten durch eine geschlossene Schneedecke verbunden.« Meine Mutter sagt es, um die Großmutter und sich selbst zu trösten.

Ich kann jetzt Schlitten fahren. Ich kann lenken und sause wie der Wind unsere abschüssige Straße hinunter, im Sitzen oder auf dem Bauch liegend. Der Schlitten gehört jetzt zu mir, als wäre er ein Teil von mir.

Meistens gehen wir Kinder nicht, sondern laufen den Berg hinauf, um möglichst schnell wieder runterfahren zu können.

Als die Mama merkt, wie gut und sicher ich fahren kann, vertraut sie mir meinen Bruder an.

Zunächst bin ich sehr stolz auf ihn. Aber er will nicht hochlaufen und läßt sich von mir auf dem Schlitten ziehen. Beim Runterfahren versperrt mir seine Zipfelmütze die Sicht, und wenn ich seinen Kopf zur Seite drücke, protestiert er. Zudem muß ich nach einiger Zeit feststellen, daß es riecht, als wenn er in die Hosen gemacht hätte.

Die nassen Stellen seiner Kleidung kühlen nun noch schneller aus, übertragen die Kälte auf seinen Körper, und im Nu ist er steifgefroren. Er weint vor Schmerzen und vor Kälte. Ich bringe ihn heim.

Meine Mutter ist kaum in der Lage, ihn auszuziehen. Sie setzt ihn in warmes Badewasser, um eine Lungenentzündung zu verhindern.

Endlich kann ich wieder allein Schlitten fahren und brauche keinen mehr den Berg hochzuziehen.

In diesen Tagen kommt ein Brief von Tante Elsa. Die Großmutter öffnet ihn und überfliegt das Geschriebene. Ihre Augen erschrecken. Ihr Gesicht wird aschfahl. Ihre Arme sinken wie unter einer schweren Last, und der Brief zittert in ihrer Hand.

»O Gott!« flüstert sie nur.

Ich spüre, wie es in unserer Küche plötzlich kalt und still wird.

»Ich kann's nicht lesen, und ich will's nicht lesen«, sagt die Großmutter in das Eis des Schweigens, und ihre Stimme zittert wie ihre Hände.

Tante Elsa hat auf dem Standesamt in Karlsruhe eine beglaubigte Abschrift von dem Brief des Kompaniechefs ihres Mannes anfertigen lassen und uns geschickt. Er schreibt:

O. U., den 2. 2. 1944

Sehr geehrte Frau Knecht!
Ich habe die schmerzliche Pflicht, Ihnen in tiefem Mitgefühl mitzuteilen, daß Ihr lieber Gatte, der Stgefr. Wilhelm Knecht, geb. am 13. 3. 1915 in W., am 29. 1. 1944 bei einem Angriff der Kompanie auf eine Höhe nordwärts der Stadt Brizkoje Kr. Winniza / Ukraine durch Schlagaderverletzung am rechten Oberschenkel gefallen ist.

Während seiner Zugehörigkeit zur Kompanie hat Ihr Gatte sich durch seinen Eifer, seine Zuverlässigkeit und beispielhaftes Verhalten so ausgezeichnet, daß sein Heldentod für die Kompanie ein fühlbarer Verlust ist. Bei Kameraden und seinen Vorgesetzten war er gleich beliebt und wird uns allen in lieber, steter Erinnerung bleiben.

Es ist schwer für mich, Worte des Trostes zu finden. Möge es Ihnen aber ein Trost sein, daß Ihr Gatte sein Leben in treuester Pflichterfüllung für die Größe und Zukunft unseres ewigen deutschen Volkes hingab.

Im Südostteil des Dorfes Brizkoje / Ukraine, etwa 40 Kilometer ostwärts der Stadt Winniza, wurde Ihr Gatte Wilhelm mit noch mehreren Kameraden unseres stolzen Regiments zur letzten Ruhe gebettet.

Mit dem Ausdruck aufrichtiger Mittrauer grüßt Sie mit

Heil Hitler
gez. Müller, Leutnant

PS: Sein privates Eigentum wird Ihnen in den nächsten Tagen zugesandt.

Meine Mutter liest den Brief ihrer Schwägerin und die Abschrift der Gefallenenmeldung mehrere Male, und dann sagt sie leise: »Ja, es ist wahr. Es ist in jener Samstagnacht passiert, als wir alle von dem Klopfen wach wurden.«

Ohne ein Wort zu sagen, geht die Großmutter aus der Küche ins Wohnzimmer. Sie läßt alle Türen hinter sich offenstehen. Es ist, als ob sie vergessen hätte, daß da Türen sind.

Wir hören Glas splittern und eilen ihr nach. Sie hat das Hitlerbild von der Wand abgehängt, auf dem Knie zerbrochen und zerstampft die Glasscherben auf dem schwarzweißen Foto mit ihrem Fuß in lauter kleine Stücke, bis das Gesicht mit dem Schnauzbart nicht mehr zu erkennen ist.

»Der Dreckskerl hat mir meinen Sohn genommen!« sagt sie, und ihre Stimme ist jetzt stark und fest. »Der Dreckskerl, der elende, der gibt nicht eher Ruhe, bis alle tot sind.«

Meine Mutter weint, während sie die Glasscherben aufkehrt. Das Foto knüllt sie zusammen und steckt es mit dem zerbrochenen Holzrahmen ins Feuer des Küchenherdes.

Eigentlich müßte ich am Nachmittag zur Schule gehen. Die vier jüngeren Jahrgänge, zu denen ich gehöre, werden abwechselnd mit den vier älteren mal vormittags und mal nachmittags unterrichtet, weil jetzt ein Lehrer für alle Klassen zuständig ist.

Die Großmutter schlägt Mama vor, mich nicht in die Schule zu schicken. »Das Kind kann sich doch nicht konzentrieren«, meint sie. »Nach all dem, was passiert ist.«

Für den nächsten Tag bekomme ich eine schriftliche Entschuldigung, aus der hervorgeht, daß mein Onkel gefallen ist. Schweigend nimmt sie der Lehrer entgegen, und ohne ein Wort gibt er sie mir, nachdem er sie gelesen hat, zurück.

Die Trauer meiner Großmutter schwankt zwischen ohnmächtiger Wut, leisem Weinen und langen Gesprächen mit ihrer Schwiegertochter. »Was wäre, wenn er damals verwundet worden wäre, als er mit den Kameraden in Gefangenschaft war und geflohen ist? Wenn er statt der Nummer zehn ... Vielleicht wäre er jetzt noch in einem Lazarett, aber er würde wenigstens leben. Und selbst, wenn das Bein nicht zu retten gewesen wäre ... Schicksal? Ist etwa der Krieg Schicksal? Er ist von Menschen gemacht, die dran verdienen oder Macht erhalten oder dazugewinnen wollen. Auf Kosten der Dummen ... Was ist da noch Schicksal?«

Onkel Wilhelms letzter Brief vom 23. Januar bekommt jetzt ein anderes Gewicht. Seine Vorahnung, die fast schon an Wissen grenzte, ist Gewißheit geworden. »Schreibt auch Karl und Minna von meiner Gefangenschaft, denn ich werde kaum noch Zeit dazu bekommen ...« Oder war's in der Eile einfach nur so hingeschrieben? Ohne daß er sich etwas dabei dachte?

Was werden die Geschwister dazu sagen? Besonders Karl? Wenn man doch mal mit ihm reden könnte!

Erinnerungen an den Ersten Weltkrieg kommen hoch: »Als wenn es nicht gereicht hätte, daß ich meinen Mann hergeben mußte und die Kinder ihren Vater. Der Wilhelm hat seinen Vater nie gesehen, und jetzt darf er selbst auch nicht Vater sein. Jetzt muß sein Bub genauso wie er ohne Vater aufwachsen ... Was wird bloß der Karl dazu sagen?«

Immer wieder die gleichen Fragen, auf die niemand eine Antwort gibt.

Außerhalb der Schule treffe ich mich oft mit Doris und Hermine. Hermines Vater ist auch im Krieg, und ihre Mutter hat einen polnischen Strafgefangenen als Hilfskraft für die Landwirtschaft. Hermine nennt den Polen Janek, genauso wie ihre Mutter und ihre Großeltern, obwohl sie ihn vom Alter her, wie Doris und ich meinen, eigentlich Onkel Janek nennen müßte. Im Dorf werden alle älteren Personen, selbst wenn keine Verwandtschaft besteht, aus Respekt mit Onkel oder Tante und die im Großelternalter mit Vetter oder Wees (Base) und Ihr angesprochen.

»Zu denen braucht man nicht Onkel zu sagen«, antwortet Hermine, als wir sie darauf ansprechen, und sie erzählt uns weiter, daß sie beobachtet hat, wie der Janek im Stall ihre Mutter geküßt hat, und daß sie es ihrer Großmutter erzählt hat. »Und die Oma hat gesagt: ›Sei bloß still, wenn das der Opa sieht, dann schmeißt er ihn raus.‹ Aber wir brauchen ihn doch für die Arbeit. Meine Mutter läßt ihn immer am Tisch mitessen. Wenn jemand kommt, dann muß er mit seinem Teller an den kleinen Tisch in der Ecke. Manchmal kommen sie auch und kontrollieren, ob er beim Essen wirklich an dem Extratisch sitzt. Wenn die wüßten, daß er manchmal meine Mutter küßt, dann kämen sie alle beide ins Gefängnis. Mein Opa kann ihn nicht leiden. Der sagt immer: ›Der frißt wie ein Schwein.‹ Weil er soviel essen kann.«

Wenn ich jetzt bei Machwirths bin, schaue ich mir den Janek immer genau an. Er würde eigentlich ganz normal aussehen, wenn er nicht diese schmutzigen alten Sachen anhätte. Im Gesicht jedenfalls ist er ganz normal. Er kann bloß nicht richtig sprechen und redet nie mit Doris oder mit mir. Auch kann ich mir nicht vorstellen, daß er wie ein Schwein frißt, jedenfalls nicht, wenn wir dabei sind.

Immer öfter fliegen jetzt feindliche Bomberverbände im Formationsflug in großer Höhe über unser Dorf. Wir stehen dann im Hof oder auf der Straße, schauen ihnen nach und fragen uns, über welcher Stadt sie wohl diesmal ihre tödliche Fracht abwerfen. In Mainz und in Koblenz, erzählen die Leute, sei fast jeden Tag und jede Nacht Alarm. Da sind wir in der Tat besser dran, obwohl es jetzt auch bei uns immer öfter Fliegeralarm gibt.

In der Nacht hat es geregnet. Morgens ist der Schnee wäßrig und grau und sinkt immer mehr in sich zusammen. Am Straßenrand bilden sich auf den immer kleiner werdenden Schneewällen schwarzgraue, faserige Muster. Auf der Straße sammelt sich das Wasser in den Pfützen, und ich bekomme nasse Füße auf dem Weg in die Schule.

Am Kindergarten stehen ein paar größere Buben. Es ist Lui mit seiner Bande. Sie formen aus dem wäßrigen Schnee Bälle und drücken sie so lange, bis sie zu festen Eisklumpen geworden sind. Aber nicht nur Schneebälle, sondern auch Eisklumpen wollen geworfen werden, und da ich gerade des Weges komme, wird das Feuer eröffnet. Alle Buben werfen gleichzeitig, so daß ich mich weder schützen noch weglaufen kann. Ein Geschoß trifft mein rechtes Auge, und als Lui Siegesgeschrei anstimmt, weiß ich, daß er der Schütze des Volltreffers war.

Ich halte mir das Auge mit der Hand zu und spüre, wie es anschwillt. Alle Farben des Regenbogens glitzern, schimmern, flammen auf und wieder ab, während ich vor den Eisklumpen flüchte. Ich renne in Richtung Schule. Jetzt treffen die Geschosse meinen Rücken, der wie unter Strom steht, wie unter Spannung. Die Eisbälle explodieren auf meinem Kopf, in meinem Genick, auf dem Schulranzen.

Als ich in der Schule meine Tafel auspacken will, die zwischen zwei gleichgroßen, rechteckigen Kartons steht, damit die anderen Gegenstände im Ranzen meine Schrift nicht verwischen können, bemerke ich, daß die Kartons ganz naß geworden sind und meine Hausaufgaben fast völlig ausgelöscht haben. Und sie werden täglich kontrolliert! Ich ahne, was auf mich zukommt.

»Du wagst es, mir solch eine Schmiererei zu zeigen?« brüllt mich der Lehrer an und schlägt mir so fest hinter den Kopf, daß er sich ruckartig zur Seite dreht.

»Ich kann nichts dafür ...«, will ich meine Entschuldigung beginnen, doch der Lehrer schneidet mir das Wort ab:

»Ich will gar nichts hören, wer da sonst noch schuld sein könnte. Für deine Hausaufgaben bist du allein verantwortlich.«

Ich weiß nicht, was mir weher tut, der Schmerz im Auge oder die Scham und die Wut, die ich unterdrücken muß. Aber ich habe zu schweigen, und ich schweige, während es in meinem Innern ist, als würde ein böses Tier beginnen, meine Seele aufzufressen.

Zu Hause kühlt die Mama mein wehes Auge. Doch die Glut, die von innen kommt, entzündet das Feuer immer wieder aufs neue, und die kühlen Umschläge verhindern nur, daß es sich nach der Seite ausbreitet.

Der Frühling ist gekommen, und mit ihm rückt Führers Geburtstag immer näher. Ein Feiertag für jede Familie, für unsere Schule, unser Dorf, für das ganze Land.

Seit Tagen proben wir im Unterricht ein Lied, das wir zwar schon oft gehört haben, aber noch nicht fehlerfrei singen können. Es ist mir unverständlich, weil es das Geburtstagslied sein soll und sich dennoch nicht auf den Geburtstag bezieht.

Ein junger Student hat es gedichtet. Der Lehrer erzählt uns, daß er ein glühender Patriot gewesen sei, ein noch glühenderer Nationalsozialist, der fürs Vaterland leider viel zu früh gestorben sei, denn er wäre mit Sicherheit zu einer führenden Persönlichkeit der Partei aufgestiegen.

Die ersten Zeilen seines Liedes verstehen wir Erstkläßler noch: »Die Fahne hoch! Die Reihen fest geschlossen!« Wir sind den Anblick gewohnt. An Feiertagen wehen Fahnen an langen Stangen, an Gebäuden, an Wohnhäusern, in Straßen und auf Plätzen.

»SA marschiert mit ruhig festem Schritt.« Auch dieses Bild kennen wir. Die SA geht nicht, schreitet nicht, läuft nicht, sie marschiert im Gleichschritt, unter Kommando.

Aber von nun an wird der Text unverständlich, verworren: »Kameraden, die Rotfront und Reaktion erschossen, marschiern im Geist in unsern Reihen mit.« Mit sechs oder sieben Jahren spricht man kaum in Relativsätzen und gewiß nicht in unvollständigen. Es mag sein, daß der Lehrer die Zeile erklärt hat. In diesem Fall ist jedoch bei mir nichts angekommen. Ich habe nicht begriffen, daß der eingeschobene Relativsatz eine unvollständige Perfektform darstellt oder aber im Passiv stehen müßte. Für mich sind alle erschossen: die Kameraden, die rote Front und die Reaktion, was immer das auch sein mag.

Die Melodie lernt sich schneller und leichter als der Text, zumal wir nach einem halben Jahr Unterricht noch nicht richtig lesen können. Aus den einzelnen Buchstaben, die wir gelernt haben, vermögen wir nur einfache Wörter zusammenzusetzen. Für dieses komplizierte Geburtstagslied reicht es nicht aus.

Die Schüler des dritten und vierten Schuljahres haben es leichter. Sie können den Text ablesen, weil der Lehrer ihn an ihre Wandtafel geschrieben hat. Das vierte Schuljahr sitzt an der Fensterwand. Gegen das helle Licht zeichnen sich die Profile der Schülerinnen und Schüler wie scharfe Scherenschnitte ab. Ich schiele hinüber und öffne und schließe meinen Mund genauso wie die Schüler des vierten Schuljahres. Der Lehrer merkt nichts, und bis zu dem »großen Tag« beherrsche ich den Text, wenn auch nur phonetisch.

Der 19. April kommt einer Generalprobe gleich. Während wir das Lied singen, müssen wir in unseren Bänken stehen. Schön gerade, stramm, ohne zu wackeln. Und wir haben den gestreckten rechten Arm in Schulterhöhe zu heben. Auch dies ist ein gewohntes Bild für uns Kinder; kennen wir es doch von Versammlungen oder Ansprachen, wo es die Erwachsenen freiwillig tun und mit ehrfurchtsvollen Mienen. Und nun als

Schüler müssen wir die Gebärden der Erwachsenen nachvollziehen. Man erwartet von uns, daß wir werden wie sie. Vielleicht wäre ich stolz, wenn ich Großmutters Ansicht nicht kennen würde.

Bis zu diesem Zeitpunkt wußte ich nicht, wie schwer mein Arm ist, und nach der ersten Strophe des Liedes wird er zunehmend schwerer. Da beobachte ich, wie meine Banknachbarin Rosemarie eine wundervolle, praktische Idee verwirklicht: Sie stützt den schweren rechten Arm ganz einfach mit dem linken ab. Ich tue es auch. Blitzschnell greift sich der Lehrer aus der Schrankecke einen Stock und schlägt die Stützarme herunter.

Nach der letzten Strophe ist der gestreckte Arm bleischwer und schmerzt.

»Daß ihr es ja nicht wagt, morgen den Arm abzustützen! Der Ortsgruppenleiter hat sich angesagt zu unserer Feier, und jeder«, der Lehrer betont das Wort besonders und wiederholt es zur Bekräftigung, »jeder bringt einen Blumenstrauß mit. Und jedes Mädchen aus dem dritten und vierten Schuljahr ein großes Einweckglas als Blumenvase. Und Fähnchen, so viele ihr auftreiben könnt!«

Zu Hause beim Mittagessen erzähle ich, daß ich am nächsten Tag Blumen mitbringen muß in die Schule. Für den Führer zum Geburtstag.

Die Großmutter wendet mir zwar ihr Gesicht zu, aber sie schaut durch mich hindurch, lange und schweigend, und als ihr Blick zu mir zurückkommt, antwortet sie: »Für den haben wir keine Blumen. Der hat mir meinen Sohn genommen. Dem schenken wir keine Blumen. Das kannst du dem Lehrer ausrichten.«

Ich weiß aber, daß ich das dem Lehrer nicht ausrichten darf. Was soll ich jetzt tun? Es ist befohlen, Blumen mitzubringen.

Andererseits kann ich die Großmutter verstehen.

Am nächsten Morgen beim Frühstück sagt sie wie beiläufig

zu meiner Mutter: »Vera, gib ihr ein Sträußchen Primeln mit; das Kind soll nicht drunter leiden müssen.«

Mit meinem Blumenstrauß mache ich mich auf den Weg zur Schule. Die Straßen prangen im Festtagsschmuck. An manchen Häusern wehen große rote Fahnen mit Hakenkreuzen neben unzähligen kleinen flatternden Fähnchen. Unser Haus versteckt sich ungeschmückt hinter den Rotdornbüschen. Wir haben nichts mehr zu feiern.

Die Schule quillt fast über von Leben und Blumen. Die größeren Schülerinnen ordnen in wilder Aufregung die vielen Blumensträuße. Tulpen, Narzissen und Tränende Herzen sprengen schier die engen Einweckgläser. Das Lehrerpult und die vorderen Bänke versinken unter der bunten Pracht.

»Hast du keinen richtigen Blumenstrauß?« fragt mich das Mädchen aus dem vierten Schuljahr, als ich ihm meine Primeln abliefere. Ich antworte ihm nicht, werde aber puterrot im Gesicht. Meine Primeln klemmt es in ein Glas zu einem riesigen Strauß. Nach einer Stunde hängen die Blütenkelche welk herunter.

Der Ortsgruppenleiter lobt uns, nachdem wir ihm das Horst-Wessel-Lied vorgesungen haben, und hält eine Rede über die Tapferkeit unserer Soldaten an den Fronten. Er läßt sich vom Lehrer eine Weltkarte aufhängen und zeigt uns, wo unsere Truppen kämpfen. Er spricht von der Jugend, in deren Händen die Zukunft unseres Landes liegt; eine große Zukunft in einem großen deutschen Staat.

Mit Worten, Fahnen und Blumen wird zugedeckt, was eigentlich schon nicht mehr zu verbergen ist.

Nach der Schule fragt Hermine, ob wir mitgehen wollten, Lametta sammeln. Sie wisse genau, wo welches liege.

Natürlich gehen wir mit. Ich stelle mir vor, daß es genauso aussieht wie Christbaumlametta, und will es als Überraschung meiner Mutter schenken. Deswegen bin ich erstaunt, als ich feststellen muß, daß die etwa fünfundzwanzig Zentimeter langen Stanniolstreifen viel breiter sind und sich als Christbaumschmuck nicht eignen. Feindliche Flugzeuge werfen sie ab, um die deutschen Funkmeßgeräte zu stören, damit diese die Flugzeuge nicht orten können.

Wir finden aber auch Zettel, auf denen die deutsche Bevölkerung zum Widerstand gegen Hitler aufgerufen wird. Der Text interessiert uns wenig. Uns beeindruckt, daß sowohl die Zettel als auch die Stanniolstreifen aus feindlichen Flugzeugen stammen. Die Feinde hatten sie vor uns in den Händen. Wir riechen daran und glauben, einen scheußlichen Geruch festzustellen, aber trotzdem fasziniert uns dieser Schauder.

Meine Mutter besieht sich die Fundstücke, liest die Zettel und sagt: »O Gott, schnell weg damit, daß das niemand bei uns findet.«

Sie untersucht aber zuvor die Zettel eingehend, auch auf der Rückseite, ehe sie im Küchenherd verschwinden. »Man kann ja nie wissen, ob die nicht ein Gift drangeschmiert haben, um uns zu vernichten. Und ihr wascht euch gründlich die Hände!« bestimmt sie. Auch über unser Lametta freut sie sich nicht. »Der Dreck kommt mir aus dem Haus!«

Und dabei weiß sie nicht, wie schön und beschwerlich es zugleich war, mit den Mädchen übers geackerte Feld zu gehen und nach den silbernen Streifen zu suchen.

Es ist Ende April 1944. Der Papa hat ein paar Tage Urlaub bekommen. Die Freude, die wie eine Flamme auflodern will, wird überschattet von der Trauer über Onkel Wilhelms Tod und von der Tatsache, daß der Papa nur deswegen Urlaub bekommen hat und daß er wieder an die Front muß, weil der Krieg noch immer nicht zu Ende ist. Es ist, als würde jemand versuchen, die Flamme mit einem feuchten Lappen zu ersticken.

Der Krieg hat den Papa verändert. Das sanfte Lächeln, das ich an ihm so liebte, hat er nicht mehr mit zurückgebracht. Es ist irgendwo in Rußland verlorengegangen. Nur dieses Geheimnisvolle, das die Frauen nicht haben, und der Geruch von

Leder sind geblieben. Auch den Striegel und die breite Bürste mit den Ledergriffen hat er wieder mitgebracht. Ich frage nach seinen Pferden, der Fanny und der Ilka. Er versucht, mit dem Striegel Pferdehaare, die gar nicht da sind, aus der Bürste zu kämmen, und antwortet in Gedanken versunken: »Ich habe jetzt andere Pferde.«

»Und wo sind die Ilka und die Fanny?«

»Sie sind jetzt woanders.«

»Geh, laß die Fragerei«, sagt die Mama. »Er hat jetzt zwei Wallache.« Sie glaubt wohl, mit diesem Ausdruck meine Fragerei abstellen zu können.

»Was sind denn Wallache?«

»Das sind männliche Pferde.«

»Und wie heißen die?«

Der Papa muß überlegen, und da merke ich, daß ich nicht mehr weiterzufragen brauche, weil die Antworten ohnehin nicht mehr stimmen.

Es gibt ein Spiel, das der Papa für Kläuschen erfunden hat: Hochwerfen. Mein Bruder ist zwei Jahre und sieben Monate alt und jauchzt vor Freude, wenn ihn der Papa in die Luft wirft und wieder fängt. Ich bin nie hochgeworfen worden. Ich möchte auch einmal spüren, wie schön und wie lustig das ist.

»Du bist schon viel zu groß und zu schwer dafür und außerdem ... mit so großen Mädchen macht man das nicht.« Meine Mutter hat immer etwas einzuwenden. Aber der Papa wirft mich trotzdem hoch. Zweimal, dreimal, und jedesmal ist es, als würde sich das Dach von unserm Haus abheben und ich würde in den Himmel fliegen. Nur das Jauchzen, das will nicht kommen.

Beim Essen sitze ich neben Papa auf der Bank. Wenn ich nach ihm komme, muß ich hinter seinem Rücken entlangklettern, denn der Papa sitzt immer vorn. Wir beide essen um die Wette. Wir spielen, wer zuerst fertig ist, und meine Mutter ist endlich einmal mit meinem Eßtempo zufrieden.

Am Sonntag nachmittag, als die Sonne warm und freundlich scheint, legt sich der Papa im Garten in einen Liegestuhl unter einen blühenden Kirschbaum. Aus seiner Gesäßtasche hat er einen kleinen Kamm herausgenommen und neben sich ins Gras fallen lassen, um sich nicht darauf zu legen und ihn zu zerbrechen.

»Darf ich dich kämmen?« frage ich, und er erlaubt es, obwohl er eigentlich ruhen will.

Ich kämme sein blondes Haar, das in der Sonne glänzt. Immer die gleiche sanfte Bewegung, bis der Papa eingeschlafen ist. Ich kämme weiter, um ihn nicht aufzuwecken, und ich werde so lange kämmen, bis um unseren Garten eine Hecke gewachsen ist, so hoch wie um das Dornröschenschloß, so daß niemand mehr hindurchsehen und erst recht nicht hindurchgehen kann. Tausend Jahre werde ich weiterkämmen, bis der Krieg zu Ende ist.

Doch plötzlich zuckt der Papa zusammen, und ich erschrecke. Er hat geträumt und murmelt: »Ach, Kind, wenn bloß der Krieg nicht wäre!«

Ich kämme weiter, doch diesmal schläft er nicht mehr ein. Ich kämme, bis die Großmutter, Mama und Kläuschen kommen. Und Ferdi mit seinem Fotoapparat. Emma Keil hat ihren Sohn geschickt, um ein paar Fotos von uns zu machen. Jetzt, wo gerade so schönes Wetter ist und die ganze Familie beisammen.

Der Papa geht ins Haus und zieht seine Uniform an für das Foto. Die Großmutter trägt ihr schwarzes Sonntagskleid und die Mama ihr schwarzes Kostüm, schwarze Strümpfe und Schuhe und als kleines Zugeständnis eine weiße Bluse; das Äußerste, was sie sich wegen der Trauer um ihren Schwager erlauben kann.

Zuerst fotografiert Ferdi uns alle zusammen auf der Wiese hinter der Scheune. Dann die junge Familie ohne die Großmutter. Die Mama hält Kläuschen auf dem Arm, und der Papa legt seinen Arm kameradschaftlich auf meine Schulter. Für die

Nahaufnahme unter einem blühenden Kirschzweig hat meine Mutter ihre schwarze Kostümjacke abgelegt. Der Papa hat sein Schiffchen abgesetzt und sein Koppel ausgezogen. Diesmal hält er seinen Sohn auf dem Arm. Er hält ihn mit beiden Händen wie etwas sehr Kostbares, das man nicht fallen lassen darf. Kläuschen legt seinerseits seinen linken Arm auf Papas Schulter. Sein Händchen liegt auf dem Uniformkragen, und sein kleiner Finger ist zwischen Uniformkragen und Papas Hals gerutscht. Ich erwähne es deshalb, weil diese unscheinbare Geste der Annäherung so rührend wirkt.

Wieder fällt mir auf dem Foto der helle Streifen auf Papas Stirn auf, den der Stahlhelm verursacht hat. Doch diesmal fehlt das Eiserne Kreuz zweiter Klasse an der Uniform.

Dann ein Bild, auf dem der Papa allein unter den Kirschblüten steht, und schließlich Kläuschen und ich. Brav halten wir uns an der Hand und schauen in die Kamera, und mein kleiner Bruder wirkt so tapfer, als wüßte er um ein Geheimnis, das Mut erfordert.

Papas Abschied wird dieses Mal völlig vor mir verheimlicht. Die Bestätigung finde ich in seinem Brief. Er schreibt:

Osten, den 9. 5. 44

Meine liebe Frau und Kinderchen,
ich will Euch mitteilen, daß ich am 9. bei der Kompanie gut angekommen bin. Es gab unterwegs keine Fliegerangriffe und auch sonst nichts Außergewöhnliches. Ich war um 12 Uhr schon da, denn der Leutnant hat mich mit seinem Auto mitgenommen zum Troß.

Ja, liebe Frau, ich bin nicht in Frankfurt geblieben, sondern bin nach Hanau gefahren. Da habe ich gut geschlafen. Wie ist es bei Euch mit den Fliegern? Kommen sie noch so oft oder nicht mehr? Sei so gut und schreib es mir.

Aus Hanau habe ich Dir eine Karte geschickt, dann einen Brief aus Wolkonijk und jetzt diesen Brief von der Kompanie.

Wie bist Du nach Hause gekommen, und was haben die

Kinderchen gesagt, als ich fort war? Und sag der lieben Mutter, sie soll sich nicht so viele Gedanken machen. Auch Du nicht, liebe Frau. Es geht mir ja gut, und ich bin bei dem Troß zur Zeit in Ruhe und die Kompanie auch.

Ja, in Deutschland ist es doch schöner, denn hier ist es noch kalt und Hochwasser und die Front noch ruhig.

Damit will ich nun schließen. Grüße und küsse mir die Kinderchen und die liebe Mutter, Du meine liebste, gute, herzliche Frau.

Dir die besten und liebsten Grüße und Küsse von Deinem lieben, guten Mann aus Rußland.

NS: Grüße auch Deine lieben Eltern und alle, die nach mir fragen.

Es kam also meinen Eltern gelegen, daß ich in die Schule mußte. Als ich nach Hause komme, sind sie beide nicht da, und die Großmutter gesteht mir, daß sie den Abschied vor mir verheimlicht haben. »Es ist für uns schon schlimm genug«, sagt sie.

Sie stellt mir etwas zu essen hin. Ich stochere darin herum und denke an das fröhliche Wettessen mit Papa. Nach einiger Zeit sagt die Großmutter: »Gib's her! Ich kann dich gut verstehen. Ich konnte auch nichts essen.«

Draußen ist es schon dunkel, als die Mama zurückkommt. Sie mußte die letzten fünf Kilometer von K. aus zu Fuß gehen und hat Blasen an den Füßen.

Während sie sich ein Fußbad richtet, erzählt sie, daß sie mit dem Papa bis Wiesbaden mitgefahren ist. Sie erzählt belanglose Dinge, die sie auf der Fahrt erlebt hat, um mit Worten Großmutters Tränen im Aufkeimen zu ersticken.

Und dann berichtet die Großmutter, daß wir ganz ordentlich gegessen hätten, Kläuschen und ich, aber ich kann mir denken, daß sie es nur erzählt, um der Mama eine kleine Freude zu machen, denn Lügen ist nicht Großmutters Sache.

Ich schaue meiner Mutter zu, wie sie ihre Füße abtrocknet

und die Blasen aufsticht. Zwei dicke Wassertropfen quellen heraus und fallen aufs Handtuch, und es sieht genauso aus wie damals, als ihre Tränen aufs Strickzeug tropften, während wir »Lili Marleen« am Radio hörten.

Nein, essen wolle sie nichts mehr. Sie sei zu müde, sagt sie. »Wir essen es morgen. Ich denke, es wird noch für uns alle reichen.«

Sie scheint zu wissen, wieviel noch im Topf ist, obwohl sie nicht hineingeschaut hat.

»Bringt morgen eure Gasmasken mit in die Schule!« hat der Lehrer befohlen. »Ihr müßt üben, wie man sie aufsetzt. Denn wenn's soweit ist, muß es sehr schnell gehen. Da kann man nicht erst noch überlegen und probieren, wie's geht.«

Zunächst nehmen wir sie auseinander, und der Lehrer erklärt die Funktion des Filters. Er geht durch die Bankreihen und kontrolliert, ob wir sie wieder richtig zusammensetzen. »So! Und jetzt aufsetzen! Ganz schnell! Sekunden können über Leben oder Tod entscheiden! ... So doch nicht! Du mußt lernen, in der Maske zu atmen. Du erstickst schon nicht!«

Ach, und erst die Mädchen! »Das Gummiband muß unter den Zöpfen fest angezogen werden. Es muß rundum alles völlig abgedichtet sein ...«

Schweigend lassen wir über uns ergehen, wie der Lehrer mit Gewalt unsere Zöpfe in die richtige Position zwängt, wie er an den Haaren zerrt und reißt. Und dabei weiß ich so genau, daß wir die Gasmasken nie benötigen werden. Nein, ich hoffe es.

Doris hat ein leeres Parfümfläschchen von Frau Dreyer geschenkt bekommen, denn ihre Mutter ist seit einiger Zeit mit Frau Dreyer befreundet. Sie hat's mit Wasser gefüllt, und das riecht jetzt genauso gut wie Frau Dreyers Parfüm. Wenn wir nach der Schule zu ihr kommen, dann können wir's alle ausprobieren. Wir tupfen uns das parfümierte Wasser hinter die

Ohren und an die Kleider, aber ich bin sicher, daß wir alle zusammen nicht so gut riechen wie Frau Dreyer.

Nach einer Regenperiode scheint die Junisonne jetzt warm. Schon am Morgen. Das Heumachen kann beginnen. Die Bauern warten darauf, daß der Gemeindediener bekanntgibt: »Ab morgen früh fünf Uhr wird im Brühl gemäht.«

Mit den Wiesen im Brühl wird begonnen, ehe nach einer von alters her festgelegten Reihenfolge die anderen Gemarkungen gemäht werden dürfen.

Morgens sehr früh, in der Mittagszeit, wenn alles sonst still ist, oder am Abend hört man die Bauern ihre Sensen dengeln. Sie hämmern metallene Töne in die Stille des Dorfes.

Die Frauen tragen auf ihren Schultern hölzerne Rechen hinaus in die Wiesen zum Heuwenden. Nach zwei, drei Tagen bringen Leiterwagen das erste Heu und mit dem Heu einen atemberaubenden Duft nach getrockneten Blüten und Gräsern.

Ich bin so sehr beeindruckt, daß ich das Heumachen nachzuahmen versuche. Aus unserm ehemaligen Bienenhäuschen beschaffe ich mir eine Sichel und mähe damit das am Straßenrand außerhalb des Dorfes wachsende, silbrig schimmernde Gänsefingerkraut. Hin und wieder ruft mir jemand zu: »Paß auf, und schneid dir nicht die Finger ab!«

Vor und nach der Schule wende ich mein Heu, und nach ein paar Tagen kann ich es mit Kläuschens Holzwägelchen heimfahren. Es gibt mehrere Fuhren, die ich stolz in unserer Scheune ablade, zur selben Zeit, als sich an der Atlantikküste die alliierten Truppen zum Sturm auf Deutschland aufgemacht haben. Vorerst noch unbemerkt von uns, denn Großmutter ist mit Kläuschen und mir allein. Sie hört nur selten Radio. Meine Mutter ist zu ihren Eltern gefahren, denn Großmütterchen ist krank.

Als Mama wieder zurückkommt, bezeichnet sie mich als »verwildert«, allerdings nicht in Großmutters Gegenwart, damit sie es nicht als Kritik betrachten muß. Wenn sie erst wüßte, daß ich mit der Sichel Heu gemäht habe, müßte ich mir einiges anhören. Doch sie interessiert sich glücklicherweise nicht weiter für das, was ich in der Zeit ihrer Abwesenheit gemacht habe.

Statt dessen hat sie etwas zu erzählen. In ihrem Lieblingsgeschäft in D., wo sie früher, als sie noch zu Hause war, immer eingekauft hat, hat sie ohne Bezugscheine verschiedene Dinge bekommen: Unterwäsche, einen Kleiderstoff, Nähgarn und Gummiband.

»Aber stellt Euch vor«, sagt sie zur Großmutter, »was mir der Geschäftsinhaber erzählt hat. Seine Frau ist Halbjüdin und wurde vor sechs Monaten nach Frankfurt auf ein Amt bestellt. Er hat sie begleitet, weil er nichts Gutes ahnte. Als er jedoch mitgehen wollte in das Büro, in dem sie vorzusprechen hatte, wurde er von einem SS-Mann zurückgewiesen. Er hat also draußen gewartet, eine Stunde, zwei Stunden, und als seine Frau immer noch nicht kam, hat er angeklopft und nach ihr gefragt. ›Ihre Frau‹, haben sie scheinheilig geantwortet, ›die ist schon lange wieder weg. Die war nur ganz kurz hier. Fahren Sie nach Hause! Sie wird längst schon wieder daheim sein.‹ Er hat nicht gewagt, weiterzufragen. In dem Büro war allerdings eine zweite Tür. Durch diese Tür muß die Frau verschwunden sein. Sie war natürlich nicht zu Hause, und er hat bis jetzt nichts mehr von ihr gehört ...«

Ich stelle naive Kinderfragen.

»Du darfst niemand was davon erzählen! Hörst du?« sagt Mama. »Da darf man nicht drüber reden ... Er hat mir erzählt, daß sie sich in Sicherheit gewähnt haben. Zum einen, weil seine Frau nur Halbjüdin war; sie hatten bisher keine Schwierigkeiten deswegen. Alle andern Juden sind längst aus D. verschwunden, entweder in Konzentrationslagern oder, wenn's möglich war, ausgewandert. Und zum anderen haben die Damen der Gesellschaft und die ›hohen Herren‹ auch bei ihnen gekauft. Und man habe sich gut gekannt.«

Eines Sonntagmorgens schrecke ich aus dem Schlaf auf, weil etwas an der Schlafzimmertür kratzt. Ich taste mit der Hand neben mich. Die Mama ist schon aufgestanden. Auch Großmutter und Kläuschen sind nicht mehr da. Ich bin ganz allein, und an der weißen Schleiflacktür kratzt jemand wie wahnsinnig. Ein großes Tier muß es sein. Ich kann nicht schreien, weil es mir die Kehle zudrückt und die Zeit zum Stillstehen zwingt. Sonst ist es still im Haus. Nur an der Tür dieses Kratzen. Ununterbrochen kratzt es, schabt, krallt und versucht, sich festzukrallen, bis die Bewegungen langsamer werden, abebben und schließlich ganz nachlassen.

Sekunden, Minuten oder eine Stunde. Ich kann nicht sagen, wie lange meine Angst währt. Bis endlich meine Mutter kommt und mir meine Arme und Beine und meine Stimme zurückgibt: »Da hat was gekratzt. Ganz furchtbar! Ein großes Tier muß es gewesen sein.«

»Wo?«

Wir suchen an der Tür nach Kratzspuren. Nichts ist zu sehen.

»Aber da war was! Da war ein großes Tier!«

»Das kann nicht sein«, versucht mich die Mama zu beruhigen. »Ich hätte es doch gesehen, wenn es rausgelaufen wäre. Ich war die ganze Zeit über da. Nur einmal war ich ganz kurz im Garten. Aber da war die Oma da. Sie hat auch nichts bemerkt. Ich gebe ja zu, daß alle Türen offenstanden. Aber es war kein Tier im Haus.«

»Ich hab's genau gehört!«

»Du wirst geträumt haben. Man träumt oft kurz vor dem Aufwachen.«

»Ich weiß genau, daß ich nicht geträumt habe. Ich war wach.« Bisher habe ich immer geglaubt, daß die Angst nur im Dunkeln kommen könne, aber nun war sie gekommen, obwohl die Sonne schon längst hell und warm den Tag begonnen hatte.

»Ich will nie mehr allein gelassen werden! Nie mehr!«

Die Mama verspricht, daß sie mich in Zukunft weckt, wenn sie aufsteht.

Ich gehe im Nachthemd vor die Haustür und spüre, wie die Sonne die Starre in meinen Gliedern löst. Ich schließe die Augen. Das Sonnenlicht scheint durch die geschlossenen Lider. Verschwenderisch schüttet die Sonne es über mir aus. Nur in die Ecke unseres Hofes legt das Nachbarhaus einen Schatten, dunkel, breit und behäbig.

Nirgends sehe ich das Tier, das mich so erschreckt hat. Ich steige auf das hölzerne Treppengeländer und halte mich am Handlauf fest. Er fühlt sich trocken an, warm und rauh. Die Risse im Holz sind durch die Wärme noch tiefer geworden.

Die Morgenstille trägt das Läuten einer Kirchenglocke aus der Ferne herüber.

Sie habe es gewußt, sagt meine Mutter, als der Brief des Kompaniechefs meines Vaters mit der Vermißtenmeldung eintrifft. Spätestens zu dem Zeitpunkt, als eine Woche lang keine Briefe mehr ankamen und der Papa sich auch sonst nicht gemeldet hat. Da sei es ihr zur Gewißheit geworden.

»Aber er ist doch nur vermißt«, sage ich. »Er ist doch nicht gefallen. Er kann doch noch wiederkommen. Vielleicht hat er sich irgendwo versteckt, wo ihn niemand findet.«

Die Frauen hören nicht auf mein Gerede. Statt dessen lesen sie immer wieder Papas letzten Brief. Ich besitze ihn noch und gebe hier den Text wieder:

Osten, den 18. 6. 44

Meine liebe Frau und Kinderchen!
Heute am Sonntag will ich Euch einen Brief zukommen lassen. Es geht mir noch gut, und ich bin noch gesund, was ich auch von Euch hoffe und wünsche. Die Briefe aus D. vom 4. 6. und 11. 6. habe ich erhalten. Mein liebes Frauchen, hast Du die 16 Luftpost- und zwei Päckchenmarken in einem Brief erhalten oder noch nicht? Ich weiß nicht mehr, ob ich sie in

einen Brief gesteckt habe. Sei so gut und schreibe es mir, liebe, gute Frau.

Es ist schön von Dir, daß Du zu Deiner Mutter gefahren bist, denn sie hat außer Deinem Vater zur Zeit niemanden, der sie versorgt. Sage ihr, liebe Frau, daß ich ihr baldige Besserung wünsche und dem Vater weiterhin gute Gesundheit.

Es freut mich zu lesen, daß Edith lieber in W. zur Schule geht, als daß sie mit Dir nach D. fahren wollte, und auch, daß Klaus lieber zu Hause essen will als woanders.

Ja, liebe Frau, ob Oswald noch mal nach Rußland kommt, das ist eine Frage, denn die Urlauber müssen sich zu Hause für Frankreich melden. Du kannst es ja mal probieren mit dem Päckchen.

Das mit Julius P. und Emil K. ist ja sehr schlimm; die sind beide so schwer von zu Hause weggegangen.

Also, liebe Frau, ich bin bis jetzt noch bei dem Troß, und es geht mir noch gut.

Grüße und küsse die lieben Kinderchen, und sie sollen schön lieb zu Euch sein. Die besten Grüße und Küsse auch an Deine lieben Eltern und an meine liebe Mutter.

Also, gute Nacht für heute, und bleibt mir gesund, und sei Du, meine liebe Frau, besonders herzlich gegrüßt und geküßt von Deinem liebsten, guten Mann aus Rußland.

NS: Haltet immer die Gasmasken bereit! Und was macht der Garten? Gibt es Obst dieses Jahr? Ich habe die Marken gefunden und lege sie jetzt bei.

Der letzte Brief meines Vaters. Eine Kostbarkeit, die meine Mutter mit allen wichtigen Papieren und Fotos in der großen weinroten Handtasche im weißen Kleiderschrank über Jahrzehnte aufbewahrt. Der Brief ist mit Tinte geschrieben im Gegensatz zu den früheren Briefen, die meist mit Bleistift geschrieben waren. Das Feldpostbriefpapier ist inzwischen vergilbt und brüchig.

Die Vermißtenmeldung verändert unsere Wirklichkeit, verstellt die Zeit, verrückt die Stunden. Schweigen nimmt den Tagen das Gesicht, und dennoch keimt gerade im Schweigen wieder Hoffnung, bis sie von Zweifeln erdrückt wird und aus den Zweifeln ohnmächtige Wut erwächst. Danach wieder das Schweigen.

Ungezählte leere Stunden; ungezählte Aussagen, dahingestellt in der Hoffnung; ungezählte Fragen, auf die niemand eine Antwort gibt:

»Wir dürfen nicht das Schlimmste annehmen ... Wir müssen ganz fest daran glauben, daß er noch lebt ... Vielleicht ist er in Gefangenschaft geraten wie damals der Wilhelm; sie können doch nicht alle abschießen, die sie gefangennehmen ... Aber wenn er nicht genug zu essen bekommt? Er konnte keinen Hunger aushalten. Doch, man kann viel, wenn man muß. Man hält mehr aus, als man glaubt ... Und wenn er verwundet war und niemand ihn gefunden hat? Vielleicht war er verwundet und ist qualvoll gestorben ... Nein! Wir wollen das Beste hoffen ... In seinem letzten Brief hat er ›Gute Nacht‹ geschrieben ... Das bedeutet nichts Gutes. Man denkt sich zwar nichts dabei, aber es birgt eine Vorahnung in sich ...«

Und Großmutters Wut, vor Kläuschen und mir offen ausgesprochen: »Der Saukerl! Wenn der nur's Verrecken hätte! Es gibt keinen Tod, der grausam genug für den wäre und der sein Tun in irgendeiner Weise rächen könnte ... Der Saukerl! Daß unser Herrgott da nicht eingreift und den so lang am Leben läßt. Jetzt hat er mir beide Buben genommen ...«

In der Wut zerfällt die Hoffnung und muß sich hernach langsam wieder aufbauen.

»Was war denn der 2. Juli für ein Tag?«

»Ein Sonntag«, antwortet die Mama. »Ausgerechnet ein Sonntag!«

»Im Krieg gibt's keinen Sonntag«, sagt die Großmutter und schaut ins Leere. »Ich hab nicht geglaubt, daß meinem Karl was passieren würde. Man sagt doch immer, Sonntagskinder hätten Glück; er war an einem Sonntag geboren, und jetzt wurde er an einem Sonntag ... vermißt. Was haben wir denn gemacht an dem Tag?«

»Nichts Besonderes«, antwortet die Mama. »Ich hab mittags gebügelt und anschließend die Himbeeren zu Gelee verarbeitet.«

»Aber man weiß ja nicht, wann's passiert ist. Womöglich war's ja schon morgens.«

»An dem Sonntagmorgen hatte Edith den schlimmen Traum ... Aber jetzt reden wir wieder, als wenn wir's genau wüßten ... Wir wissen nichts! Wir müssen glauben, daß er noch lebt. Wir müssen ihm die Chance geben. Auch Ihr, Oma ... Und wenn's manchmal noch so hoffnungslos erscheint ...«

Wenn ich heute das Gutachten des Deutschen Roten Kreuzes lese, das 1970 auf Anforderung meiner Mutter erstellt wurde, dann weiß ich, daß es kaum eine Chance gab, diese Kämpfe zu überleben:

Das Ergebnis aller Nachforschungen führte zu dem Schluß, daß Ihr Mann mit hoher Wahrscheinlichkeit am 2. Juli 1944 bei den Rückzugskämpfen aus dem Raum Orscha / Mogilew nach Minsk gefallen ist.

Zur Begründung wird ausgeführt:

Am 22. Juni 1944 begann die Rote Armee ihre Sommeroffensive im Bereich der Heeresgruppe Mitte zunächst mit Schwerpunkt beiderseits Witebsk. Bereits am nächsten Tag gelangen den sowjetischen Panzerkräften im Abschnitt der deutschen 4. Armee ostwärts Mogilew und bei Orscha tiefe Einbrüche, durch die schnelle Verbände der 5. Garde-Panzer-Armee nördlich Borissow bis zur Beresina vorstießen.

Zu Beginn der Offensive war das Pionierbataillon 751 im Raum Gorki / Tschaussy, 40 km ostwärts Orscha / Mogilew, eingesetzt. Als hier die Front unter den Angriffen mehrerer sowjetischer Armeen zusammenbrach, versuchte das Bataillon sich mit den über den Djnepr zurückgehenden Verbänden der 4. Armee nach Westen abzusetzen. Dabei wurden die Marschgruppen ständig von sowjetischen Tieffliegern angegriffen und von starken Partisaneneinheiten überfallen. Beiderseits der Beresina wurden alle inzwischen dort eingetroffenen und sonstigen rückwärtigen Verbände eingesetzt, um die Übergänge über die Beresina für die noch folgenden Truppenteile offen zu halten. Dort wurde am 1. und 2. Juli auch das Pionierbataillon in äußerst verlustreiche Kämpfe verwickelt.

Am 2. Juli erreichten die Vorausabteilungen der sowjetischen 50. Armee den Ostrand von Minsk und drangen am 3. Juli in die Stadt ein. Damit hatte sich der Ring um die sich über die Beresina zurückkämpfenden Truppen geschlossen. Beim Versuch, aus der Einschließung auszubrechen, wurde das Pionierbataillon völlig zersprengt. In den folgenden Tagen mußten sich die ausgebrochenen Reste des Bataillons unter ständigen Abwehrkämpfen immer weiter nach Westen absetzen.

Ehemalige Angehörige des Bataillons berichteten über diese Tage: »Oberleutnant X erzählte mir, daß er versuchte, sich mit einer Gruppe von 30 Mann vom Dnjepr nach Westen durchzuschlagen. In einem Walde wurden sie in einen Kampf verwickelt, wobei der größte Teil gefallen sei.«

Oder ein anderer:

»Am 2. Juli sind wir so stark angegriffen worden, daß wir nur mit sieben Mann davongekommen sind.«

Seit diesen Tagen werden viele Soldaten des Bataillons vermißt. Das Datum ihrer letzten Nachricht bzw. die Truppenmeldung bestätigen, daß auch die Verschollenen an diesen Einsätzen teilgenommen haben. Während der Kampfhandlungen in dem unübersichtlichen, von dichten Wäldern durchsetzten Gelände und während der Partisanengefechte haben viele Soldaten den Tod gefunden. Dieses wurde in einer Anzahl von Fällen auch durch Heimkehreraussagen bestätigt.

Viele aber sind gefallen, ohne daß es von Kameraden gesehen wurde. Verwundete mußten an den Rückzugsstraßen zurückgelassen werden, weil der ständig nachdrängende Gegner ihre Bergung nicht zuließ. Sie sind ohne ärztliche Versorgung ihren Verletzungen bald erlegen.

Es gibt keinen Hinweis dafür, daß der Verschollene in Gefangenschaft geriet oder in einem Lager gesehen wurde. Alle diese Feststellungen zwingen zu der Schlußfolgerung, daß er bei den Rückzugskämpfen gefallen ist.

München, den 30. Januar 1970

gez. Unterschrift

Nach dem Krieg wird meine Mutter an sämtliche Kameraden ihres Mannes, deren Adressen sie kennt, schreiben und fragen, ob sie irgendwelche Angaben machen können. Manche antworten nicht; sie sind vermutlich auch nicht mehr nach Hause gekommen. Zwei Frauen schreiben, ihre Männer seien gefallen. Ein einziger Kamerad kann sich erinnern: Sie waren bis zur Beresina gekommen und sollten, nachdem alle deutschen Truppen den Fluß in Richtung Westen überschritten hatten, die Brücke sprengen, um die gegnerischen Verbände aufzuhalten. Dieser Kamerad hat meinen Vater vor der Sprengung noch gesehen. Sie wurden jedoch von Tieffliegern angegriffen und suchten Deckung. Danach ist er meinem Vater nicht mehr begegnet und kann sich auch nicht erinnern, ihn noch jemals gesehen zu haben.

Seinen letzten Brief hat er am 18. 6. geschrieben. Am 22. 6. beginnt die russische Offensive. Es ist anzunehmen, daß er nach dem 18. 6. nicht mehr zum Schreiben kam.

Wie wird er diese letzten Tage und Nächte, also die Zeit zwischen dem 18. 6. und 2. 7., verbracht haben? Was wird von seinem Troß überhaupt noch übrig gewesen sein, als sie die Beresina erreichten? Wie oft wird er in dem sumpfigen Gelände Deckung gesucht haben vor tieffliegenden feindlichen

Flugzeugen? Wie oft wird er ganz nah am Tod vorbeigekommen sein, der überall lauerte und die Krallen ausstreckte und kein Erbarmen kannte?

In Zeiten höchster Gefahr werden Dinge, die man sonst kaum bemerkt, übergroß, überdeutlich, wahrnehmbarer, wirklicher. Gerüche heften sich an Dinge, die vorher völlig geruchlos zu sein schienen. Geräusche erscheinen lauter und unterscheidbarer.

Vielleicht sieht er im Wald Himbeersträucher mit überreifen Früchten, nimmt in Bruchteilen von Sekunden ihren köstlichen Duft wahr, der in den Wäldern Rußlands anders ist als der der Gartenhimbeeren daheim. Vielleicht ein kurzer Gedanke daran, daß sie zu Hause auch reif sein müßten. Oder das Rot der Walderdbeeren? Wo hat er je dieses Rot gesehen?

Und das Donnern der Tiefflieger? Haben ihm jemals die Geräusche von Flugzeugen solche Schmerzen verursacht?

Vielleicht hat sich mein Vater über diese Fähigkeit der Wahrnehmung gewundert. Aber vielleicht bleibt ihm auch keine Zeit, darüber nachzudenken.

Diese Hitze tagsüber! Die Mückenschwärme! Die Uniform klebt auf der Haut, und der Stahlhelm war noch nie so schwer und unerträglich.

Die Brücke! Mein Gott, wer da noch alles drüber will! Es nimmt kein Ende. Als wenn es sonst über die Beresina keine Brücken mehr gäbe! Vielleicht der Gedanke: Wenn das geschafft ist! Wenn das hinter uns liegt …

Da donnern plötzlich wieder die Tiefflieger. Ihr dumpfes Dröhnen zieht schwere metallene Wolken aus Stahl und Eisen wie einen Vorhang vor die Bläue des Himmels und ertränkt die Sonne im Blut der sich träge dahinwälzenden Beresina.

»Wir kommen am Montag«, schreibt Großmütterchen, »und Großvater wird Euch im Garten einen Bunker bauen, denn der Krieg kommt immer näher, und Euer Keller ist nicht sicher genug …«

»Sie werden recht haben«, meint die andere Großmutter. »Den Kindern zuliebe müssen wir's tun.«

Außer Himbeerbonbons hat mir Großmütterchen diesmal einen Bogen gelbes Glanzpapier mitgebracht. Sie habe gedacht, ich sei jetzt schon so groß und könne mir wunderhübsche Figuren aus dem Papier ausschneiden und aufkleben. Leider habe sie nur noch gelbes bekommen; die anderen Farben seien alle schon vergriffen gewesen.

Während ich mit einem Bleistift vorzeichne, was ich hernach mit einem feinen Scherchen ausschneiden will, erzähle ich ihr, daß ich damals tatsächlich geglaubt hätte, die rote Farbe der Himbeerbonbons ginge nie mehr von meiner Zunge ab. Großmütterchen lächelt und sagt: »Du Dummerchen!« Sie sagt es so lieb, daß mir ganz warm dabei wird, so, als würde sie mich in den Arm nehmen.

Aus dem gelben Glanzbogen spazieren Kätzchen, Gänse, Enten und Schäferhunde. Gelbe Osterhasen sitzen in gelbem Gras und zwischen gelben Blumen und legen lauter gelbe Eier in gelbe Osternester, bis das grelle Gelb in meine Eingeweide kriecht, sich einnistet und Übelkeit verursacht. Ich will es nicht wahrhaben, denn die Figürchen gelingen mir immer besser. Doch da ist es nicht mehr aufzuhalten: Die gelben Katzen und Hunde purzeln über Geflügelherden aus Gänsen, Enten und Hühnern, gelbe Ostereier über rote Himbeerbonbons.

»Wovon ist dir denn so übel?« fragt meine Mutter erstaunt. »Vom Essen kann's doch nicht sein. Das war in Ordnung, und außerdem wär's uns dann auch nicht gut.«

Ich könnte antworten: »Von dem Gelb«, aber das würde mir bestimmt niemand glauben. Und zudem hat es Großmütterchen so gut gemeint, indem sie mir den Glanzbogen geschenkt hat. Selbst heute noch, während ich darüber schreibe, verursacht mir allein der Gedanke an dieses grelle Gelb Übelkeit.

Unser Obst- und Gemüsegarten liegt etwa zweieinhalb Meter höher als unser Hof und die Kellerdecke unseres Hauses. Das ergab sich dadurch, daß das ursprünglich schräge Hanggrundstück ums Haus herum abgetragen wurde. Der damalige Bauherr (vermutlich der Urgroßvater) wollte sein Haus mit der Rückwand nicht in die Erde bauen und hat deshalb den Hang soweit abgetragen, daß hinterm Haus sogar noch ein vier Meter breiter Hof, unser Hühnerhof, entstanden ist. Der Garten wurde zum Hof hin mit einer starken Bruchsteinmauer befestigt und ist nur über eine steile Steintreppe zu erreichen.

Großvater nutzt jetzt diese Gelegenheit, indem er vom Hühnerhof aus die Bruchsteinmauer in Türbreite durchbricht und einen schmalen Gang in den Garten treibt als Zugang zum späteren Bunker. Er erklärt mir, daß der Gang nicht geradewegs in den Aufenthaltsraum führen darf, sondern um eine Ecke herum, damit bei einem feindlichen Überfall nicht von draußen hereingeschossen werden kann.

Den Bunker selbst gräbt er vom Garten aus in die Erde. Ein Zwetschenbaum muß weichen, bevor Großvater Schubkarre um Schubkarre voll Erde aus einem etwa drei mal vier Meter großen Loch herausfährt. Je tiefer er gräbt, um so fester und lettiger wird der Boden. Nach dreißig Zentimetern Tiefe muß er schon eine schwere Spitzhacke, eine Pickelhacke, benutzen.

Die Nachbarn werden aufmerksam. Otto Keil kommt als erster und begutachtet Großvaters Arbeit. Er erkennt sofort, daß Großvater am Ersten Weltkrieg teilgenommen hat. Daraufhin gibt er sich selbst als Träger des Eisernen Kreuzes zu erkennen. Großvater steht stramm und verspricht ihm, daß er mit seiner Familie den Bunker benutzen darf. Otto Keil hilft, so gut er kann, und bringt Holz herbei zum Abstützen und Verschalen.

Natürlich werden auch Tante Bienchen und Onkel Fritz mit ihrer gesamten Familie unseren Bunker benutzen. Familie Fuchsberger, die Nachbarn, deren Sohn in Magdeburg seinen Verletzungen erlag. Familie Lutz von gegenüber. Das junge

Mädchen, das sich auf dem alten, in Großmutters Küche aufgenommenen Foto gegen die Zugriffe eines aufdringlichen Soldatenneulings wehren muß. Die Eltern des Mädchens. Der Johann mit seiner Lina und seinen fünf Töchtern (die Besitzer des himmelblauen Toilettendeckels). Und damit wäre die Kapazität unseres Bunkers erschöpft. Aber da kommt ein dicker alter Mann, ebenfalls aus der Nachbarschaft, mit dem wir nicht gerechnet haben, und bittet darum, mit seiner Frau noch aufgenommen zu werden. Er hat ein mit Schiefer beschlagenes Fachwerkhaus und fühlt sich darin nicht mehr sicher.

Großvater zaudert und rechnet. Er wird zwar für Frischluftzufuhr sorgen, indem er ein Ofenrohr mit mehreren Knien (um ebenfalls ein Hereinschießen zu verhindern) einbauen wird. »Na ja«, gibt er dem alten Mann, der von allen im Dorf der Joschte Pat genannt wird, zur Antwort, »dann kommt auch. Es wird schon klappen.«

Der Joschte Pat ist herzkrank. Trotzdem läuft er die Straße hinunter, um seiner Frau die gute Nachricht zu überbringen, kommt aber gleich darauf schnaufend zurück und überreicht Großvater eine Flasche Schnaps und zwei dicke Zigarren (eine Kostbarkeit im Sommer 1944), weil er wegen seines Herzleidens selbst nicht helfen kann.

Der Bunker ist längst noch nicht fertig, als es an einem strahlenden Sommermorgen Voralarm gibt. Es ist etwa neun Uhr. Meine Mutter schaltet das Radio ein: »Feindliche Kampfverbände über Belgien im Anflug auf das Reichsgebiet ...« Noch sind sie weit weg. Eine halbe Stunde später Hauptalarm. »Feindverbände im Anflug Richtung Koblenz – Bingen ...« Jetzt heißt es Vorsicht! Wir hören schon das Brummen der mächtigen Kampfgeschwader und öffnen die Kellerklappe im Küchenfußboden, um jederzeit hinunterstürzen zu können. Die deutsche Flak ballert auf ein freies Stück Himmel, und ein deutsches Jagdflugzeug zerschneidet mutig das dumpfe Dröhnen der schweren Motoren. Die Flugzeuge drehen ab. Wir nehmen an, daß sie Koblenz bombardieren wollen. Doch da fliegen sie wieder in unsere Richtung. Jetzt heißt es: In den Keller!

Kaum sind wir unten, da donnert es auch schon. Die Kellerfenster und die zweite Kellertür, die zum Hof führt, sind von innen zusätzlich mit Sandsäcken geschützt. Sie vibrieren, und ich fürchte, unser Haus könnte einstürzen und uns begraben.

Die Mama ist indes der Meinung, daß wir noch ein gutes Stück von der Abwurfstelle (später werden wir erfahren, daß Boppard das Ziel war) entfernt sind. Sie glaube, sagt sie, daß man vielleicht kaum etwas davon merke, wenn man direkt betroffen sei, oder es müsse ganz schlimm sein; sie habe es ja, Gott sei Dank, noch nicht selbst erlebt. Sie erklärt, daß man in einem Luftschutzraum an einer Außenwand am sichersten sei. In der Nähe eines Fensters oder einer Tür, aber nicht direkt darunter oder davor, weil das einerseits die Schwachpunkte seien, andererseits aber vielleicht die einzige Ausstiegsmöglichkeit, denn es könne ja vorkommen, daß das Gebäude einstürzt und einen lebendig begräbt, und vielleicht habe man dann doch noch die Möglichkeit, sich freizuarbeiten.

Wir beide sind mit Kläuschen allein im Keller. Die Großeltern und die andere Großmutter zogen es vor, oben zu bleiben.

Als wieder alles ruhig ist, gehen auch wir zu ihnen hoch, und ich sage ihnen, daß ich nicht will, daß sie sich der Gefahr aussetzen, denn ich will sie auf keinen Fall verlieren.

Großvater gibt sich kriegserfahren und behauptet zu wissen, wann es gefährlich ist. »Jetzt seht ihr aber, wie wichtig der Bunker ist.« Er will die letzten Zweifel ausräumen, die es seinem Projekt gegenüber noch geben könnte.

Inzwischen steht er schon bis zur Brust in unserer neuen »guten Stube« und fährt seine mit Erde gefüllten Schubkarren über eine schräg von der Sohle zum Rand gelegte Holzdiele. Doch bald reicht auch diese nicht mehr aus. Er legt zwei Bretter im Winkel zueinander, abgestützt von einem Holzklotz, und überwindet so die größere Steigung durch einen längeren Weg.

Als er auf gleicher Höhe mit dem Hof angelangt ist, fertigt er zunächst die »Inneneinrichtung«: vier Holzbänke, eine für jede Längswand, und zwei, die in der Mitte des Raumes gegeneinander gestellt werden, um Platz zu sparen.

Großvater zeigt mir, daß er die Bänke später wegen des eingebauten Winkels am Eingang nicht mehr in den Raum transportieren kann. Überhaupt erklärt er mir alles sehr genau, und manchmal muß ich ihm zur Hand gehen, etwas festhalten, etwas holen, ihm ein Werkzeug reichen, oder er läßt mich meinem Alter entsprechende Arbeiten verrichten. Mache ich mal einen Fehler, dann sagt er meistens: »Kleines Feuer, großer Rauch, wie man sich stellt, so geht's ei'm auch!«

Wenn er aber merkt, daß er mich mit seinem Spruch verletzt hat, dann erklärt er mir, wie ich es hätte machen müssen, und wenn ich es dann richtig mache, vor allem geschickter und mit weniger Kraftaufwand, dann freuen wir uns beide, und ich verzeihe ihm großzügig. Sogar, wenn er Balken durchsägt, darf ich ihm helfen. »Nur ziehen, nicht drücken! Dann geht es ganz leicht.«

»Für dich«, sag ich.

»Für dich auch ... Und ziehen!«

Es klappt dann immer; er weiß genau, wie stark ich bin.

Das ständig nachsickernde Grundwasser fließt durch eine nach draußen führende Rinne ab. Es erweist sich aber, daß immer wieder nachbröckelnde Erde die Rinne verstopft und daß sie jeden Tag freigekratzt werden muß. Großvater erkennt leider zu spät, daß sie ein bißchen zu wenig Gefälle hat, denn im Innenraum unseres Bunkers bilden sich Pfützen auf dem Boden. Doch auch hier weiß er sich zu helfen: Er legt Backsteine ins Wasser und Holzdielen als Stege darüber.

»So, jetzt erst darf die Decke geschlossen werden. Sie muß sehr stabil sein, weil sie diesen ganzen Haufen Erde tragen muß.« Ich denke an die vielen Schubkarren voller Erde und Steine, die er bewegt hat.

Für die Decke benötigt er Helfer: Onkel Fritz und Otto Keil. Dicht nebeneinander legen sie Balken, die mehrfach abgestützt werden, nageln über die Balken Bretter und Dachpappe, und Großvater häuft die Erde, die er ausgegraben hat, als schützenden Hügel darauf. Sie löschen damit das Licht in unserem schönen neuen Bunker mit seinen hölzernen Bänken und seinen schwankenden Holzbrückchen über dem Wasser. Das Dunkel beginnt jetzt schon gleich hinter dem Eingang in der Bruchsteinmauer. Ich möchte so gern hineingehen, denn vor diesem Dunkel fürchte ich mich nicht, weil es neu ist und noch unberührt. Einige Male laufe ich in den schmalen Eingangsstollen, laufe aber genauso schnell wieder heraus. Erst als die Männer mit einer brennenden Karbidlampe den Bunker von innen inspizieren, traue ich mich hinein.

Die Kirschen sind überreif. Jetzt endlich, als der Bunker fertig ist, kommt Großvater dazu, sie zu pflücken. Er klettert auf der Leiter bis zu den höchsten Ästen. »Halt die Schürze auf!« ruft er mir dann zu, und die dicksten und süßesten Kirschen fallen direkt vom Himmel. Ich teile sie mit meinem kleinen Bruder, der unterm Baum sitzt und schreit: »Kirschen haben! Kirschen haben!« Er spuckt aber keinen einzigen Kern aus, und bis ich es merke, hat er schon viele mitgegessen. Ich zeige ihm, wie er es machen muß. Er bemüht sich zwar, kaut auch etwas vorsichtiger, aber wenn ich ihn auffordere, den Mund zu öffnen, ist das Fruchtfleisch samt Kern verschwunden.

Meine Mutter greift ein und bestimmt, daß er nur noch entsteinte Kirschen essen darf, und schiebt mir diese Aufgabe zu. Während ich mich abmühe, die Kerne aus den Kirschen zu entfernen, und der süße Saft über meine Hände läuft, schreit Kläuschen ständig sein »Kirschen haben!« und drängt mich, schneller zu arbeiten.

Großvater wartet jetzt auf die gemeindeeigene Kreissäge, die unser Brennholz sägen soll. Er will es noch spalten und danach mit Großmütterchen wieder nach Hause fahren. Wir hören die Säge schon in der Nachbarschaft. Sie kreischt sich von Hof zu Hof. Einige Nachbarn, die nach uns drankommen, warten bei uns, um den Kriegsversehrten, der die Säge bedient, zu fragen, wann sie mit ihm rechnen können.

Plötzlich ein explosionsartiger Knall. Am Himmel hängt ein Feuerball, aus dem sich bizarre dunkle Teile lösen und auf die Erde fallen. Die Männer freuen sich: »Ha! Unsere Flak hat einen erwischt!«

Der Feuerball spuckt aber nicht nur zerborstene Metallteile aus, sondern auch einen aufgeblähten Fallschirm. Ein Mann hängt daran. An seinen Bewegungen sehen wir, daß er lebt. Er schwebt ganz langsam auf uns zu.

Um so schneller und hektischer rüsten sich die Männer, den Feind in Empfang zu nehmen. Otto Keil kommt in Hausschuhen herbeigestürzt und trägt seine Stiefel noch in der Hand. Er zittert vor Aufregung. Er zittert so sehr, daß er nicht fähig ist, in die Stiefel zu steigen, denn schließlich kann er den Feind nicht in Hausschuhen gefangennehmen, das würde die ganze Angelegenheit ins Lächerliche ziehen. Ich stehe neben ihm und feuere ihn an.

Mit Mistgabeln und Äxten kommen andere, mir fremde Männer angerannt. »Mach doch, Otto! Mach doch! Du mußt ihn festnehmen!« rufen sie schon von weitem.

Und ich rufe dazwischen: »Schlag ihn kaputt! Schlag ihn mit der Axt kaputt!«

Großmutters ohnmächtige Wut auf die Obrigkeit und auf den Krieg, meine eigene Wut, meinen Haß auf den Feind (noch geschürt von der deutschen Propaganda), all das spiegelt sich in meinen Worten. Zu einer kleinen Furie bin ich geworden, die ihre Gefühlsausbrüche nicht mehr steuern kann. Endlich läßt sich der Feind greifen! Endlich wird er zur Person und sitzt nicht mehr unantastbar in den fliegenden

Festungen über uns mit der Allmacht, Bomben über uns abzuwerfen und deutsche Soldaten an der Front zu ermorden.

In Sekunden wird dieser eine Fallschirmspringer für mich zum Inbegriff und zum Zentrum des Krieges. Ist er erst beseitigt und tot, ist der Krieg in seinem Lebensnerv getroffen.

Natürlich werde ich bei den Männern sein, wenn sie diese grausame Tat vollbringen müssen. Ich werde mitgehen und zuschauen, wenn sie unsere gefallenen Soldaten rächen.

Doch da steht plötzlich meine Mutter neben mir, faßt mich sanft am Arm und zieht mich aus dem Bannkreis des Hasses.

»Ich will aber mitgehen!« schreie ich sie an, wie ich es noch nie gewagt habe, sie anzuschreien.

»Da dürfen Kinder nicht mit!« sagt Otto Keil, und seine Stimme stolpert. »Der schießt, der Kerl! Der schießt vielleicht zuerst ein paar von uns kaputt, ehe er sich festnehmen läßt ... Ich kenne diese Brüder! Geht alle in die Häuser! Man weiß nicht, zu was der fähig ist.«

Erst als ich sehe, daß alle Frauen ihre Häuser aufsuchen, gehe ich mit meiner Mutter und ersticke diese übermächtigen Gefühle in mir.

Später erzählt uns Onkel Fritz, der Pilot sei in den Krautgärten hinterm Dorf mitten in einem Stangenbohnenbeet gelandet und habe sich an einer Bohnenstange den Bauch aufgeritzt. Widerstandslos habe er seine Pistole abgegeben und sich festnehmen lassen.

»Der hat noch mal Glück gehabt«, kommentiert Onkel Fritz. »Überm Rhein ist einer runtergekommen, der war nur noch achtzig Zentimeter groß ...«

»Sei still!« sagt meine Mutter. »Ich kann so was nicht hören!«

Auch die Großmutter wendet sich ab.

Doch Onkel Fritz läßt sich nicht davon abhalten, weiterzuerzählen: »Sein Flugzeug war angeschossen von unserer Flak. Er hat zwar noch seinen Schleudersitz betätigt, aber der Fallschirm hat sich nicht geöffnet. Wie ein Stein ist er vom Himmel gefallen. Ganze Völkerwanderungen sind hingegangen und haben sich das angeguckt ...«

Hermine hat mir ein Kätzchen geschenkt. Ein schwarzweißes. Es ist zärtlich und verspielt. Großmütterchen liebt es genauso sehr wie ich. Sie nimmt es oft auf den Schoß und streichelt sein zartes Fell, und das Kätzchen kuschelt sich dann in ihre Schürze und schnurrt. Nachts schläft es in der Scheune, und morgens riecht es nach Heu.

Hermine kommt nun oft nach der Schule, um nach dem Kätzchen zu sehen. An einem Tag erzählt sie mir von einem Birnbaum, der schon reife Früchte hat. Der Baum gehöre zwar dem Kuhne Karl, aber der könne unmöglich so viele Birnen essen, und es seien selbst zum Einkochen zu viele, und für Birnenschmier würden sich Frühbirnen ohnehin nicht eignen, weil sie zu saftig seien. Mit bestem Gewissen machen wir uns drüber her.

Der Baum steht in einem Getreideacker außerhalb des Dorfes. Das Getreide ist schon gemäht und zum Trocknen »auf Häuschen« gestellt, was sehr günstig für uns ist, denn diese Häuschen bieten uns zweifach Schutz: einmal vor Bauern, die auf die Idee kommen könnten, uns zu verjagen, und zum andern vor eventuellen Tieffliegern, die auf alles schießen, was sich bewegt.

Der Baum vermag die Last der reifen Früchte kaum zu tragen. Die unteren Äste biegen sich schon so weit nach unten, daß uns die zarten gelben Birnen in den Mund wachsen. Überreife Früchte liegen zum Teil zermatscht zwischen den Stoppeln, und unzählige Wespen betrinken sich daran. Sie singen ihre Freude in den Wipfel des Baumes.

Voll herrlicher Düfte ist der Sommertag. Wir berauschen uns, den Wespen gleich, und denken nicht mehr an Tiefflieger und auch nicht mehr an die Bauern, und ich wünsche mir im stillen, der Tag möge ewig währen.

Ein Gewann weiter lugt mitten aus den goldgelben Getreidefeldern ein Hexenhäuschen. Das müssen wir uns anschauen!

Zwar ersetzen Bretter die Lebkuchenwände, und statt der Hexe schaut ein Mann aus der Tür. Aber warum sollte ein Hexenhäuschen nicht im Feld stehen, warum sollten in Kriegszeiten Lebkuchen nicht durch Bretter ersetzt werden, und warum sollte es keine männlichen Hexen geben?

Dieser Hexenmann hält uns nun eine Predigt übers Birnenstehlen, bis ein Klingelzeichen im Innern des Häuschens ihn an seine Höllenmaschine ruft und uns erlöst. In der Eile läßt er die Tür offenstehen, und wir können ihm zuschauen, wie er sich auf seinem Fahrrad abstrampelt und dennoch nicht von der Stelle kommt. Er redet für uns unverständlich und antwortet einer unsichtbaren, krächzenden Stimme.

Volkssturmmänner bedienen hier eine Flugüberwachungsstation, die über Funk deutschen Flugzeugen die genaue Position angibt. Mit einem Fahrraddynamo wird der fürs Funken erforderliche Strom erzeugt.

Wir rennen weg, so schnell wir können, und verstecken uns hinter dem Hügel des Wasserhochbehälters.

Erst als wir uns sicher und unbeobachtet wähnen, schleichen wir uns wieder hinunter ins Dorf.

»Habt ihr's schon gehört?« fragt eines Abends Onkel Fritz. »Euer Nachbar ist wieder daheim.«

Der alte Lutze Vetter von gegenüber war sechs Wochen in einem Konzentrationslager. Es war eine peinliche Geschichte, und es wurde kaum darüber geredet. Im Frühjahr hatte er sich mit Adolf Bergenhausen, der von der russischen Front auf Heimaturlaub war, über den Krieg unterhalten und die deutsche Niederlage vorausgesagt, während der Frontsoldat an die Geheimwaffe V 2 und an den Endsieg glaubte. Als später einmal riesige Bomberverbände übers Dorf flogen, erinnerte sich Lutze Vetter an die Unterredung mit Adolf Bergenhausen und an dessen bodenlosen Optimismus und ließ in Gegenwart von anderen ehemaligen Gesprächsteilnehmern die Bemerkung fallen: »Was würde denn jetzt der Adolf sagen, wenn er das sehen würde?« Einer der Männer bezog es jedoch auf Adolf Hitler (eigentlich unlogisch, denn der erlebte ständig Bombenangriffe in Berlin) und zeigte den Lutze Vetter an. Sechs Wochen politische Umerziehung hatte es ihm eingebracht.

Kein einziges Wort würde er über das KZ verlauten lassen. Man könne fragen, was man wolle, sagt Onkel Fritz. »Na ja, man kann ja nicht vorsichtig genug sein!« fügt er hinzu.

Seit Sommer arbeitet meine Mutter auf dem Feld. Nachdem die Vermißtenmeldung meines Vaters eingetroffen war, hat sie der Bauer Wilhelm Scheid um ihre Hilfe gebeten. Als Gegenleistung pflügt und bestellt er unseren Acker, einen Morgen Land auf einem trockenen Hügel mit felsigem Untergrund. Auf der einen Hälfte bauen wir Kartoffeln an und auf der anderen Getreide. Im darauffolgenden Jahr wird gewechselt. Auch die Getreidearten Hafer und Roggen wechseln von Jahr zu Jahr. Der Hafer ist für unsere Hühner, und der Roggen wird auf dem Umweg über Brotgutscheine in Brot umgetauscht.

Daß wir auf dem einen Acker Zwei-Felder-Wirtschaft betreiben, erweist sich auf jeden Fall als nachteilig, denn wenn in dieser Gemarkung Hackfrüchte (Kartoffeln und Rüben) angepflanzt werden, liegen wir mit unserem Morgen Getreide mitten drin. Umgekehrt ist es noch schlimmer. Wenn nämlich weit und breit kein Kartoffelacker ist, gehen die Wildschweine nur in unseren und ernten, bevor wir dazu kommen und meist schon, ehe die Kartoffeln ausgereift sind.

In der zweiten Septemberhälfte beginnt je nach Wetterlage in unserem Dorf die Kartoffelernte. Natürlich werden zuerst die Kartoffeln von Scheids ausgemacht, während in unserm Acker fast jede Nacht die Wildschweine ernten. Über unsere Butzemänner scheinen sie sich eher zu amüsieren, als sich davor zu fürchten. Meine Mutter versucht es mit in Terpentinersatz getränkten Lappen, die sie zwischen die Kartoffelreihen legt. Der Geruch soll die Wildschweine vertreiben. Im Dorf hat ihr jemand den Trick verraten. Doch auch davon lassen sie sich nicht den Appetit verderben. Eines Abends erwischt Mama eine Rotte, die sich grunzend und schmatzend trotz der Terpentinlappen an unseren Kartoffeln vergnügt.

Meine Mutter entlädt ihren Zorn in ohnmächtigen Schimpftiraden. Wenn sie nicht jeden Tag für Scheids arbeiten müßte, hätte sie unsere Kartoffeln schon längst ausgegraben, behauptet sie.

Ich bin meistens im Feld mit dabei und sammele in zwei Körbe, die kleiner sind als die der Erwachsenen. Die dicken Kartoffeln in den einen Korb, die kleinen in den anderen. Beim Entleeren der Körbe muß ich mich anstrengen, damit die Kartoffeln nicht neben die Säcke fallen. Die Arbeit macht mir am Anfang immer Spaß; nach einer gewissen Zeit würde ich jedoch lieber etwas anderes tun.

Allerdings möchte ich Lydia imponieren, der einzigen Tochter des Bauern. Sie ist sechzehn Jahre alt und schon sehr erwachsen. Mir gegenüber ist sie indes kameradschaftlicher als die anderen Erwachsenen. Deshalb mag ich sie. Auch meine Mutter versteht sich mit ihr am besten.

Die Kaffeepausen liebe ich besonders, denn hier draußen im Feld schmeckt alles viel besser.

»Eine Reihe noch«, sagt die Bäuerin vorher immer, »dann trinken wir Kaffee.«

Dicke Ummantelungen aus alten Tischdecken und Lappen halten den Kaffee in der Kanne warm. Er kocht fast noch, wenn Frau Scheid ihn in die Emailbecher gießt. Die Brotscheiben hat sie zu Hause schon dünn mit Butter bestrichen. Wir klappen sie auseinander und streichen Marmelade oder Zwetschenmus darüber.

Eines Tages, als wir uns gerade in der Nähe des Wagens auf vollen Kartoffelsäcken niedergelassen haben, um Kaffee zu trinken, donnern plötzlich Tiefflieger auf uns zu. In Panik werfen wir uns unter den Wagen. Da peitschen auch schon die Geschosse der Bordwaffen. Neben uns spritzt die Erde auf. Es ist wie ein Spuk. So schnell wie die Flugzeuge gekommen sind, verschwinden sie auch wieder, um nach kurzer Zeit wieder aufzutauchen. Von jetzt ab habe ich den Himmel zu überwachen, denn es ist zu befürchten, daß sie noch einige Male kommen werden. Und sie kommen.

Da sie sehr tief fliegen, bemerke ich sie immer erst, wenn sie schon in unserer Nähe sind. Wir suchen nicht mehr unter, sondern hinter dem Wagen Schutz, weil sie gezielt darauf schießen.

Meine Mutter sieht mich in Gefahr und schickt mich in den Heckensaum, der zwei Gewanne voneinander trennt. Unmittelbar nachdem die zwei Flugzeuge wieder über uns hinweggedonnert sind, muß ich losrennen. Es dauert dann immer eine Weile, bis sie zurückkommen.

Die Frauen hängen sich Kartoffelkraut über Kopf und Rükken und bilden sich ein, die Piloten würden sie vom Flugzeug aus nicht erkennen. Sie wollen mit ihrer Arbeit fertig werden.

Nun sitze ich unter dornigem Gestrüpp und auf den Steinbrocken, die die Bauern in ihren Äckern aufgesammelt und in die Hecken geworfen haben. Um mich herum liegen ausrangierte Kochtöpfe mit Löchern im Boden oder abgebrochenen Griffen, altes Küchengeschirr, Scherben von Porzellan- und Glasgegenständen und verbeulte Büchsen. Ich sitze und warte, bis die Piloten ihre Schikanen einstellen.

Der Himmel, der vorher wie eine große Glocke über uns gestülpt war, ist nun am Rand brüchig geworden, und der Krieg schwappt durch diese Bruchstellen immer häufiger zu uns herein.

Immer öfter reißt uns jetzt auch nachts Fliegeralarm aus dem Schlaf. Abends schon legen wir auf Stühlen unsere Kleider zurecht, damit wir nicht sortieren und nicht suchen müssen und notfalls im Dunkeln hineinschlüpfen können. Während meine Mutter sich selbst und Kläuschen anzieht, hilft die Großmutter mir, denn wir zittern meist vor Aufregung. Dann die Karbidlampe, das Köfferchen und die weinrote Handtasche mit den wichtigsten Papieren. Und dann geht's ab in den Keller oder in den Bunker.

Anfang November ist Koblenz das Ziel des feindlichen Angriffs. Es ist ein sternklarer Abend. Nach anfänglichem Zögern stehen wir mit mehreren Nachbarn auf der Straße und beobachten das Inferno.

Schwere Motoren pressen ihr dumpfes Dröhnen in den Abendhimmel und zwingen ihn, Licht regnen zu lassen. Glutrote Feuer flackern auf und stellen Flammen an die Wand des Horizonts. Detonationen erschüttern die Erde, und dazwischen bellt hilflos die Flak wie ein kleines Hündchen, das eine riesige Meute Schäferhunde ankläfft und sich lächerlich macht. Bis über Koblenz der Himmel glüht, als hätte sich die Hölle geöffnet. Die Leute reden aufgeregt und wirr durcheinander, als wollten sie sich das Grauen aus dem Leib reden.

Erst am nächsten Abend können wir mit Onkel Fritz richtig darüber sprechen. Er erklärt uns, daß sie zuerst immer Luftminen abwerfen, um Fenster und Türen und besonders die Dächer der Häuser zu zerstören, danach Sprengbomben, um die Wasserleitungen zu vernichten und für die Feuerwehren unbrauchbar zu machen, und schließlich Brandbomben mit flüssigem Phosphor, die große Flächenbrände auslösen sollen. Kleinere Sprengbomben, immer wieder zwischendurch abgeworfen, sollen die Löschtrupps in die Bunker zurückdrängen. Und er erzählt von Menschen, die wie brennende Fackeln durch die Straßen laufen.

Zwei Männer aus dem Dorf (einer in Uniform, einer in Zivil, der Jakob, den ich von anderen Sammlungen her kenne) gehen von Haus zu Haus und sammeln Schmuck. Alles, was echt ist, sagen sie und zeigen uns, was sie schon bekommen haben. Großmutter und Mutter holen ihre Schmuckkästchen. Es gibt kein Sichweigern. Die Männer prüfen. Broschen, die nur vergoldet sind, wollen sie nicht. Aber Großmutters Brosche mit den drei Amethysten ist massiv, und gerade die will sie nicht hergeben, weil sie noch von ihrer Mutter ist. »Das einzige Andenken!«

»Alle müssen Opfer bringen!« antwortet der Uniformierte, der die Brosche in der Hand hat. »Alle! Wir müssen dem Führer beistehen in dieser schweren Zeit!« Er bricht die drei Steine gewaltsam aus den Fassungen und legt sie zurück auf den Tisch. »Da!« sagt er. »Die Steine kann niemand gebrauchen. Da könnt ihr euch später wieder was draus machen lassen!«

Ach, und da wäre noch was: Der Karl hatte doch ein Motorrad. Das würde jetzt gebraucht werden. Jetzt, wo es aufs Ganze gehe. Und wo der Karl doch eh vermißt sei.

»Und das ist es gerade!« sagt die Großmutter. »Wenn er zurückkommt, braucht er sein Motorrad!«

»Dann zeig's uns wenigstens mal!«

Die Frauen haben das Miele-Motorrad von der Scheune ins Haus geholt, um es vor Rost zu schützen, unter großem Kraftaufwand die Haustreppe hinaufgehievt und oben im Treppenhaus abgestellt.

Schweigend führt die Großmutter die Männer die Treppe hinauf und hebt die Bettücher hoch, unter denen das Motorrad verborgen ist. »Hier steht's! Und hier bleibt's stehen, solange ich lebe! Und jetzt raus!« Sie sagt es langsam und sehr laut.

Zähneknirschend und ohne ein weiteres Wort verlassen die Männer unser Haus. Die Großmutter sagt lange nichts. Ich höre, wie sie laut atmet.

»Wenn das bloß gutgeht ...«, sagt meine Mutter nach einer Weile.

»Laß sie nur kommen!« antwortet die Großmutter. »Dann sag ich denen noch was ganz anderes! Jetzt, indem ich sie rausgeworfen habe, da ist mir's ein bißchen leichter.« Doch leise fügt sie hinzu: »Die bringen mich nichts ins KZ. Das wagen sie nicht.«

Aber ich habe den Eindruck, daß sie selbst nicht von ihren Worten überzeugt ist.

Ich würde mir zu oft die Hände waschen und nicht richtig abtrocknen, behauptet meine Mutter. Denn meine Handrücken sind rauh, und an verschiedenen Stellen ist die Haut aufgesprungen und blutig. Hinzu kommt die schlechte Qualität der Kernseife und daß es keine Handcreme zu kaufen gibt.

In der Apotheke hat Mama statt dessen ein Fläschchen Glycerin erstanden und reibt von Zeit zu Zeit meine Hände damit ein. Es tut höllisch weh, wenn das Glycerin in die offenen Wunden kommt, aber meine Mutter kennt kein Erbarmen. Manchmal wird sie recht ärgerlich, wenn sie es vergessen hat und ich sie nicht rechtzeitig daran erinnere. »Wenn du das öfter machen würdest, vorbeugend, dann würde es nicht so weh tun.« Aber ich weiß es besser.

Wegen der Ardennenoffensive werden drei junge Soldaten für ein paar Tage bei uns einquartiert: Nachschub für die Lücken, die die Front schlägt. Mama zeigt ihnen die Zimmer im Obergeschoß, wo sie ihr Gepäck abstellen. Sie wollen nicht stören, sagen sie, als sie in die Küche zurückkommen.

»Aber nein«, sagt die Großmutter, »ihr stört uns nicht. Setzt euch nur!«

Sie berichten, daß sie aus dem Rheingau kommen. Aus der Nähe von Eltville. Und sie erzählen von ihrer kurzen, harten Ausbildungszeit und daß sie in den nächsten Tagen nach Westen an die Front verlegt werden.

Ach ja, sie wollten noch fragen, ob sie sich abends bei uns aufhalten dürften? Sie würden gern ein bißchen Gitarre und Mundharmonika spielen und singen. Das ginge in der Gastwirtschaft schlecht.

Als sie weggegangen sind zum Abendbrot, sagt die Großmutter: »Jetzt holen sie schon die Buben von der Schule. Sie lassen ihnen noch nicht einmal Zeit, erwachsen zu werden.«

Ich finde zwar, daß die »Buben« ziemlich erwachsen aussehen, bin aber trotzdem froh, daß ich ein Mädchen bin und daß mich niemand holen kann.

Nachdem die jungen Männer in einer Feldküche Abendbrot gegessen haben, kommen sie mit zwei weiteren Kameraden zurück. Sie nähmen an, daß es uns recht sei, sagen sie, auch wenn sie jetzt zu fünft seien.

Der eine junge Mann hat seine Gitarre aus dem Zimmer geholt. Ich stehe nun neben ihm und schaue zu, wie er sie stimmt. »Soll ich dir was vorspielen?« fragt er mich, und seine Hände zaubern Töne aus den Saiten, die sich aneinanderreihen wie die Perlen einer Kette und manchmal dahinplätschern über Höhen und Tiefen wie das klare Wasser eines Bergbachs über runde Kieselsteine, und seine Melodien hüllen mich ein wie weicher, warmer Samt.

Die anderen Soldaten unterhalten sich mit Mutter und Großmutter. Ihre Unterhaltung stellt sich wie eine schützende Mauer vor uns und läßt uns mit unserer Gitarre und unserm Glück allein.

»Spiel nicht immer so traurige Sachen!« sagt plötzlich einer der Kameraden. »Spiel was, das man auch singen kann!«

Die Mundharmonika stimmt leise einen zarten, hellen Gesang an, und die Männer gesellen sich dazu mit festen, dunklen Stimmen. Doch fast all ihre Lieder erzählen von Abschied und Wehmut, und in der letzten Strophe steht manchmal sogar der Tod:

»Hoch auf dem gelben Wagen ...« fährt zum Schluß ein Gerippe mit.

»Wir lieben die Stürme, die brausenden Wogen ... am Grunde des Meeres erst finden wir Ruh.«

»Es steht eine Mühle im Schwarzwäldertal ... da fällt mir der Abschied, der Abschied so schwer ...«

»Im grünen Wald, dort wo die Drossel singt ... Der Jäger

zielt schon hinter einem Baum ... und sprach, das Leben ist ja nur ein Traum.«

»Mich brennt's in meinen Reiseschuhn ... Und keiner kennt den letzten Akt von allen, die da spielen ...«

»Nun ade, du mein lieb Heimatland ... Vom moos'gen Stein am wald'gen Tal, da grüß ich dich zum letztenmal. Mein Heimatland, ade!«

Was mögen sie empfinden, was mögen sie denken, während sie ihre Lieder singen und ihren Abschiedsschmerz nach außen hin in Hoffnung, Mut und Tapferkeit verpacken?

Wie oft werden sie diese Lieder schon zusammen gesungen haben? Die Texte sind ihnen geläufig. Sie kennen nicht nur die erste Strophe, wie es allgemein üblich ist; sie singen immer alle.

Ich stehe noch immer neben dem Gitarrenspieler und schaue ihm zu, bis er mich fragt, ob ich einmal probieren wolle zu spielen.

Er hängt mir das Instrument um, und während er mir zeigen will, wie ich zu greifen habe, bemerkt er meine aufgesprungenen Hände.

»Was ist denn mit deinen Händen passiert?«

Ich erschrecke und schäme mich, und ausgerechnet in diesem Moment fällt meiner Mutter ein, daß die Glycerinkur schon längst fällig gewesen wäre, und sie holt das Fläschchen. Ich versuche zwar, es ihr auszureden, möchte aber andererseits von den Männern nicht als wehleidig angesehen werden. Also lasse ich meine Mutter gewähren. Doch so weh hat es bisher noch nicht getan. Verzweifelt schreie ich auf.

Meine Mutter glaubt, sich für die Folterqualen rechtfertigen zu müssen, und erzählt, daß ich mir ständig die Hände waschen würde, auch wenn es gar nicht nötig sei. Sobald ich etwas angefaßt hätte, würde ich sie waschen, selbst wenn ich gar keine schmutzigen Hände davon bekommen hätte. Dazu die schlechte Kernseife. Kein Wort des Trostes für mich.

Ich will aus der Küche rennen und mich irgendwo ausweinen. Da sagt der Gitarrenspieler: »Komm her! Ich verscheuche die Schmerzen!«

Ein Weilchen zögere ich, denn ich befürchte, die anderen könnten mich auslachen. Doch niemand lacht. Ich gehe zu ihm hin. Er nimmt meine Hände und pustet abwechselnd mal auf die rechte und mal auf die linke Hand.

Ich wage es nicht, ihn anzusehen, weil er die Tränen in meinen Augen bemerken könnte. Statt dessen schaue ich auf die Metallknöpfe seiner Jacke.

Niemand redet, niemand lacht, und er pustet und pustet ohne Unterbrechung und ohne Müdigkeit oder Erschöpfung vorzutäuschen, bis die Glut auf meinen Händen erloschen ist.

Inzwischen unterhalten sich die anderen längst wieder, und die Männer erzählen, was sie machen wollen, wenn der Krieg vorüber ist.

Arzt will er werden, sagt mein Gitarrenspieler. Nach dem Krieg wird er mit dem Studium beginnen. Er hat seinen Arm um meine Schultern gelegt, und ich lehne mich an ihn. Ich spüre die Wärme seines Körpers und merke, daß er genauso wie mein Vater riecht, nach Leder und ein wenig nach Schuhcreme. Es ist ein Geruch, den ich mag.

Als sie schlafen gegangen sind, spüre ich noch immer die Wärme, die er wie einen weichen, warmen Mantel um meine Schultern gelegt hat.

Ich denke daran, daß er jetzt in dem Zimmer schlafen wird, wo sich der tote Russe ohne Kopf aufhält, aber ich weiß genau, daß er sich nicht fürchtet, denn er ist so lebendig und so stark und nicht kalt und steif und hölzern. Er weiß zwar nichts von der Existenz des toten Russen, aber selbst wenn er es wüßte, hätte er keine Angst.

»Die armen Buben«, sagt die Großmutter, als auch wir uns fertig machen, um schlafen zu gehen, »die singen doch nur gegen die Angst in ihrem Bauch.«

Auch am nächsten Abend kommen sie mit ihren Musikinstrumenten und singen dieselben Lieder. Der junge Mann hat mich wieder eine kleine Weile in den Arm genommen, und während er Gitarre spielt und singt, darf ich mich an ihn lehnen. Er gibt mir das Gefühl, daß ich zu ihm gehöre und er zu mir, und über meinen Rücken rieselt ein warmes Glück.

Am letzten Abend ihres Aufenthalts bei uns spielt mein Freund nur für mich. Die Klänge seiner Gitarre tragen mich auf einer Wolke aus goldenem Sonnenstaub hoch hinauf in einen blauen Sommerhimmel, wo es nach Birnen duftet und reifem Getreide und wo selbst die Wespen trunken sind vor Glück.

Doch mein Freund unterbricht meinen Traum. »Würdest du auf meine Gitarre aufpassen, wenn ich jetzt fort muß? Ich kann sie doch nicht mitnehmen. Ich weiß, daß ich mich auf dich verlassen kann. Wenn der Krieg vorbei ist, komme ich zurück, und wir spielen wieder. Übe inzwischen fleißig, so daß du mir was vorspielen kannst!«

Er geht mit den anderen Männern aus der Küche, ohne sich noch einmal umzudrehen.

Mutter hängt die Gitarre im Hausflur in den Verschlag unter der Treppe.

Die Frauen bemühen sich, für Kläuschen und mich das Weihnachtsfest zu bereiten. Für Familien mit Kindern gab's extra ein Päckchen Christbaumkerzen. Mutter hat Lebensmittelkarten aufgespart, die sie kurz vor Weihnachten einlöst. Nun bäckt sie Plätzchen, putzt jeden Winkel des Hauses, wäscht, stärkt und spannt alle Spitzendeckchen.

Großmutter spült ihr Porzellan, das sie nie benutzt, und in ihren Unterhaltungen ist der Krieg allgegenwärtig: die Bombenangriffe, wer im Dorf gefallen ist und wer vermißt und daß Weihnachten vor einem Jahr alles noch ganz anders war. Daß sie damals noch Feldpostpäckchen verschickt haben mit Plätzchen und warmen Socken. Und manchmal weinen sie.

Am Heiligen Abend das übliche »Festessen«: gedünstete Kartoffeln, heiße Fleischwurst und eingelegte Gurken. Danach eine Bescherung mit Glöckchengeläute und einem Mädchen aus der Nachbarschaft (in einem alten weißen Brautkleid) als »richtigem Christkind«.

Wie jedes Jahr habe ich auch diesmal meine Puppenküche wiederbekommen, die ansonsten das ganze Jahr über auf dem Speicher steht (als ob ich das nicht wüßte!), damit sie am nächsten Weihnachtsfest wieder aufs neue geschenkt werden kann. Und wie jedes Jahr hatte »das Christkind« nicht genügend Zeit, alle Möbel und alles Geschirr einzuräumen. Nur die größeren Möbelstücke hat es aufgestellt, alles andere muß ich noch tun. Ich spiele das Christkindspiel zwar mit, fühle mich indes von meiner Mutter nicht genügend beachtet. Wie sehr hätte ich mich gefreut und wie wichtig genommen hätte ich mich gefühlt, wenn sie als »Christkind« all das klitzekleine Puppenküchengeschirr eingeräumt hätte. Wie nah wäre sie mir gekommen!

Nun sitze ich da, fühle mich allein gelassen und stelle alle Teile von meinem Puppen-Kaffee- und Eßservice in den oberen Aufsatz meines Küchenschranks, Töpfe und Pfannen in den unteren, hänge die Henkeltöpfchen aus blau-weißem Porzellan an das Wandbrett und stelle die kleinen Porzellangefäße mit den Aufdrucken Kaffee, Reis, Mehl, Sago, Grieß, Zucker, Salz ebenfalls auf das Brett. Doch für ein Töpfchen scheint kein Platz mehr zu sein. Ungeduldig rücke und schiebe ich die anderen hin und her, bis eins herunterfällt. Als ich's wieder hinstellen will, fällt am anderen Ende eins herunter. Wutentbrannt nehme ich das Porzellandöschen samt seinem niedlichen Deckel und werfe es mit voller Kraft auf den Fußboden unseres Wohnzimmers. Es zerspringt in viele Einzelteile, und die Scherben spritzen auseinander.

Als meine Mutter »das schöne Töpfchen« bedauert und hinzufügt, daß man es nirgends mehr nachkaufen kann, schreie ich sie an: »Dann kleb's doch wieder zusammen! Verdammt noch mal!«

Ich erschrecke über meinen eigenen Befehlston und auch

darüber, daß sie tatsächlich die winzig kleinen Scherben zusammensucht und sich anschickt, sie zusammenzukleben. Und dann weine ich, aber nicht nur über das zerbrochene Töpfchen, sondern weil meine Mutter sich von mir tyrannisieren läßt, und ich weine, weil ich ihr nicht sagen kann, daß ich sie eigentlich gar nicht schikanieren will, und ich weine über meine eigene zerstörerische Wut, die ich mir aber nicht eingestehen will. Und als die Mutter es ausspricht und sagt, daß man lernen muß, sich zu beherrschen und der Wut nicht nachzugeben, wenn sie hochkommen will, schäme ich mich. Ich weine, bis meine Augen anschwellen und brennen, und niemand tröstet mich, und niemand nimmt mich in den Arm, und ich weiß, daß die Mama und die Großmutter zuschauen, wie ich leide. Daß sie es wissen und dennoch zuschauen.

Mit eisiger Kälte überfällt uns der Januar. Das Holz verraucht im Ofen. Kohlen und Briketts gibt es kaum. Wir frieren selbst nachts in unseren Betten.

Die Frauen beschließen, daß Kläuschen und ich so lange im Wohnzimmer schlafen sollen, bis die Frostperiode vorbei ist. Für Kläuschen wird das weiße Kinderbett mit den Gitterstäben aufgestellt. Ich soll auf dem Sofa schlafen.

Es ist der 29. Januar, ein Montag, als wir umräumen. Ich bin dabei, weil ich an diesem Tag erst nachmittags zur Schule muß. Zuerst hat die alte Kommode zu weichen. Die Frauen ziehen die prallgefüllten Schubladen heraus und stellen sie auf den Boden, um das schwere Möbelstück besser heben zu können. Ich wühle ein bißchen darin und entdecke ein Bündel Ansichtskarten aus verschiedenen europäischen Städten. Noch nie habe ich so schöne große Gebäude gesehen, noch nie solche Kirchen und so breite Straßen mit Straßenbahnen und so vielen Autos. Die Karten sind aus Brüssel, Ostende, Paris, Straßburg, Mailand und Florenz.

Die Großmutter erklärt mir, daß Onkel Wilhelm nach seiner

Lehrzeit auf Wanderschaft gegangen sei und aus jeder größeren Stadt Karten nach Hause geschickt habe.

Während wir sie betrachten, brummt über uns ein Flugzeug. Genau über unserm Haus. Es fliegt sehr tief und ziemlich langsam, als wolle es auf unserm Dach landen. Es brummt so friedlich. Ganz anders als die schnellen Tiefflieger, vor denen man flüchten muß.

»Schau mal, ob du was siehst!« fordert mich die Mama auf.

Ich gehe ans Fenster, hauche ein Guckloch in die Eisblumen, kann aber das Flugzeug nicht sehen, obwohl es vermutlich die hochnebelartige Bewölkung unterflogen hat.

Was dann geschieht, rückt mein Zeitempfinden in eine andere Dimension. Es kann als sicher gelten, daß sich alles sehr schnell ereignet hat. Für mich geschieht es im Zeitlupentempo. Die zusammenhängende Handlung löst sich in viele einzelne Bilder auf, die sich aneinanderreihen. Scharf gegeneinander abgegrenzt.

Die Fensterscheiben vor mir zersplittern. Scharfkantige Glasscherben fliegen auf mich zu. Gleichzeitig hebt mich eine entfesselte, unsichtbare Kraft hoch und schleudert mich mitsamt den Glasscherben durchs Zimmer. Auf der Stelle, wo die Kommode stand, setzt sie mich wieder auf den Boden. Die große Uhr über mir löst sich von der Wand und fällt neben meine Füße. Bis hierhin erlebe ich die Bilder völlig geräuschlos. Erst jetzt schaltet sich mein Gehör ein.

Meine Mutter schreit: »Die Kinder! Wo sind die Kinder?«

Da merke ich, daß ich auf einmal nichts mehr erkennen kann, daß die Luft voller Kalkstaub ist. Weiß, sandig und undurchsichtig. Alle Fenster und Türen müssen offenstehen, denn eiskalt und staubgeschwängert bewegt sich das Grauen durch alle Räume unseres Hauses. Ich spüre die Großmutter neben mir. Sie legt ihre weiten schwarzen Röcke als schützenden Mantel um mich. Meinen Bruder hat sie ebenfalls unter ihre Fittiche genommen. »Die Kinder leben! Sie sind bei mir!« ruft sie meiner Mutter zu.

Da wird mir für einen kurzen Augenblick bewußt, daß meine Mutter hätte tot sein können. Ich denke nur an sie, ohne zu begreifen, daß wir uns in derselben Gefahr befanden. (Ich sage befanden statt befinden, denn Großmutters Ausruf »Die Kinder leben!« bedeutet für mich, daß das Schlimmste überstanden ist.)

»O Gott!« schreit meine Mutter. »Der Flieger ist ja noch da! Schnell in den Bunker!« Sie schiebt uns drei durch den staubigen Nebel. Wir stolpern über Geröll, Scherben und zersplittertes Holz. Wir ertasten den Weg.

»Schnell! Schnell!«

Über uns kreist das Flugzeug. Jetzt wissen wir, daß sein Brummen böse und bedrohlich ist, und es vermag uns nicht mehr zu täuschen.

Wir reißen die Bunkertür auf und fühlen uns endlich in Sicherheit.

Nach einer Weile sagt die Großmutter: »Der hat seine Bomben alle abgeworfen. Der beguckt sich nur noch sein Werk, der Drecksack!«

Mutter wagt sich hinaus. Sie kommt aber gleich darauf zurück: »Webers Haus ist nicht mehr da!« sagt sie.

Ich glaube ihr nicht. Das große Haus, das mit seiner hohen, fensterlosen und mit Schiefer beschlagenen Giebelwand an unsern Hof angrenzt, kann unmöglich in so kurzer Zeit verschwunden sein.

Wir eilen aus dem Bunker. Vor uns liegt ein Trümmerhaufen. Ein Trümmerhaufen in einer Wolke aus Kalkstaub, da, wo vorher das Haus stand.

Unsere Haustür hängt zersplittert in den Angeln. Alle Fenster und Türen, die zur Zeit der Detonation geschlossen waren, sind zerborsten. Alles Geschirr wurde von unsichtbaren Kräften bewegt, verschoben und zum Teil aus den Schränken auf den Boden geworfen.

Auf der Straße schreien die Nachbarn.

»Ich hab's gesehen! Ich hab's genau gesehen!« ruft Emma

Keil immer wieder aufgeregt. »Zuerst hat sich das Haus um einen Meter gehoben, und dann ist es in sich zusammengefallen. Ich hab's genau gesehen. Ich stand am Fenster und wollte nach dem Flieger gucken. Da ist's passiert! Das ganze Haus ging in die Höhe, und dann ist's zusammengestürzt!«

»Sei still!« brüllt ihr Mann sie an. »Sei endlich still! Wir müssen jetzt als erstes versuchen, die Menschen zu bergen, die unter den Trümmern liegen. Wer war denn außer der Lisa und dem Kind sonst noch in dem Haus?«

»Ein Kind! Ein Kind schreit!« ruft jemand. Alle horchen angespannt. In den Trümmern weint tatsächlich ein Kind. Es muß noch klein sein. Viel kleiner als mein Bruder.

In fieberhafter Eile räumen die Männer Balken beiseite und werfen sie zum Teil in unseren Hof. Anschließend graben sie im Schutt. Immer wieder horchen sie auf das Weinen des Kindes, ändern ihre Taktik, weil sie glauben, von einer anderen Stelle aus schneller voranzukommen. Doch da steigt Rauch auf.

»Es brennt!« ruft ein Mann. Otto Keil befiehlt den Frauen, Wasser zu holen. Eimerweise schleppen sie es herbei, und die Männer schütten es auf die Stelle, aus der der Rauch aufsteigt.

»Mehr Wasser!« befiehlt Otto Keil. »Die Trümmer dürfen nicht brennen, sonst können wir niemanden mehr retten.«

Die Frauen bilden eine Kette und reichen die vollen Wassereimer zum Brandherd. In einer zweiten Kette, zum Teil von uns Kindern gebildet, laufen die leeren Eimer zurück in Emma Keils Küche.

»Ruhe!« brüllt Otto Keil immer wieder. Von dem Kind hört man nur noch ein leises Wimmern. »Wasser halt! Weitergraben!«

Inzwischen spricht es sich herum: Auch Tante Bienchens Haus ist halb weggerissen. Edda, deren Konfirmation wir vor noch nicht einmal drei Jahren gefeiert haben, die siebzehnjährige Edda, ein hübsches junges Mädchen, verlobt mit einem Frontsoldaten, Edda, die noch das ganze Leben vor sich hatte, ist tot.

Ein Schwager von Tante Bienchen und Onkel Fritz, der bei ihnen zu Besuch war, ist ebenfalls umgekommen.

Ich stehe zwischen all den Leuten, die die Rettungsarbeiten verfolgen und helfen, soweit sie können. Die Mama ist zu mir gekommen und hat mir meine Jacke und meinen Mantel gebracht. Sie erzählt mir, während ich die Kleidungsstücke anziehe, von Eddas Tod. Doch gleich darauf verschwindet sie wieder in der Menge. Jetzt spüre ich erst, wie kalt es ist. Mit der Jacke und dem Mantel noch kälter als vorher.

Auf einem Gartenzaun entdecke ich eine wunderschöne Puppe mit blonden Locken und einen rosa Spitzenkleid. Von dem Luftdruck, der durch die Bombenexplosion entstand, wurde sie auf den Zaun geschleudert, wo sich ihr Kleid im Draht verfing. Sie ist so groß wie ein Kind und schaut lächelnd auf das Chaos, als ginge sie das alles gar nichts an. Niemand außer mir scheint sie wahrzunehmen.

Plötzlich wird es still in der Menge. Die Männer bergen eine alte Frau aus den Trümmern. Ihr Haarknoten hat sich aufgelöst, und das lange Haar hängt in schmutzigen, nassen Strähnen. Zerfetzte Kleider umhüllen ihren Körper, der schlaff wirkt und beim Tragen durchhängt.

»Sie ist tot«, flüstern die Frauen, die neben mir stehen. »Die Frau aus Wiesbaden ist tot.«

Dort wollte sie den Bombenangriffen entgehen und kam aufs Land, weil sie sich hier sicherer glaubte.

Fieberhaft graben die Männer weiter, denn noch sind die Hausbesitzerin Lisa und ihr Kind nicht geborgen. Lisa, die in der unteren Etage des Hauses wohnte, liegt zwangsläufig unter einer noch dickeren Schuttschicht. Auch sie kann nur noch tot geborgen werden. Aber das Kind lebt! Unter dem Körper der Mutter, der sich schützend wie ein Schild über das kleine Lebewesen gelegt hatte, konnte es überleben, während Lisa von einem Balken erschlagen wurde. Doch gerade dieser Balken stützte wiederum die Last der Schuttmassen ab, die sonst das Kind erdrückt hätten.

Zufälle? Fügungen? Wer weiß es? Wer kann es beantworten?

Ich weiß nicht, wie lange ich auf der Straße zwischen all den Menschen stehe, die reden, schreien und jammern.

Es ist fast dunkel, als Lydia zu mir kommt und mich auffordert, mit ihr nach Hause zu gehen. Sie hat Kläuschen an der Hand.

Familie Scheid nimmt uns alle, auch meine Mutter und die Großmutter, so lange auf, bis unser Haus wieder bewohnbar ist.

Lydia ist überaus freundlich zu uns. »Schaut mal!« sagt sie. »Der Schnee ist grau von dem Staub. Auch unten im Dorf ist er grau.«

Und dann erzählt sie uns, wie schrecklich es war, als die Bomben fielen. So laut! Ein solches Donnern hätte sie noch nie gehört. Als wenn ihr Haus einstürzen wollte. Die Wände hätten gebebt und die Fensterscheiben geklirrt, und im Stall hätten sich die Kühe vor Angst losgerissen. »Aber bei euch muß es noch lauter gewesen sein. Ihr wart ja so nah dabei.«

Ich antworte nicht, weil ich nicht weiß, wie laut es war, und ich kann doch nicht sagen, daß ich überhaupt nichts gehört habe. Sie würde mir nicht glauben, wenn ich ihr sagte, daß ich nur Bilder gesehen habe, ohne Geräusche, wie in einem Stummfilm.

Dann sitzen wir in der schmalen, langen Küche, in der es immer düster ist. Am Tag, weil sie nur ein Fenster an der Stirnwand hat, und abends, weil die eine Lampe den langen Raum nicht ausleuchten kann.

Frau Scheid will einiges von mir wissen. Hier in der Küche fühle ich mich ihr ausgeliefert und kann ihr nicht aus dem Weg gehen, wie ich es bei der Feldarbeit gern mache. Ich fürchte mich vor ihr, weil sie mir so groß und übermächtig erscheint, so ernst und streng und weil sie nie lacht.

Es ist Abend, als Großmutter und Mutter endlich kommen. Sie sind durchgefroren und riechen nach Rauch und berichten, daß der Trümmerhaufen jetzt brennt. Sie haben den Männern geholfen, die brennenden Balken aus unserem Hof zu entfernen, damit das Feuer nicht auf unser Haus übergreift.

Die Bombe, die das Haus unserer Nachbarn zum Einstürzen brachte, ist genau hinter deren Haus niedergegangen. Die dicke Bruchsteinmauer unserer Scheune, die im Winkel zu ihm stand, ist zwar in sich zusammengefallen, hat aber andererseits die Wucht der Explosion abgefangen. Wäre die Mauer nicht gewesen, würde unser Haus auch nicht mehr stehen. »Nach dem Krieg«, sagt die Großmutter, »bauen wir als erstes die Scheune wieder auf, denn der Karl braucht sie, wenn er wiederkommt.«

Herr Scheid hat neben seiner Landwirtschaft eine Schreinerei. Er hat vorerst alle Fenster unseres Hauses und auch die Haustüröffnung mit Brettern zugenagelt. Will eine der Frauen ins Haus, um etwas zu holen, dann muß er mitgehen und zwei oder drei Bretter lösen, damit man durchsteigen kann.

Die Großmutter bleibt nicht lange bei uns. Sie wollte sich nur ein bißchen aufwärmen, sagt sie. Dann geht sie wieder zum Haus. Sie wird in der Nacht Wache halten, damit das Feuer nicht doch noch unser Haus schluckt. Alle versuchen, es ihr auszureden, aber sie läßt sich nicht aufhalten.

In der Nacht liegen wir wach in den fremden Betten, die kalt und feucht sind und sehr schmal, und erzählen von den Schreckensereignissen, und die Federbetten plustern sich immer mehr auf, bis sie dick und prall sind, und es ist, als wäre all das Schreckliche, was wir erlebt haben, in sie hineingekrochen. Sie wärmen nicht; sie nehmen uns noch Wärme ab und werden von Stunde zu Stunde schwerer, und sobald wir uns bewegen, dringt kalte Luft ins Bett.

Die Mama erzählt, daß in unserer Straße zwei weitere Häuser ihre Bewohner unter sich begraben haben. Insgesamt gab es sieben Tote. Mehrere Häuser, Scheunen und Ställe wurden ganz oder teilweise zerstört.

Und immer wieder kommt meine Mutter auf Edda zu sprechen. Sie kann es nicht begreifen, daß ausgerechnet die liebenswerte, unschuldige Edda umgekommen ist.

Wenn man nicht gewußt hätte ... man wäre versucht gewesen, sie aufzuwecken, denn sie habe ausgesehen, als ob sie schliefe ... Wie Schneewittchen habe sie ausgesehen mit ihren langen schwarzen Locken ... Genauso schön wie Schneewittchen. Die arme Edda ... Und nun müsse man es ihrem Verlobten schreiben.

Gegen Morgen kommt die Großmutter. Sie legt sich zu meinem Bruder ins Bett, der inzwischen eingeschlafen ist, und wärmt sich an ihm. Es bestehe jetzt keine Brandgefahr mehr für unser Haus, sagt sie.

Die beiden Frauen erzählen sich gegenseitig noch einmal die Ereignisse des vergangenen Tages, und immer wieder ist es, als hätten sie etwas vergessen oder übersehen, worüber sie dann anschließend ausführlich sprechen.

Ein beißender, ätzender Brandgeruch haftet uns an. Selbst die Kopfkissen und die Decken riechen schon danach.

»Das geht erst wieder weg, wenn wir uns baden und die Haare waschen und wenn alle Kleider gewaschen sind«, meinen die Frauen.

Täglich gibt es jetzt neue schlechte Nachrichten. »Seit den Bomben« (die Bomben sind zur Zeiteinteilung für uns geworden, die Zeit vor und die Zeit nach den Bomben), »seit den Bomben« also ist unsere Katze verschwunden, die Hühner sind verstört und kommen nicht aus dem Stall, und – für die Frauen das schlimmste – in unserem Haus sind alle Wasserleitungen eingefroren und zum Teil geplatzt, weil in der Aufregung niemand daran gedacht hat, den Haupthahn zuzudrehen und die Leitungen leerlaufen zu lassen. Der Strom ist ausgefallen, und im Zählerkasten hat es einen Kurzschluß gegeben, der fast einen Brand ausgelöst hätte. »Wir hatten noch Glück«, trösten sich meine Mutter und die Großmutter, »er ging von allein wieder aus.«

Am Abend des fünften Tages »nach den Bomben« kommt die Katze wieder. Abgemagert, mit struppigem Fell und irren Augen. Mama bringt ihr noch ein Schälchen frische Milch ans Haus.

Am nächsten Morgen ist die Milch gefroren, und die Katze ist nicht mehr da. Mama nimmt an, daß sie verschüttet war und den Verstand verloren hat, wenn es bei Tieren so was gibt. »Sie hat die Bomben in sich getragen«, sagt sie. »Es wäre nie mehr was geworden mit ihr.«

Ich weine um meine Katze und werfe meiner Mutter vor, daß sie schuld ist an ihrem Tod, weil sie mich an dem Abend, als sie gekommen war, nicht mitgehen ließ. Denn ich bin sicher, daß die Katze in meiner Gegenwart die Milch getrunken hätte.

»Aber sie war ein zweites Mal doch gar nicht mehr gekommen. Ich habe überall gelockt und gerufen, und die Milch stand am nächsten Morgen noch, wie ich sie hingestellt hatte. Sie war nur gefroren.«

Im stillen hoffe ich jedoch, daß die Katze nicht tot ist.

Ich darf nun dabeisein, wenn Großmutter und Mama nach dem Abendessen noch einmal zu unserem Haus gehen, denn ich bilde mir fest ein, die Katze würde eines Abends wiederkommen.

Der Mond humpelt mit uns die Straßen hinauf und nutzt die Häuser und Scheunen, um sich dahinter zu verstecken. Doch über dem Trümmerhaufen von Webers ehemaligem Haus zieht er sich so weit zurück, daß er ganz klein aussieht, und die anderen Nachbarhäuser, die die Bomben überstanden haben, stellt er in ein fahles graues Licht.

Die Frauen machen sich nützlich bei Familie Scheid und suchen sich tagsüber im Haus und im Stall Arbeit.

Frau Scheid weiß, daß meine Mutter nähen kann, und bittet sie, eine Sarggarnitur zu nähen. Im Dorf ist eine alte Frau gestorben, deren Angehörige bei Herrn Scheid einen Sarg bestellt haben.

»Ich mache das nicht gern, weil das Papier immer so schnell einreißt«, bemerkt Frau Scheid, während sie meiner Mutter die Papierrolle mit den eingepreßten Sternchen und die Papierspitzen gibt. Sie schreibt die Maße, nach denen die Unterlage, Kopfkissen und Decke zu nähen sind, auf einen Zettel.

Ich stehe neben der Nähmaschine und schaue Mutter bei der Arbeit zu. Sie erzählt mir, daß Edda auf einem richtigen Kopfkissen gelegen hat und nicht auf einem Papierkissen und daß Tante Bienchen ihr das wunderschöne blaue Sonntagskleid angezogen hat und Strümpfe und Schuhe, und daß sie ausgesehen habe, als wenn sie sich nur ein wenig zum Schlafen hingelegt hätte.

Als meine Mutter fertig ist, gehen wir über den Hof in die Schreinerwerkstatt, wo Herr Scheid noch an dem Sarg arbeitet. Auf seinem Kanonenofen, den er mit Sägemehl und Holzabfällen heizt, kocht blubbernd der zähe braune Knochenleim und stinkt.

Mit feinen Hobelspänen stopft Mutter Unterlage, Kissen und Decke aus und näht sie anschließend zu. Sie ist ein bißchen ärgerlich, weil das Papier ständig einreißt, obwohl sie ganz vorsichtig näht.

Da kommt Frau Scheid. Sie hätte ja beinahe die Erbse vergessen. »Die Erbse?« fragt meine Mutter. Und dann flüstern sie miteinander. Nein, sie brauche nicht mehr aufzutrennen. Man könne die Erbse ja auch unten in den Sarg legen, denn es käme bestimmt niemand auf die Idee, unter die Unterlage zu schauen.

Dummerweise frage ich, was es mit der Erbse auf sich hat, obwohl ich wissen müßte, daß sie mir nicht antworten werden, weil sie vorher geflüstert haben und etwas vor mir verheimlichen wollen.

»Das da«, sagt die Bäuerin, und sie meint mich damit, »das schwätzt auch nur, wenn's will. Allerdings die Sach' hier, die scheint's zu interessieren. Da hab ich's dauernd babbele gehört. Aber manchmal, dann kriegt man kein Wort aus ihm raus. Dann hat's wohl Angst, der Hintern würd länger halten als das Maul.«

Sie sagt es nicht böse. Trotzdem bin ich beleidigt. Jetzt erst recht werde ich die Sache mit der Erbse rauskriegen. Und es ist gar nicht so schwer, wie ich gedacht habe, denn abends, als wir vier allein in dem Raum sind, in dem wir schlafen, frage ich sofort, und die Mama gibt mir bereitwillig Auskunft:

Wenn man eine Warze hat, die man loswerden will, reibt man sie mit einer Erbse ein, die man hernach einem Toten in den Sarg legt. Mit der Erbse nimmt er die Warze mit ins Grab. Die Angehörigen der Toten dürfen es allerdings nicht wissen, weil sie es nicht wollen und die Erbse wieder herausnehmen würden. Deshalb näht man sie am besten ein. Meine Mutter sagt, daß sie nicht gewußt hat, daß so was möglich ist.

»Und das Sprüchlein darf man nicht vergessen«, wirft die Großmutter ein.

»Welches Sprüchlein?«

Sie zögert. Also doch ein Geheimnis, was ich nicht wissen darf.

»Na ja«, antwortet sie ein bißchen verlegen. »Man sagt: Im Namen des Vaters, des Sohnes und des Heiligen Geistes. Sonst klappt es nicht.«

Hätte sie deswegen zögern müssen? Ich bin mißtrauisch geworden.

»Es gibt aber auch noch andere Methoden«, sagt die Großmutter. »Manche Leute spießen eine Schnecke, die sie vorher über die Warze kriechen ließen, auf einen Dorn, und wenn die Schnecke vertrocknet ist, ist auch die Warze verschwunden. Aber auch dabei muß man das Sprüchlein sagen.«

Ich mag zwar keine Schnecken, aber wenn sie so grausam mißbraucht werden, tun sie mir leid.

Nach zehn Tagen können wir wieder in unser Haus einziehen. Herr Scheid hat eine einfache Haustür aus rohen Fichtenbrettern gezimmert und die Fensterrahmen in der unteren Etage repariert und neu verglast. Überall riecht es nach Fensterkitt. Die Fenster im Obergeschoß bleiben vorerst noch mit Brettern zugenagelt, weil es nicht genügend Glas gibt. Später, wenn der Krieg zu Ende ist, will Herr Scheid uns wieder eine richtige Haustür machen und Fensterscheiben einsetzen, so viele wir haben wollen.

Später!

Wir sitzen am Küchentisch, und ich fühle mich fremd in unserem eigenen Haus. Alles ist noch kalt und feucht, obwohl meine Mutter schon zwei Tage vor unserem Einzug Feuer angemacht hat. Auch der ätzende Brandgeruch sitzt noch in allen Winkeln des Hauses.

Daß ich mich jetzt zu Hause nicht wohl fühle, ist ein Zeichen dafür, daß ich mich bei Familie Scheid recht gut eingelebt hatte. Ich vermisse die Tiere, den Dackel Hansel besonders und die Katzen. Sie durften zwar nicht ins Haus, aber im Stall und in der Scheune konnte ich herrlich mit ihnen spielen. Die Kühe und die lustigen grunzenden Schweine, die ich gern beim Füttern beobachtete, vermisse ich auch, und nicht zuletzt den großen Mittags- und Abendbrottisch.

Hier sind wir wieder allein, und die Trauer ist wieder da und füllt schwarz die Ecken aller Räume.

Die Großmutter empfindet es anders. Sie ist froh, wieder zu Hause zu sein. »Noch nie war der Spruch so wahr«, sagt sie und deutet auf das Überhandtuch an der Wand, auf dem eine aus blauem Garn gestickte Holländerin vor einem Küchenherd steht und in einem Kochtopf rührt. Der Spruch darunter aus verschnörkelten, gestickten Buchstaben lautet:

»Eigner Herd ist Goldes wert.«

»Nicht, daß du denkst, ich wäre undankbar Familie Scheid gegenüber«, sagt sie zu Mama. »Im Gegenteil, ich bin froh und dankbar, daß sie uns aufgenommen haben, aber daheim ist daheim, und wenn's in der Holzecke ist.«

Seit Edda tot ist, kommt Onkel Fritz fast jeden Abend zu uns. Einmal erzählt er, daß sich Tante Bienchen seit dem Tod ihrer Tochter völlig verändert habe, und er könne manchmal ihre Gefühlsausbrüche nicht mehr ertragen. Ohnmächtiger Zorn gegen die, die den Krieg weiterführen und noch immer nichts begriffen haben, wechselt ab mit stundenlangem Weinen. »Gell, Nettche«, sagt er zur Großmutter, »du verstehst das?«

Lange Zeit sagt niemand ein Wort. Onkel Fritz schaut über den Rand des Küchentischs. Sein Blick fällt in eine Tiefe und findet nirgends Halt. Bis er mit einem Ruck zurückspringt.

Onkel Fritz schaut von einem zum andern und kratzt sich am Kopf. Ich glaube, daß er jetzt »an etwas brütet«, wie Mama sich einmal der Großmutter gegenüber ausgedrückt hat. Sie behauptete damals, sie würde es vorher immer merken, wenn er etwas habe, womit er nur schwer herausrücken könne.

Tatsächlich sagt er nach einer Weile, er würde ja gern etwas erzählen, aber das sei so ungeheuerlich, und man dürfe es nicht laut sagen. Das könne einen Kopf und Kragen kosten.

»Das Kind sagt nichts weiter. Da kann man sich drauf verlassen«, antwortet ihm die Großmutter. Sie weiß gar nicht, wie stolz sie mich mit ihrem Vertrauen macht, und im stillen bin ich ihr sehr dankbar, daß ich es hören darf, woran Onkel Fritz »gebrütet« hat, denn es ist meist etwas sehr Interessantes.

»Na dann!« beginnt er seine Rede. »Aber ihr dürft's niemandem weitererzählen. Man weiß ja nicht, ob's wirklich wahr ist, und im Ernstfall würden die alles abstreiten und bekämen auch noch recht ... Es hat mir jemand erzählt, am Abend vor den Bomben hätte unsere Flugwache mit einem amerikanischen oder englischen Flugzeug Funkverbindung gehabt. Die sollen fließend Deutsch gesprochen haben, ganz ohne Akzent, so daß niemand was gemerkt hat. Sie ließen sich die genaue Position durchgeben und haben sich dann mit ›Good bye!‹ verabschiedet. Und wißt ihr, was das heißt? Das heißt ›Auf Wiedersehen!‹ Und sie kamen ja dann tatsächlich am nächsten Tag und haben das ganze Elend angerichtet. Die zwei von der Flugwache, die an dem Abend Dienst hatten, die plagt jetzt ihr schlechtes Gewissen. Ich weiß, wer's war. Die Namen sag ich nicht; vielleicht später mal ... Der Ami, der wollte die Flugwache treffen, hat sie aber nicht in der Bretterbude auf dem Feld vermutet, sondern in einem der letzten Häuser. Unser Pech, daß unsere Straße die höchstgelegene im Dorf ist und auf die Flugwache zuführt.«

Ich stelle mir die steifen alten Männer von der Flugwache vor mit ihren »Volkssturm«-Binden an den Ärmeln und ihren Pistolen an den Koppeln, wenn sie an unserem Haus vorbeigehen oder auf ihren Fahrrädern vorbeifahren zur Wachablösung mit einem gewissen arroganten Trotz in ihren Gesichtern, den sie zu ihrem Dienst mitnehmen und auch wieder mit zurückbringen. Seitdem sie Hermine und mich beim Birnenstehlen beobachtet haben, begegne ich ihnen mit besonderer Vorsicht.

»Wenn ich wirklich wüßte, daß es wahr wäre«, sagt Onkel Fritz, »ich würde die Kerle umbringen, obwohl sie ja eigentlich auch nichts dafür können.«

In Windeseile verbreitet sich die Nachricht von Haus zu Haus: Ein amerikanisches Flugzeug mußte im Feld in Kreft notlanden. (Es ist die Gemarkung, in der auch unser Acker liegt.) Als ich loslaufen will, hält mich meine Mutter zurück. Ungeduldig warte ich nun am Straßenrand auf neue Nachrichten, die sich überschlagen: eine viermotorige Maschine. Saubere Bruchlandung. Nur die Wipfel von ein paar Apfelbäumen wurden abrasiert, und auf dem geackerten Feld ist das Fahrgestell des Flugzeugs abgebrochen. Neun Mann Besatzung. Neun Amis! Volkssturmmänner haben sie gefangengenommen und bringen sie zum Kreisleiter. Sie müssen hier am Haus vorbei! Auf welchem Weg sonst käme man von Kreft in die Kreisstadt G.? Der Kreisleiter muß dann sehen, was er mit ihnen macht, sagen die Leute. Und sie sagen, man müsse sie bespucken, wenn sie hier vorbeigehen. Vielleicht haben die die Bomben geworfen. Und wenn's andere waren, dann ist's auch nicht schlimm. Die sind alle gleich. Bespucken muß man sie! Was die uns angetan haben!

Und ich? Ich werde sie ebenfalls bespucken und beschimpfen und mit Steinen von Webers Haus bewerfen! Mit einem scharfen Messer werde ich auf sie losgehen! Mein Haß und meine Wut werden sie töten! Jetzt endlich werde ich Gelegenheit dazu haben. Diese Kerle werden mir nicht entkommen wie damals der Fallschirmspringer, den ich noch nicht einmal anschauen durfte.

Der Feind, all die Jahre unantastbar, abstrakt. Das Wort Feind ein Synonym für das Böse, Grausame schlechthin. Jetzt endlich wird er zur Person. Faßbar! Wie schrecklich, wie furchterregend, wie grauenhaft werden sie aussehen, die Feinde? Sie müssen scheußlich aussehen! In meiner Vorstellung und Phantasie können nur die gräßliche Taten vollbringen, die auch gräßlich aussehen. Diesmal wird mich keine Macht der Welt davon abhalten, sie umzubringen.

»Sie kommen! Sie kommen!«

Leibhaftige Feinde! Endlich treten sie aus ihrer Anonymität heraus! In drei Dreierreihen marschieren sie mit hocherhobenen Händen die Straße herunter, auf jeder Seite von bewaffneten Volkssturmmännern eskortiert und bewacht.

Für mich bricht eine Welt zusammen: Es sind gar keine Bestien. Es sind ganz normale Soldaten, die nur eine andere Uniform tragen als unsere deutschen Soldaten.

Ich bin nicht fähig, ein Wort zu sagen, und fühle, wie meine Arme schwer werden. Ich schaue die fremden Männer an, die eine Weile auf der Stelle zu marschieren scheinen, weil mein Bewußtsein ähnlich wie bei dem Bombenangriff reagiert. Unzählige Bilder drängen sich in meine Wahrnehmung. Ich sehe jedes Gesicht, jede Hand, jede Haarfarbe, jede Uniform, jeden Stiefel. Und dann marschieren sie ganz dicht an mir vorbei. Ich könnte nach ihnen greifen, würde ich nur den Arm ausstrekken. Ich könnte sie berühren, die Feinde, die gar nicht wie Feinde aussehen, jedenfalls nicht so, wie ich sie mir vorgestellt habe. Ich erkenne schlagartig meinen Irrtum. Erkenne, daß Menschen zu Feinden werden können und sich gegenseitig Leid und Qualen zufügen und sogar umbringen.

Tagelang ist Kreft Sperrgebiet. Und wir Kinder würden so gern das Flugzeug sehen! Als es endlich an einem Sonntag zur Besichtigung freigegeben wird, pilgern alle Dorfbewohner nach Kreft. Auch Mama und die Großmutter gehen mit.

Aluminiumteile liegen auf dem Feld verstreut, und manche Männer wissen genau, an welcher Stelle des Flugzeugs diese Teile abgebrochen sind. Wir sehen die »rasierten« Apfelbäume und die Öl- und Schleifspuren auf den Feldern. Vor dem Flugzeug stehen die Leute Schlange, um einmal in den Innenraum schauen zu können. Als wir endlich hinein dürfen, verzichtet die Großmutter. Es sei ihr zu beschwerlich, da hinaufzusteigen, sagt sie. Sie wartet draußen auf uns.

Hell scheint die Sonne durch die kleinen Fenster; viel heller als draußen, und es riecht stark nach Benzin und verbranntem Gummi. Und wie klein die schwarzen Ledersitze sind und wie hart! Im Cockpit die vielen Uhren und Instrumente. Buben zanken lautstark um den Platz hinter dem Steuerknüppel.

Mein Bruder wird später zu Hause »fliegen« und »landen« spielen, und nach dem Krieg werde ich ihn oft zum Flieger begleiten müssen, weil die Mama nicht will, daß er allein hingeht.

»Schokolade, Zigaretten, Fallschirme aus echter weißer Seide, Lederhandschuhe und Lederriemen, Stiefel und Jacken! Mein Gott«, sagt Onkel Fritz eines Abends, »was da nicht alles drin war in dem Flugzeug! Als wir hin durften, waren die Sachen natürlich schon verteilt. Aber sollen sie fett werden damit! Davon wären unsere Leute auch nicht wiedergekommen.«

Unter vorgehaltener Hand wird immer öfter vom Ende des Krieges gesprochen. Die Großmutter unterhält sich manchmal mit dem Lutze Vetter von gegenüber. Es werde nicht mehr lange dauern, habe er gesagt. Sie hat Respekt vor ihm, sagt sie, weil er das mit dem KZ durchgestanden hat.

Manchmal gehe ich mit der Großmutter zu den Nachbarn, denn sie haben einen schwarzen Spitz und zwei Katzen, die sich nicht vor dem Hund fürchten. Wenn er ihnen zu frech wird, bekommt er ihre Krallen zu spüren. Ich beobachte sie gern. Auch die Küche ist interessant. Sie hat keinen Holzfußboden wie die meisten Küchen, die ich kenne, sondern einen schwarzweißen Terrazzoboden, der immer sehr kühl ist. Von der Küche aus führt eine gewendelte Holztreppe ins Obergeschoß des Hauses. An der Rückseite der Treppenstufen hängen kupferne Pfannen und Kuchenformen. Der Küchenherd ist außergewöhnlich groß und schön und steht auf schwarzlackierten gußeisernen Füßen. Er besitzt eine Rückwand aus schwerem weißen Email, die genau wie der Herd selbst mit bunten Blumengirlanden verziert ist.

Die beiden flachen Blechdosen unterm Herd, die immer wie frisch gespült aussehen, schiebt der Spitz auf dem Steinfußboden manchmal geräuschvoll hin und her, um zu zeigen, daß sie leer sind. Aber die Lutzewees und auch ihre beiden Töchter reagieren nicht darauf, obwohl er ihnen wichtiger zu sein scheint als alle ihre anderen Tiere, denn bei Alarm bringen sie ihn mit in unseren Bunker.

Die Lutzewees sitzt meistens am Tisch und schält Kartoffeln oder Äpfel oder putzt Gemüse, während die eine Tochter für den Garten zuständig ist und die andere für die Sauberkeit im Haus.

Neben dem Küchentisch hängt ein Überhandtuch mit dem Spruch: »Die kluge Hausfrau kocht mit Fleiß des Ehegatten Lieblingsspeis.« Bewußt behellige ich zu Hause die Großmutter mit albernen Fragen: Ob die Lutzewees ihrem Mann jeden Tag seine Lieblingsspeise koche und was das wohl sei?

»Ich weiß es nicht, und außerdem ist es ungehörig, Leute nach diesen Dingen zu fragen«, antwortet die Großmutter. Sie wird mit derartigen Fragen schnell fertig.

Deutsche Soldaten sind im Nachbardorf! Die Nachricht verbreitet sich wie ein Lauffeuer. Jetzt kann's nicht mehr lang dauern, bis die Amis kommen. Mutter und Großmutter prüfen und überlegen, was man eventuell vor den anrückenden feindlichen Truppen verstecken oder im Garten vergraben sollte und was man am besten vernichtet, um nicht als Nazi eingestuft zu werden, was womöglich dazu führen könnte, daß das Haus samt Einrichtung zerstört oder angezündet würde.

Unter einem Obstbaum vergraben wir in einem großen Kochtopf mit überstehendem Deckel, damit kein Wasser eindringen kann, unser Silberbesteck, den vergoldeten Schmuck, den die nationalsozialistischen Machthaber verschmäht haben, und Papas Fotos von der Ostfront. Eine dicke Schicht Erde kommt darüber und dann das zuvor sauber ausgestochene Rasenstück. Schön festtreten, daß niemand was merkt.

Ein Führerbild gibt es seit einem Jahr ohnehin nicht mehr im Haus. Bloß »Mein Kampf«, das meine Eltern 1940 zur Hochzeit bekamen und das seitdem ungelesen im Kleiderschrank liegt, muß verschwinden. Es ersetzt ein paar Holzscheite im Küchenherd. Geschwind noch einen Kontrollgang durchs Haus. Zur Sicherheit. Alles deutet darauf hin, daß dies ein Frauenhaushalt ist, denn Papas Anzüge und Großvaters schwarzer Gehrock sind in einem Koffer verpackt, der in der hintersten Ecke im Keller steht.

Wieso meine Mutter im Dachboden über unserm Hühnerstall eine Uniform findet, ist mir heute unerklärlich. Es ist kaum anzunehmen, daß sie zu dieser Zeit schon (es ist März) den Brutplatz für unsere Glucke herrichten will. Eher schon, daß sie beabsichtigt, den Arbeitskittel meines Vaters, der dort immer an einem Nagel hängt, als wenn er gerade ausgezogen worden wäre, zu verstecken. Am wahrscheinlichsten aber ist es, daß morgens die Tür des Dachbodens offensteht, was man von dem seitlichen Küchenfenster aus sehen kann.

Meine Mutter findet jedenfalls eine komplette deutsche Uniform. Verdreckt, blutverkrustet, an einer Stelle eingerissen. Knöpfe fehlen. Unter dem Mantel liegen ein Gewehr und eine Menge Munition. Statt dessen fehlen Papas alte Arbeitshose, ein blaues Wams, der Arbeitskittel und seine alten, ausgetretenen und dick mit Gartenerde verklebten Schuhe.

»O Gott, vielleicht ist der Papa ...«

In der Manteltasche steckt eine Erkennungsmarke. Mutter liest. Enttäuscht sagt sie: »Wie hätte auch der Papa von Rußland bis hierher kommen sollen?«

Ich schaue den leeren Nagel an und dann die Backsteinwand und weiß, wenn ich mit dem Fingernagel daran kratzen würde, würde sie in rotbraunen Staub zerfallen.

Mutter betrachtet noch immer die Erkennungsmarke. Sie rechnet: »Achtzehn Jahre ist er alt. Er ist desertiert! Hoffentlich kommt er bis nach Hause ... Er ist ja noch ein Kind! Ein Kind, das leben will! Bloß das Zeug hier. Das müssen wir loswerden! Und zwar sehr schnell.«

Mama nimmt vorsichtig das Gewehr und die Patronen. Ich merke, daß sie Angst davor hat. Ich soll die Uniform nachbringen. Neben der Wand des Hühnerstalls gräbt sie ein großes und tiefes Loch, legt zuunterst das Gewehr und die Munition und darüber die Uniform, die sie in einen leeren Kartoffelsack gesteckt hat. Jetzt kommt noch ein großer Blechdeckel darüber und schließlich die Erde, von der aber ein Teil übrigbleibt, weil wir sie nicht so fest einstampfen können, denn Mama befürchtet, die Munition könne von dem Druck explodieren.

Die restliche Erde verteilen wir auf einem Gartenbeet, um eventuelle »Schatzgräber« irrezuführen. Auf das wirkliche Versteck pflanzen wir Löwenzahn und Gänseblümchen, die den Winter überstanden haben. Jetzt kommt niemand auf die Idee, daß dort etwas vergraben sein könnte.

Abends erzählt Onkel Fritz der Großmutter und meiner Mutter, an der Chaussee oben am Waldrand hätten die Deutschen einen jungen Soldaten an einer Buche aufgehängt, und er trage ein Schild um den Hals mit der Aufschrift: »So ergeht es Deserteuren.«

»Ein Bub ist's noch. Wirklich ein Bub!« Onkel Fritz hat ihn gesehen, als er mit seinen Kollegen von der Grube kam. Sie wollten ihn runternehmen, aber da habe einer gesagt: »Der muß hängenbleiben zur Abschreckung!«

»Aber«, fügt Onkel Fritz hinzu und schaut von der Mutter zur Großmutter und wieder zur Mutter, »der hat keine Uniform mehr an. Ich hätte schwören mögen, daß es Karls Kittel ist, den der immer angezogen hat, wenn er zu den Bienen gegangen ist, und die Schuhe sehen auch so aus, als ob's Karls alte Gartenschuhe wären ...«

»Ja, das stimmt«, antwortet meine Mutter. »Der hat sich in der vergangenen Nacht hier umgezogen. Über unserem Hühnerstall. Wir haben nichts davon gemerkt.«

»Dann schafft das Zeug schnell weg! Die Uniform und alles, was auf einen Soldaten schließen läßt. Aber so, daß niemand was findet. Das glaubt euch nämlich niemand, daß ihr nichts davon gemerkt habt.«

»Ja, ja, ich weiß«, antwortet meine Mutter. »Ich hab's ziemlich tief vergraben. Der arme Kerl! Dann war also alles umsonst. Dann ist er nicht weit gekommen. Diese Wahnsinnigen! Warum haben sie den Jungen nicht laufen lassen? Es gibt doch eh nichts mehr zu gewinnen. Er war grad achtzehn. Ich hab's auf seiner Erkennungsmarke gesehen. Die Vorgesetzten konnten doch so tun, als ob sie nichts bemerkt hätten.«

»Wie stellst du dir das vor? Das können sie nicht«, entgegnet Onkel Fritz. »Den Kameraden gegenüber können sie das nicht. Da würde zum Schluß keiner mehr kämpfen wollen. Die Kampfmoral muß doch erhalten bleiben.«

»Was das noch mit Moral zu tun hat, das möcht ich wissen!« sagt Mutter.

Und dann kommen auch in unser Dorf deutsche Soldaten. Offiziell! Verstört und wie aufgescheuchte Hühner laufen die, die von der siegreichen Armee übriggeblieben sind, durch die Straßen, suchen in den Häusern Schutz vor Tieffliegern und vor der Artillerie, die genau zu wissen scheint, daß Soldaten bei uns sind, weil sie von diesem Augenblick an ununterbrochen von der linken Rheinseite aus zu uns herüberschießt.

Jetzt zeigt sich, wie klug Großvaters Entschluß war, uns einen Bunker zu bauen. Während viele Dorfbewohner Zuflucht in Schieferstollen und Steinbrüchen suchen, können wir zu Hause bleiben; annähernd zu Hause.

Mit warmen Jacken, Wolldecken und Körben voll Nahrungsmitteln flüchten sich die Nachbarn zu uns in den Bunker. Nun wird es eng, denn alle, die sich angemeldet haben, sind auch gekommen. Jeder bezieht seinen Stammplatz. Ich sitze zwischen meiner Mutter und Emma Keil. Kläuschen zwischen der Mama und der Großmutter. Und wieder mal habe ich das Gefühl, gefangen zu sein und ausgeliefert. Nur diesmal sind alle, die mir nahestehen, dabei. Mit gefangen und eingesperrt. Und wenn wir untergehen, gehen wir zusammen unter. Die Erwachsenen greifen in ihren Gesprächen fast ausschließlich dieses Thema auf, und es wird darüber diskutiert, ob unsere Bunkerdecke einem Volltreffer standhalten würde. Die Männer, die beim Bunkerbauen geholfen haben, geben sich zuversichtlich und verbreiten Optimismus. »Na klar, dann müßte schon eine Bombe direkt auf unsern Bunker fallen, und das ist so gut wie ausgeschlossen. Einer Granate hält unsere Decke garantiert stand. Da ist so viel Erde über uns! Da geht nichts durch!« Die alten Frontkämpfer aus dem Ersten Weltkrieg kennen sich natürlich aus.

Wir horchen auf jeden Abschuß der Artillerie. Jedem dumpfen Knall folgt ein spitzes, helles Pfeifen und schließlich der Einschlag der Granate. Manchmal überschneiden sich Abschüsse und Treffer, weil aus mehreren Kanonen geschossen wird. Je nach der Nähe des Einschlags dröhnt unsere Bunkerdecke. Erde rieselt herunter. Manchmal verlöscht sogar die Karbidlampe.

Die vielen Leute reden dann meist wild durcheinander. Jeder befürchtet eine noch schlimmere Explosion, noch näher, noch direkter, und das Dunkel macht alles noch bedrohlicher.

Wenn sie dann schweigend in die Finsternis lauschen und ein neuer Pfeifton neues Unheil ankündigt, wird die Spannung unerträglich. In diesen Augenblicken möchte ich schreien. Erst wenn sich die Großmutter zur Karbidlampe vortastet und ein Streichholz entzündet, atme ich wieder durch. Es kann während dieser Zeit passieren, daß die Lampe »absäuft«. Dann dauert es einige Streichholzlängen, und die Großmutter muß viel Geschick beweisen im Zu- und Aufdrehen der Wasser- und Gasventile, bis die Lampe wieder brennt.

Es gibt aber auch Feuerpausen, die genutzt werden, um die Tiere zu versorgen. Besonders wenn es dunkel ist, fühlen sich die Menschen sicherer außerhalb ihrer Verstecke. Ein Trugschluß, denn die Artilleriegeschütze, die auf unser Dorf fixiert sind, können im Dunkeln genauso sicher treffen.

Morgens früh und abends schleicht sich Onkel Fritz ins Dorf, um seine Kuh zu füttern, zu melken und zu misten. Er bringt immer einen Topf Milch mit zurück.

Otto Keil versorgt seine Hühner, sein Schwein und seinen Hund.

Familie Fuchsberger sorgt sich um ihre Ziege, die wahrscheinlich bald hungern muß, denn die deutschen Soldaten haben in ihrem Hof zwei Pferde abgestellt und verfüttern an diese das Heu. Die Pferde gehören zu der Feldküche, die neben dem letzten Haus in unserer Straße unter einem Baum abgestellt ist.

Der Lutze Vetter ist der größte Landwirt in unserer Runde. Er hat zwei Kühe, zwei Schweine, drei Schafe, Hühner und den schwarzen Spitz, der allerdings bei uns im Bunker ist. Auch Familie Lutz spendiert die Milch von ihren Kühen.

Die Wurst- und Brotvorräte, die sich jede Familie mitgebracht hat, brauchen sich allerdings schneller auf, als sie wieder aufgefüllt werden können, da der Bäcker nicht wie üblich backen kann.

Einmal bringt Onkel Fritz drei Laibe Brot mit, als er vom Füttern kommt. Sie werden so verteilt, daß jeder etwas davon bekommt. Erst als ich gegessen habe, merke ich, daß ich furchtbaren Hunger habe. Emma Keil kramt aus ihrem Korb ein großes Stück geräucherte Wurst. Es ist eine Hausmacher Dauerwurst, und sie riecht köstlich. Mit einem scharfen Küchenmesser schneidet sie sich mundgerechte Stücke ab und ißt sie. Mir läuft das Wasser im Mund zusammen. Dieser oft ohne Überlegung gebrauchte Ausdruck trifft diesmal den Kern der Wahrheit. Ich schmecke die Wurst auf der Zunge, und da »Tante Emma«, wie ich sie nenne, mir nichts davon abgibt, schaue ich weg, in der Hoffnung, nicht mehr an die Wurst denken zu müssen. Doch da merke ich, wie Tante Emma unruhig wird und in den Falten ihres weiten schwarzen Rockes wühlt. Sie sucht offenbar etwas. Plötzlich schaut sie mich an und fragt: »Hast du die Wurst genommen?«

»Nein!« Ich spüre Wut in mir aufsteigen. Wie kann sie mich verdächtigen und so etwas Verächtliches fragen?

Da höre ich, wie der schwarze Spitz vom Lutze Vetter in dem Wasser unter unseren Bodendielen herumstöbert, etwas herausfischt und laut schmatzend vertilgt.

»Ach, der Kerl hat sie jetzt gefressen!« sagt Tante Emma nur, und ich fühle eine tiefe, satte Genugtuung.

Auf der Rheinhöhe in einem nur drei Kilometer von uns entfernten Dorf liegt eine größere deutsche Einheit, was den Alliierten natürlich nicht entgangen ist, und als die Deutschen nicht bereit sind, ihre Stellung aufzugeben, decken die Amerikaner das Dorf großflächig mit Brandbomben ein. Siebzehn Häuser und die dazugehörigen Nebengebäude brennen ab. Kühe, Schweine und Hühner kommen im Feuer um. Auch die

Kirche ist getroffen und brennt bis auf die Seitenwände aus. (Zwei Tage später werden die Amerikaner alle Männer des Dorfes in die zum Teil noch glühende Kirche treiben.)

O Gott, o Gott, was man nicht alles hört: »Die Amis sind nicht alle so weiß wie wir. Es sind Neger unter ihnen. Mohren. Kohlpechrabenschwarze Mohren! Und die, die sind wie Vieh, die machen sich über die deutschen Mädchen her!«

Irma, das junge Mädchen aus der Nachbarschaft, das sich vor wenigen Jahren erfolgreich gegen die Zugriffe deutscher Soldaten gewehrt hat (die Szene ist im Foto festgehalten), will doch jetzt nicht »bestialischen Mohren« in die Finger fallen! Es glaubt, im Stollen des Steinbruchs sicherer zu sein als bei uns, und macht sich zusammen mit Lony Fuchsberger auf den Weg dorthin. Doch schon nach der ersten Nacht kommen sie zurück. Nein, dort hält man's nicht aus. Die Menschen sitzen und kauern dicht gedrängt. Die Luft ist zum Schneiden, denn es gibt keine Lüftung. Es stinkt erbärmlich. Die Kinder machen ihr »Geschäft« in einer Ecke, und eine alte Frau läßt vor Angst »unter sich gehen«. Und erst auf dem Weg hierher! Ständig sind Granaten eingeschlagen. Nein, jetzt bringt sie niemand mehr hier weg! »Da hätte ich mir vor Ekel die Gelbsucht geholt«, sagt Lony Fuchsberger. Sie ist tatsächlich schon gelb im Gesicht.

Sechs Tage und sechs Nächte dauert nun schon der Artilleriebeschuß, und sechs lange Nächte hält die Mutter das schlafende Kläuschen auf dem Schoß. Wie schwer ein dreieinhalbjähriges Kind werden kann, weiß jeder, der in einer ähnlichen Situation war. Doch auch ich schlafe im Sitzen ein, angelehnt an Mamas Schulter, und damit ich nicht mit der feuchtkalten Wand, die mit alten Tüchern und Säcken verhängt ist, in Berührung komme, legt meine Mutter auch einen Arm um mich und hält mich auf diese Weise von der Wand ab. Das kann sie aber keine weitere Nacht mehr durchhalten, sagt sie und bittet die Männer, für Kläuschen und mich eine Pritsche zu zimmern, auf der wir schlafen können. Die Männer sehen die Notwendigkeit ein und bauen ein schmales Gestell, denn es ist ja kaum Platz dafür vorhanden. Etwas Stroh kommt darauf, ein altes Bettuch, eine Decke, und wir legen uns mit unseren Kleidern in das neue »Bett«. Jederzeit bereit, wegzulaufen.

Die Müdigkeit rückt das Pfeifen der Granaten und das Donnern ihrer Einschläge in eine Entfernung, die ungefährlich zu sein scheint. Ich schlafe sofort ein und lasse mich durch nichts und niemanden mehr stören.

Herrn Fuchsberger ist in der Nacht eingefallen, daß die deutschen Soldaten, die in seinem Hof die Pferde abgestellt haben, auf die Idee kommen könnten, sein Leiterwägelchen mitzunehmen, um irgendwelche Dinge zu transportieren. Das muß er auf jeden Fall verhindern, denn er braucht es doch so dringend, um für seine Ziege Futter zu holen. Er hat es sich überlegt, er wird ein Rad abmontieren und im Bunker verstecken, dann ist das Wägelchen unbrauchbar. Ja, genau das wird er tun. Er schleicht sich nach Hause. Als er nach zwei Stunden noch immer nicht zurück ist, sorgt sich Frau Fuchsberger um ihren Mann, zumal der Beschuß zugenommen hat. Sie erträgt das Warten nicht länger und geht ebenfalls nach Hause, um nach ihrem Mann zu sehen. Der hat indes zusammen mit den deutschen Soldaten in seinem Keller Schutz gesucht. Über Funk werden die Soldaten aufgefordert, sich unverzüglich weiter zurückzuziehen. Herr Fuchsberger erklärt ihnen den Weg durch den Wald. Sie nehmen nur die Pferde mit. Feldküche, Schusterwerkstatt und Bäckerei bleiben zurück. »Holt euch das Zeug!« sagen sie.

Fuchsbergers bringen die von den Soldaten zurückgelassenen Brote mit in den Bunker und erzählen, was dort sonst noch Wertvolles zurückgeblieben ist. Onkel Fritz und die Großmutter wollen sich diese Gelegenheit nicht entgehen lassen und machen sich gemeinsam auf den Weg. Ich laufe ihnen hinterher, ohne daß meine Mutter es merkt, denn sie würde mich mit Sicherheit zurückhalten.

Die Artillerie, von uns Ari genannt und von Großmutter Aro, weil dies bedrohlicher klinge, wie sie behauptet, die Ari hat eine Pause eingelegt, so daß wir unbehelligt bis zu den letzten Häusern unserer Straße kommen, wo sich die Feldküche befindet. Großmutter entdeckt eine große Menge Rindfleisch. Es stammt von Tieren, die in den Ställen von Granaten verletzt wurden und notgeschlachtet werden mußten. Großmutter rafft die riesigen Fleischstücke in ihre Schürze. »Nimm du die Schuhbürsten!« ruft sie mir zu, und ich packe meine Schürze voll nagelneuer Bürsten, während Onkel Fritz das Schusterwerkzeug nimmt: Leisten in verschiedenen Größen, Sohlen und Absätze. Und jetzt schnell zurück!

Wir haben gerade Fuchsbergers Haus erreicht, als nur wenige Meter von uns entfernt mitten auf der Straße eine Granate einschlägt. Granatsplitter, Gesteinsbrocken und Erde fliegen durch die Luft, dicht an uns vorbei, ohne einen von uns zu treffen. Der Schreck läßt mich zu Stein werden. »Wirf dich auf den Boden!« ruft mir die Großmutter zu. Während ich mich neben der Kellerwand von Fuchsbergers Haus auf den Boden fallen lasse, verliere ich sämtliche Schuhbürsten bis auf eine einzige, an der ich mich festhalte. Als sich der Staub verzogen hat, sehe ich, daß die Granate ein trichterförmiges Loch von etwa einem Meter Durchmesser in die Straße gerissen hat. »Komm«, sagt die Großmutter, »wir laufen dicht an den Häusern entlang, dann kann uns nichts passieren.« Wohlbehalten kommen wir im Bunker an. Die Großmutter hat das Fleisch gerettet und Onkel Fritz seinen Schusterkram. Sie ließen sich nicht von einer explodierenden Granate abschrecken. Nur ich habe eine geringe Beute gemacht: eine einzige Bürste! Aber ich bin froh, daß ich lebe. Und jetzt, nachdem in meiner unmittelbaren Nähe eine Granate eingeschlagen ist und die Gefahr zum Greifen nah war, würde mich keine Macht der Welt mehr aus dem Bunker zu locken vermögen.

Trotz ständigen Beschusses kocht die Großmutter in unserer Küche in dem großen Einkochapparat, in dem sonst Obst und Gemüse eingeweckt werden, einen Erbseneintopf. Als Mutter helfen will, sagt sie: »Bleib du bei den Kindern. Wenn mir was passiert, das ist nicht so schlimm.«

Aber es passiert ihr Gott sei Dank nichts. Als die Suppe fertig ist, laufen wir nacheinander vom Bunkerausgang zum Küchenfenster und holen uns die Erbsensuppe ab. Sobald die Großmutter mit einem gefüllten Teller am Fenster steht, läuft jemand los, schnappt sich den Teller und rennt damit zurück in den sicheren Bunker. Ich bewundere die Großmutter, die unerschrocken den »Aro-Beschuß« über sich ergehen läßt, als gehöre er zu ihrem normalen Alltag.

Die Suppe mit den dicken Fleischbrocken schmeckt köstlich. Aber leider bekommt jeder nur einen Teller voll. Sie hat noch nicht einmal für die Großmutter gereicht. Leise erzählt sie meiner Mutter, daß sie nichts mehr davon abbekommen hat.

An sämtlichen Dorfeingängen sind Panzersperren aufgestellt.

»Lächerliche Holzböckchen«, sagen die einen, »die von den amerikanischen Panzern überrollt werden. Trotzdem werden sie als Widerstand angesehen. Wegen der Panzersperren haben sie schon ganze Dörfer in Brand geschossen.«

»Aber wir müssen uns an die Befehle halten«, sagen die anderen.

»Was haben die uns noch zu befehlen? Die haben sich ja selbst aus dem Staub gemacht. Tut bloß die Panzersperren weg und hängt weiße Tücher raus! An jedes Haus und ein großes oben an den Kirchturm, daß man's von weitem sehen kann!«

Seltsam still ist es plötzlich. Fast gespenstisch! Kein Pfeifen mehr in der Luft und keine Detonationen.

»Die Amis sind schon am Viktoriastollen!« ruft jemand in die Stille. Der Viktoriastollen ist zwei Kilometer vom Dorf entfernt. »Weiße Tücher raus, und nix wie in den Bunker!«

Da sitzen wir nun wieder und warten. In der Stille vergeht die Zeit viel langsamer. Da werden Minuten zu Stunden.

Das Vieh müßte versorgt werden. Aber man kann's nicht wagen, rauszugehen, auch wenn jetzt nicht mehr geschossen wird.

»Quatsch!« sagt Onkel Fritz. »Das müssen die Amis doch einsehen, daß das Vieh nicht hungern kann. Ich jedenfalls lasse meine Kuh nicht verhungern. Jetzt ist es grad so schön ruhig. Jetzt mach ich mich fort. Eh' die Amis hier sind, bin ich fertig.« Seine Kuh steht unten im Dorf im Stall von Bekannten, seitdem sein Haus und sämtliche Nebengebäude von den Bomben zerstört wurden.

Nach kurzer Zeit kommt er blutüberströmt zurück. Mit der rechten Hand versucht er eine heftig blutende Wunde am linken Arm abzudrücken. »Weg da! Weg da!« schreit er immer wieder. »Die Amis sind schon im Dorf!« Und dann: »Verbindet mich! Sonst verblute ich!«

Lony Fuchsberger, die »auf dem Rathaus« angestellt ist und einen Erste-Hilfe-Kursus absolviert hat, verbindet Onkel Fritz. Doch das Blut dringt noch durch den Verband. Mutter sucht im Hof ein Stück Holz, das Lony verwendet, um Onkel Fritz einen Druckverband anzulegen. Aber so kann das nicht bleiben! Der Doktor muß herkommen, sonst verblutet Onkel Fritz. Bloß, wer soll ihn holen? Und ob er überhaupt kommt, wenn die Amis schon da sind? Man kann sich ja nicht auf die Straße wagen.

Zuerst mal legt sich Onkel Fritz auf die Pritsche. Ruhe tut ihm gut, und vielleicht hört die Wunde ja auf zu bluten.

Inzwischen riecht es in unserem Bunker nach Blut und nach dem Verband, und unser schönes, neues Pritschenbett ist innerhalb kurzer Zeit überall mit Blut verschmiert.

Aber endlich kann Onkel Fritz erzählen, wie es passiert ist: Als er die Amis gesehen hat, wollte er sofort zurücklaufen. Sie hielten ihn wohl für einen flüchtenden Soldaten und riefen »Stehenbleiben!« und »Hände hoch!«. Alles auf amerikanisch. Aber Onkel Fritz hat verstanden, was sie sagten. Ja, er wußte sofort, was sie wollten. Er blieb stehen, und während er die Arme hochnahm, fiel der Schuß. Die Amis kamen und haben sich seine Verletzung angesehen und haben was von Doktor gesagt, und dann ließen sie ihn laufen. Er hatte furchtbare Angst, er könnte unterwegs hinfallen, liegenbleiben und verbluten. Gott sei Dank hat er's bis hierher geschafft. Bloß die arme Kuh! Die muß jetzt hungern.

Und dann kommt plötzlich der Doktor in den Bunker und sagt, wir sollten alle mit hocherhobenen Händen rauskommen. Zusätzlich nimmt jeder noch ein weißes Tuch in die Hand. Zumindest ein Taschentuch.

Der herzkranke Joschte Pat keucht vor Aufregung. »Mei Herz! Mei Nerve! Zivil! Zivil!« stöhnt er. Ich stehe schräg hinter ihm. Sein massiger Körper stellt sich wie ein Schutzwall vor mich.

Auch Onkel Fritz mußte sein Lager verlassen und rauskommen.

»Du Soldat?« fragen die Amis.

»Ich nix Soldat! Ich Bergmann!« antwortet Onkel Fritz. Der Doktor übersetzt es.

Er wird mit Onkel Fritz zurück in den Bunker geschickt, um dessen Verletzung zu versorgen. Kurz darauf kommen sie zurück, und der Doktor sagt, der Arm sei sehr gut verbunden und könne so bleiben, aber morgen müsse Lony den Verband erneuern.

Wieder sprechen die Amerikaner mit dem Doktor. Er muß ihnen unseren Bunker zeigen, damit sie sich davon überzeugen können, daß sich keine deutschen Soldaten dort versteckt halten. Zwei Amerikaner folgen ihm mit schußbereiten Maschinenpistolen. Die anderen bewachen uns und schauen uns durchdringend an, wie wir dastehen mit unserem verlorenen Krieg, unserer Angst und unserer Verzweiflung. Und plötzlich ist alles so verworren. Alles scheint umsonst gewesen zu sein. Und selbst die Frühlingssonne vermag uns nicht zu trösten.

Ein Soldat schenkt Kläuschen und mir Kaugummi. Doch Kläuschen weiß nichts damit anzufangen, und ich fürchte, er könnte vergiftet sein. Meine Mutter nimmt ihn uns später wieder ab.

Über uns fliegt ein Flugzeug. Die alte Angst vor den Tieffliegern will uns überfallen. »Die schießen jetzt nicht mehr auf uns«, sagen die Leute.

Auf der anderen Straßenseite sehen wir ebenfalls amerikanische Soldaten mit Maschinenpistolen die Häuser stürmen und durchsuchen.

Alle Verstecke, auch die weit außerhalb des Dorfes liegenden Schieferstollen, wo sich Dorfbewohner während des Artilleriebeschusses aufgehalten haben, werden geräumt. Mit vollgepackten Handwägelchen und Kinderwagen kommen Frauen, Kinder und alte Leute die Straße herunter, eskortiert von amerikanischen Uniformierten.

Da keine Wasserleitung mehr intakt ist und auch die fremden Soldaten Wasser benötigen, muß es aus Brunnen genommen werden. Der nächste Brunnen befindet sich im Hof der Bäckerei. Wir sollen alle dorthin kommen, sagt jemand. Drei Soldaten erwarten uns. In unserer Gegenwart pumpen sie einen Eimer voll Wasser. Jeder von uns muß davon probetrinken. »Sie nehmen an«, flüstern die Leute, »wir hätten den Brunnen vergiftet, und wenn wir davon trinken, dann können sie sicher sein, daß ihnen nichts passiert.«

Eine Nacht verbringen wir noch in unserem Bunker, während ununterbrochen amerikanische Panzer durchs Dorf rollen. Die Tücher und Säcke, mit denen wir die naßkalten Wände verkleidet hatten, müssen erst wieder notdürftig angebracht werden, denn die Amerikaner haben sie bei ihrer Kontrolle heruntergerissen.

Onkel Fritz schläft auf der blutverschmierten Pritsche und Kläuschen und ich im Sitzen auf unseren angestammten Plätzen.

Am nächsten Tag bestellt der Gemeindediener alle Bürger zum Rathaus. Wirklich alle. Und alle Wehrmachtsangehörigen beziehungsweise ehemaligen Wehrmachtsangehörigen haben in Uniform zu erscheinen. Alle Waffen sind sofort auf dem Rathaus abzuliefern, ebenso alle Foto- und alle Radioapparate.

Auf der Rathaustreppe stehen amerikanische Offiziere und der seit kurzem eingesetzte, politisch unbelastete Bürgermeister. Mit der Ortsschelle verschafft er sich Gehör:

»Alle Bürger der Gemeinde haben sich umgehend in die Klappergasse zu begeben und sich dort in Häusern und Scheunen bis auf weiteres aufzuhalten«, ruft er in die unruhige Menge. »Ihr könnt euch noch schnell zu Hause das Nötigste holen. Aber es muß sehr schnell gehen! Innerhalb einer Stunde müssen sämtliche Straßen geräumt sein. Es herrscht Ausgangssperre! Morgens von sieben bis acht Uhr und abends von sechs bis sieben Uhr kann das Vieh gefüttert werden. Wer sich außerhalb dieser Zeit auf den Straßen aufhält, läuft Gefahr, erschossen zu werden.«

»Jetzt auch das noch! Jetzt müssen wir zum Schluß noch aus unserm Haus!« Meine Mutter ist so verstört und so nervös, wie ich sie selten erlebt habe. »Zu wem gehen wir denn da? Wir haben keine Verwandten und keine Bekannten dort.«

»Über tausend Ecken sind wir mit Freys verwandt«, sagt die Großmutter. »Die werden uns aufnehmen. Die müssen uns aufnehmen.«

Was nehmen wir mit? Etwas zu essen und die Federbetten für nachts. Natürlich nicht die besten. Wer weiß, wo man da schlafen wird. Wenn überhaupt. Es gibt kein langes Überlegen. Schnell! Schnell! Daß wir wieder von der Straße kommen. Die Amis stehen mit Maschinenpistolen an den Straßen und passen auf, als wir noch einmal zurück in die Häuser gehen. »Guck sie ja nicht so genau an!« sagt meine Mutter. »Womöglich schießen sie dann auf uns. Tu so, als ob sie gar nicht da wären.«

Die Großmutter packt die restlichen Fleischstücke aus der

deutschen Feldküche in einen Korb. Haferflocken, Erbsen, Kartoffeln, ein paar Gläser eingemachtes Obst. Mich belädt meine Mutter mit einem Federbett, das immer wieder auseinanderquillt und nicht bei mir bleiben will, da meine Kinderarme nicht ausreichen, es zu bändigen. Immer wieder drückt die Mama es zusammen und gibt mir Anweisung, wie ich es halten soll. Sie selbst hat für Kläuschen einiges zusammengepackt und trägt einen Koffer, die rote Handtasche mit den Papieren und das zweite Federbett. Kläuschen läuft jammernd hinter ihr her. »Ich kann dich nicht tragen«, sagt sie. »Halt dich am Koffer fest!«

Wir sind schon auf der Straße vor Webers Trümmergrundstück, als mir einfällt, daß ich die Gitarre hätte mitnehmen müssen. Ich habe doch versprochen, darauf aufzupassen. Ich will schnell zurücklaufen und sie holen. »Du bleibst hier!« schreit mich die Mama an. »Die Gitarre ist jetzt nicht wichtig! Jetzt müssen wir sehen, daß wir von der Straße kommen!«

»Ich hab aber versprochen, darauf aufzupassen, bis er wiederkommt!«

»Der kommt nicht mehr! Der war nach einer Woche schon gefallen!« Mir ist, als würde mich meine Mutter ins Gesicht schlagen, mitten ins Gesicht.

»Du lügst!« schreie ich sie an. »Woher willst du das wissen?«

»Die Kameraden haben's geschrieben. Ich wollte dir den Brief nicht zeigen, weil ich wußte, wie sehr du an ihm gehangen hast.«

Widerstandslos gehe ich mit die Straße hinunter, ins Dorf, in die Klappergasse, und obwohl die Sonne noch immer in den Straßen umherirrt, erscheint mir alles so dunkel wie das Innere unseres Bunkers ohne Karbidlampe. Meine Tränen fallen auf das widerspenstige Federbett, und niemand sieht sie. Niemand will sie sehen. Mir ist, als würde ich stillstehen, und die Häuser und die fremden Soldaten mit ihren Gewehren würden sich an mir vorbeibewegen, und meine Mutter, die mir

Worte ins Gesicht geschlagen hat, zappelt aufgeregt neben mir und geht auf der Stelle, immer schneller, immer erregter, so daß Kläuschen ihren zappelnden Bewegungen nicht folgen kann und schließlich doch von ihr getragen werden muß.

Bei Familie Frey wird uns im Keller auf den kleinen Kartoffeln, den Viehkartoffeln, ein Platz zugewiesen. Wir streuen Stroh über die Kartöffelchen und legen unsere Federbetten darauf. Die Familie neben uns schlägt ihr Lager auf den Brikettvorräten auf. Da der Keller in lauter einzelne Holzverschläge aufgeteilt ist, bekommt jede Familie einen fest abgegrenzten Platz.

Die Kellerplätze sind am begehrtesten, weil sie sicherer sind als der Speicher und zur Zeit selbst noch sicherer als die Wohnräume, da die deutsche Artillerie noch ab und zu zurückschießt, zwar nicht so intensiv wie vorher die amerikanische, aber es kann dennoch gefährlich werden. Aus diesem Grund halten sich die anderen Mitbewohner meistens bei uns im Keller auf.

Im Haus ist alles verwüstet und durcheinandergewühlt. Alle Betten sind benutzt und verdreckt. Vermutlich haben Soldaten oder ausländische Fremdarbeiter mit Kleidern und Stiefeln darin geschlafen, während die Hausbesitzer in Bunkern oder Stollen saßen. Doch jetzt fragt niemand danach. Alle Räume vom Keller bis zum Dach sind voll belegt und sogar noch die Scheune. Jeder ist froh, untergekommen zu sein.

Ein paar tüchtige Frauen, darunter auch Mutter und Großmutter, kochen in riesigen Töpfen oder in einem Kessel, der sonst für die Hausschlachtung benutzt wird, Eintopfgerichte.

Meine Mutter nutzt morgens und abends die Ausgangserlaubnis und geht nach Hause, unsere Hühner füttern. Am dritten Tag fehlen zwei, und auch in unserem Haus sei alles durchwühlt, erzählt sie.

Nachts machen die Amis mit Taschenlampen und schußbereiten Maschinenpistolen Kontrollgänge durch die Quartiere. Die Leute behaupten, sie würden nach Mädchen suchen. Die Mädchen und die jungen Frauen schwärzen sich deshalb ihre Gesichter mit Ruß oder Kohlenstaub und binden Kopftücher um, so daß sie wie alte Frauen aussehen. Auch meine Mutter hat sich auf diese Art verkleidet, während ich mich immer schlafend stellen muß.

In einer Nacht ist ein Neger dabei. Er tritt den Leuten gegen die Füße und sagt »Füjss! Füjss!« und lacht, und die Leute lachen rauh und trocken in ihrer Angst, und ein anderer Soldat sagt: »Hinlegen! Schlofen!«

Als sie wieder gegangen sind, erzählen alle, daß der Neger schneeweiße Zähne hatte, die in der Dunkelheit geleuchtet hätten. Und ich habe nichts gesehen, weil ich wieder so tun mußte, als ob ich schliefe.

In all den Tagen und Nächten, in denen wir eingesperrt sind, fahren ununterbrochen schwere Fahrzeuge durchs Dorf. Oft dröhnen die Hauswände. »Was die da transportieren, das wird alles noch verschossen«, sagen die Leute. »Der Krieg ist noch nicht zu Ende.«

Nach fünf Tagen, die uns wie eine Ewigkeit vorkommen, dürfen wir endlich nach Hause.

Wieder ist uns unser Haus fremd geworden. Alle Türen stehen offen, auch alle Schranktüren. Alles ist durchwühlt.

Ich schaue als erstes unter dem Treppenverschlag nach der Gitarre. Sie ist verschwunden. »Gestohlen!« sagt Mama. »Sie wird nicht das einzige sein, was fehlt.« Später werden wir feststellen, daß noch viele Dinge verschwunden sind.

Wir gehen die Haustreppe hinauf ins Obergeschoß. Sämtliche Betten sind durcheinandergewühlt. Die Federbetten wurden mit einem sehr scharfen Gegenstand aufgeschlitzt. Weiße Federn bedecken den Fußboden, als wären's Schneeflocken.

Der Mehlsack in der Vorratskammer erlitt das gleiche

Schicksal, und die großen Steinguttöpfe mit dem Zwetschenmus wurden als Toilette benutzt.

»Diese elenden Schweine!« sagt die Großmutter. »Die waren noch zu faul, aufs Klo zu gehen.«

Nicht nur, daß unser gutes Zwetschenmus verdorben ist, auch die steinernen Töpfe sind jetzt nicht mehr zu gebrauchen. Wir wissen nicht, wer alles so zugerichtet hat. Ob es die Amerikaner waren oder die ausländischen Fremdarbeiter, die im Gegensatz zu uns von den Amerikanern nicht eingesperrt wurden und jederzeit freien Ausgang hatten.

Während Großmutter und Mutter beginnen, das Chaos zu beseitigen, stelle ich fest, daß die Leiter zum Dachboden heruntergeklappt ist. Endlich kann ich mir den Speicher anschauen! Als erstes bemerke ich ein verkohltes Aschehäufchen und in der kalten Asche halbvolle Konservendosen. Ich schaue mir den Inhalt näher an. Es ist Bohnensuppe. Köstlich duftende Bohnensuppe mit Fleischstückchen. Obwohl mir klar ist, daß ich davon nichts essen darf, kann ich nicht widerstehen und esse eine Dose leer. Aber kaum habe ich die Suppe gegessen, bilde ich mir ein zu spüren, daß mir übel wird. Ich klettere die Leiter hinunter und beichte meiner Mutter mein Vergehen. Sofort steckt sie mir einen Finger in den Hals, der zwar bewirkt, daß ich würgen muß, den Magen aber nicht dazu bewegen kann, die Suppe zurückzugeben.

Große Aufregung: »Jetzt ist der Krieg soweit vorbei, und jetzt bringst du dich um mit irgendwelchem Dreck.«

Mama steigt selbst auf den Dachboden, um sich zu informieren, was ich gegessen habe. Sie riecht an den Dosen. »Das kann ja ein geruchloses Gift sein«, sagt sie und sammelt die Dosen ein.

Um den Aschenhaufen herum liegen unsere Sandsäckchen, die wir zum Löschen von Brandbomben auf den Speicher gelegt hatten. Die Amerikaner haben sie als Sitzgelegenheit an ihrem »Lagerfeuer« benutzt. Und dann entdeckt Mutter mehrere Tafeln Schokolade. Sie liegen neben unseren Weihnachts- und Osterspielsachen, die nach den Feiertagen immer wieder auf den Dachboden gebracht werden.

»Die haben an den Spielsachen gesehen, daß Kinder im Haus sind, und haben extra Schokolade hingelegt. Aber davon wird nichts gegessen!«

»Mir ist gar nicht mehr übel«, sage ich. »Die Suppe war nicht vergiftet.«

»Nix da! Vielleicht aber die Schokolade! Sei froh, daß die Suppe in Ordnung war, sonst wärst du vielleicht jetzt schon tot.«

Meine Mutter verbrennt die Schokolade im Küchenherd, und die restliche Bohnensuppe kippt sie im Garten aus. Noch nicht einmal die Hühner dürfen sie haben. Als später andere Leute erzählen, die Amis hätten den Kindern Kaugummi und Schokolade geschenkt, bedauert auch Mutter, daß sie die gute Schokolade verbrannt hat.

Das Kriegsgeschehen hat sich zwar weiter nach Osten verlagert, aber ständig fahren noch Lastwagen mit verwundeten amerikanischen Soldaten an unserem Haus vorbei in Richtung Rhein. Die Männer tragen alle dicke weiße Verbände, am Kopf, an den Armen oder Beinen. Durch manche Verbände dringt Blut. Ich stehe auf der Außentreppe und beobachte die Transporte, bis Mama mich ins Haus holt. Die könnten aus Wut über ihre Verletzungen auf mich schießen, behauptet sie. Es sei schon vorgekommen, daß sie auf Leute geschossen hätten, die einfach nur am Fenster standen.

Selbst vom Wohnzimmerfenster muß ich noch so weit zurücktreten, daß ich von draußen nicht gesehen werden kann.

Ich denke an die fremden Länder, aus denen die Soldaten stammen, und ich denke daran, daß dort Mädchen in meinem Alter sind, deren Väter vielleicht gerade jetzt als Schwerverwundete an unserem Haus vorbeigefahren werden, und daß die Männer in ein Lazarett kommen, wo sie vielleicht doch noch sterben wie damals Großmutters Mann im Ersten Weltkrieg, oder daß sie vielleicht nur deswegen überleben, weil sie verwundet sind und somit einem noch schlimmeren Schicksal entgehen konnten.

Und Frauen stelle ich mir vor, die so ähnlich sind wie Mama, so schön und so traurig, weil ihre Männer in einem für sie fremden Land einen Krieg zu Ende führen müssen und nicht wissen, ob sie jemals heil nach Hause kommen.

Und schließlich die Frauen in Großmutters Alter, die die Männer als »Buben« bezeichnen, in ihrer Sprache, aber genauso liebevoll, und die ihre Tränen hinunterschlucken, als wären es schwere Steine, wenn ihre »Buben« in dem fremden Land umkommen.

Und dem fast achtjährigen Mädchen, das ich damals bin, wird klar, daß nichts auf der Welt, weder das Machtstreben eines Wahnsinnigen und die Ernsthaftigkeit seiner Anhänger und Mitläufer noch irgendeine Ideologie, noch sonst irgend etwas einen Krieg rechtfertigen.

Gerda Szepansky

Frauen leisten Widerstand: 1933–1945

Lebensgeschichten nach Interviews und Dokumenten

Band 3741

Frauen erzählen aus ihrem Leben im Widerstand gegen die Nazidiktatur. Kläre versteckt ihren jüdischen Freund, Rosel nimmt den gelben Stern von der Jacke und geht in die Illegalität, Käthe verteilt Flugblätter ihrer Widerstandsgruppe, Maria besorgt dem von der Gestapo Gesuchten Quartier, Dinah Nelken muß in der Emigration bestehen, Gräfin von M. hilft 62 Verfolgten über die Grenze. Da steht die Christin neben der Kommunistin und Sozialdemokratin, die verfolgte Jüdin neben den Frauen, die ihre jüdischen Freunde nicht im Stich lassen. Sie bewähren sich vor der Gestapo, überstehen Gefängnis und KZ durch die Solidarität anderer Frauen. Unterschiedlich von Herkunft, Weltanschauung, Charakter und Temperament, ist ihnen allen eines gemeinsam: der Mut zur Menschlichkeit in einer unmenschlichen Zeit. Gerda Szepansky hat mit diesen Frauen gesprochen und ihre Lebensgeschichten aufgezeichnet, zur Erinnerung an dieses Kapitel deutscher Geschichte und den Widerstand von Frauen, von dem bisher zu wenig die Rede war.

Fischer Taschenbuch Verlag

fi 933 / 4

Gerda Szepansky

›Blitzmädel‹, ›Heldenmutter‹, ›Kriegerwitwe‹

Frauenleben im Zweiten Weltkrieg

Band 3700

Wie hat der Zweite Weltkrieg das Leben der Frauen verändert? Den Frauenalltag im Krieg dokumentieren die Geschichten, die die Autorin für diesen Band gesammelt und aufgezeichnet hat. Sie erzählen von der sechzehnjährigen Flakhelferin Lisa, die erst mit zwanzig aus dem Krieg heimkehrt, von Ingrid, der lebensklugen, trickreichen Rüstungsarbeiterin, von Margarete, die sich plötzlich zwischen zwei Männern entscheiden muß, von Anna, die aus Liebe zum Enkel fremden Kriegsgefangenen hilft, von Frauen, die ihre Männer verlieren, und Müttern, die sich von ihren Kindern trennen müssen. Die Geschichten und Berichte zeigen Frauen in der unmenschlichen Ausnahmesituation des Krieges und bei der Bewältigung des schweren Alltagslebens, in Sorge um die Familie, Angst vor Fliegerangriffen, vor dem Verlust von Wohnung und Habe, vor Ungewißheit, Hunger und Flucht. Sie zeigen aber auch die Kraft und den Lebenswillen, die Großherzigkeit und Friedensliebe der Frauen.

Fischer Taschenbuch Verlag

fi 2115 / 3

Agnes-Marie Grisebach

Eine Frau Jahrgang 13

Roman einer unfreiwilligen Emanzipation

Band 10468

Erika Kernrebe muß von frühester Kindheit an lernen, das, was sie hat, wieder zu verlieren: die Mutter, die Ersatzmütter, den lieben Gott, das Zuhause, die großen Lieben, sich selbst, die Karriere, die Wohnung, die Verwandten, das Geld, den Besitz, den Ehemann und endlich die Heimat. Scheinbar wurzellos treibt sie im Strudel der geschichtlichen Ereignisse. Dann aber wächst ihr allmählich durch die Sorge um ihre Kinder und durch die Verantwortung für viele hilflose Menschen in großen Notzeiten die Kraft zu, sich zu behaupten und gegen den Strom zu schwimmen. Ihre spannende Lebensgeschichte, beispielhaft für diese Frauengeneration, führt durch die Weimarer Republik, durch Nazideutschland und die Deutsche Demokratische Republik bis zum Jahr 1952. Sie führt zwischen Berlin, München, Pommern und Mecklenburg in das Milieu fast aller Schichten: der Gutsbesitzer und der Landarbeiter, der Groß- und der Kleinbürger, der Schauspieler und der Dienstmädchen, der Juden und der »Arier«, der Gastwirte und der Bettler, der Soldateska und der Flüchtlinge. Am Ende steht sie mit vier Kindern, zwei Koffern, fünf Rucksäcken, ohne Geld in der Bundesrepublik und fängt, 38 Jahre alt, noch einmal ganz von vorn an.

Fischer Taschenbuch Verlag

fi 1956 / 5

Agnes-Marie Grisebach

Eine Frau im Westen

Roman eines Neuanfangs

Band 10467

In ihrem neuen Roman schildert die Autorin, wie die ›Frau Jahrgang 13‹ als Republikflüchtling mit vier kleinen Töchtern, fünf Rucksäcken, zwei Koffern und ohne Geld nach Heidelberg kommt. In einer Fabrik nimmt sie eine Stelle als Hilfsarbeiterin an, sie muß für fünf Personen eine materielle Existenz aufbauen. Die Sorge für ihre Kinder schließt ein, daß sie ihnen Wertmaßstäbe vermitteln muß, die sie selbst erst neu gewinnt. Wir erfahren, wie die Arbeiterin die großen Tagesereignisse zwischen 1952 und 1965 registriert. Spannung bezieht das Buch auch aus dem Schicksal einiger Menschen, die Erika Röder als Betriebsrätin zu betreuen hat. Unverschuldet verliert sie schließlich ihren mühsam erworbenen Arbeitsplatz. Wieder einmal muß sie von vorn beginnen. Eine bewegende Lebensgeschichte, beispielhaft für eine ganze Generation von Frauen, die die Jahre des Wiederaufbaus ›von unten‹ erlebte.

Fischer Taschenbuch Verlag

fi 2117 / 3

Ingrid Strobl

Die Angst kam erst danach

Jüdische Frauen im Widerstand 1939-1945

Band 13677

Von der Rettung jüdischer Kinder bis zur »Liquidierung« von Gestapospitzeln, von der Herstellung falscher Papiere bis zum Transport von Waffen und Informationen: Von Frankreich bis Polen engagierten sich jüdische Frauen aktiv im Widerstand gegen die deutsche Besatzung und »Endlösung«. In einer vergleichenden Studie untersucht Ingrid Strobl erstmals die Beteiligung jüdischer Frauen am Widerstand im von den Deutschen besetzten Europa. Anhand von Archivmaterial, Briefen und Tagebüchern und der knapp sechzig ausführlichen Interviews, die sie mit ehemaligen jüdischen Widerstandskämpferinnen aus ganz Europa geführt hat, erhellt sie ein bislang verborgenes Kapitel der Geschichte des Zweiten Weltkriegs und der Shoa.

Fischer Taschenbuch Verlag

fi 2122 / 3

Liselotte Marshall

Die verlorene Sprache

Roman

Aus dem Englischen von Ingrid Lebe

Band 13500

Liselotte Marshall erzählt in ihrem autobiographisch gefärbten Roman das Schicksal einer in Deutschland geborenen Jüdin und Emigrantin: ein Leben ohne Vaterland, ohne Muttersprache. Die Dolmetscherin Rachel Bernstein gerät durch ihre Ehescheidung in eine Lebenskrise, die alte Wunden einer verdrängten Vergangenheit wieder aufbrechen läßt. Als Kind überlebte sie den Holocaust, dem ihre Familie zum Opfer fiel, in einer Schweizer Tb-Heilstätte. Von der dort ausgeheilten Knochentuberkulose bleibt eine Gehbehinderung zurück. Rachels Rückkehr an den Ort ihres Leidens und Überlebens führt zu einer quälenden, letztlich aber auch befreienden Auseinandersetzung mit der Vergangenheit.

Fischer Taschenbuch Verlag

fi 2120 / 3